사회복지현장실습 : 이론과 실제

조성숙

KNOWLEDGE COMMUNITY 공동체

머리말

최근 들어 사회복지현장실습 관련 기준 요건이 강화되는 등 사회복지사의 전문성 강화를 위한 다양한 노력이 수반되고 있다. 사회복지현장실습은 사회복지실천의 가치와 윤리, 지식 및 기술을 사회복지현장에 적용해 봄으로써 장래 사회복지사로서의 정체성을 확립하고 사회복지실천능력을 겸비하도록 교육·훈련하는 것을 목적으로 하는 사회복지전공의 핵심 교육과정이다. 특히 이론과 실천의 통합적인 접근을 요하는 사회복지학의 전공 특성상 사회복지전공 교육과정에서 사회복지현장실습의 중요성은 아무리 강조하여도 지나침이 없다. 그러나 현장에서 이루어지는 사회복지현장실습이 사회복지실천능력 배양을 위한 체계적이고 전문적인 교육과 훈련과정으로서의 역할을 충실히 수행하고 있는지에 대해서는 반성의 여지가 있다.

사회복지현장실습이 사회복지사의 전문성을 함양하는 초기 관문으로서의 실질적인 역할을 수행하기 위해서는 사회복지실천 지식과 기술을 교육하고 지도할 수 있는 지식 인프라 구축 및 교재 개발이 무엇보다 시급하고 절실하다. 저자는 현장실습에 임하는 사회복지전공 학생들이 쉽게 활용할 수 있는 이론과 실천을 아우르는 사회복지현장실습 교재에 대한 필요성에 입각하여 이 책을 집필하였다. 따라서 이 책이 사회복지 교육현장과 실천현장을 이어주는 다리 역할을 해주리라는 바람으로 사회복지전공 학생들이 현장실습 전에 학교에서 배운 사회복지 지식과 기술을 현장실습 중에 보다 용이하게 활용할 수 있도록 책의 내용을 구성하였다.

이 책은 세 개의 큰 섹션으로 구성되어 있다. PART 1은 사회복지현장실습의 기본적인 이해를 돕기 위한 내용으로 구성하였는데, 사회복지현장실습의 목적, 진행주체, 진행과정, 영역 그리고 실습슈퍼비전에 관한 내용을 다루고 있다. PART 2는 사회복지현장실습과정 중에 집중적인 역량 향상이 요구되는 사회복지실천의 윤리, 지식 및 기술 관련 내용을 소개하고 있다. 이 섹션에는 사회복지의 가치와 윤리, 지역사회 탐색과 분석, 기관 탐색과 분석, 마케팅과 자원개발, 프로그램 개발과 프로포절 작성, 사례관리에 관한 내용을 포함하였다. PART 3은 사회복지현장실습에서의 기록에 관한 내용을 다루고 있는데, 사회복지실천의 기록, 문서 작성 및 관리 그리고 보고서 작성방법을 제시하였다. 한편 부록에서는 사회복지현장실습 관련 서식, 사회복지공동모금회 배분신청서 표준 양식 및 작성 예시, 아산사회복지재단 사회복지 지원사업 사업계획서 양식을 소개하였다.

끝으로 이 책을 흔쾌히 출판해 주신 도서출판 공동체에 감사드리며, 출판을 위해 지원과 배려를 아끼지 않으신 직원 여러분들께 진심으로 감사의 인사를 드린다. 이 책이 사회복지현장실습을 준비하거나 실습에 임하는 실습생들에게는 길잡이가 되고, 실습기관 및 대학에서 실습을 지도하는 선생님들에게도 조금이나마 도움이 되기를 바란다.

2020년 6월

조성숙

차 례

CONTENTS

PART 01

사회복지현장실습의 이해

CHAPTER 01

사회복지현장실습의 목적

1. 사회복지현장실습의 개념

사회복지현장실습이란 학교에서 학습한 사회복지실천의 가치 및 윤리, 지식 그리고 사회복지실천과정 및 기술을 사회복지실천현장에 실제로 적용하는 현장실습을 통해 전문직의 사명감과 실천능력을 겸비한 사회복지사를 교육·훈련하는 것을 기본 목적으로 하는 사회복지전공의 핵심 교육과정이다(한국사회복지교육협의회, 2012 : 44). 즉, 사회복지현장실습은 사회복지사 자격제도가 노동시장 내에서 신호기제를 발휘하도록 필요조건으로서의 역량을 갖추는 교육행위로서, 고등교육체계 내의 학습자가 일정 기간 동안 사회복지실습기관에서 노동자와 학습자의 중간적 위치에서 학습경험을 하게 하는 교육행위라고 볼 수 있다(한국사회복지교육협의회, 2019 : 4).

2. 사회복지현장실습의 목적

한국사회복지교육협의회는 사회복지현장실습의 목적을 다음과 같이 제시하고 있다(한국사회복지교육협의회, 2018 : 7).

- 사회복지현장에서 예비사회복지사로서 사회복지 가치 및 윤리강령, 지식 및 기술을 적용할 수 있다.
- 클라이언트체계의 욕구와 어려움 확인, 정보수집 및 사정, 개입계획 수립 및 실행, 그리고 평가의 전 과정을 수행할 수 있다.
- 지역사회 내 위험집단 및 표적 집단의 특성 그리고 강점과 자원을 파악하고 이를 활용할 수 있다.

- 사회복지시설 및 조직의 사명, 관련 정책 및 행정을 이해하고 이를 실천에 적용할 수 있다.
- 실천현장과 관련된 중앙정부 및 지방자치단체의 사회복지정책 및 전달체계를 분석하고 실천에 적용할 수 있다.
- 전문 사회복지 인력으로서 적성을 점검하고 자신에 대한 이해를 높이는 과정을 통해 전문적 자기인식과 전문가로서의 정체성을 형성한다.
- 사회복지실천 현장 및 분야에 대한 이해를 높이고 실습한 내용을 학문적으로 이해하고 통합할 수 있다.
- 사회복지사로서 자신의 진로를 결정하는 기회를 가진다.

3. 사회복지현장실습의 주요 내용

사회복지현장실습의 주요 내용은 다음과 같다(한국사회복지사협회, 2017 : 4).

① 사회복지기관에 대한 이해

사회복지기관의 구조 및 운영에 대해 이해하고, 실습을 통하여 기관이 제공하는 사회복지서비스에 대하여 이해하게 된다.

② 지역사회에 대한 이해

실습기관이 위치해 있는 지역사회에 대한 이해를 바탕으로 지역사회 문제를 규명하고 이를 해결하는 데 활용 가능한 지역자원체계를 파악하여 활용한다.

③ 사회복지실천과정의 적용

사회복지실천현장의 사회복지사는 개인, 가족, 집단, 조직, 지역사회 등 다양한 클라이언트체계에 직접적인 서비스를 제공하게 되는데, 실습생은 사회복지현장실습을 통해 다양한 클라이언트체계의 문제를 확인하고, 이와 관련된 정보를 수집 · 분석하며, 개입계획을 수립 · 실천하고, 개입노력을 평가하는 사회복지실천과정을 경험한다.

④ 사회복지사로서의 전문적 가치관과 의식 함양

실습생은 실습과정기록을 토대로 실습기관의 실습지도자와 학교의 실습지도교수가 제공하는 현장학습지도를 받으면서, 사회복지사로서의 전문적인 가치관과 역할, 지식, 기술, 자아인식 및 복지 마인드를 가지게 된다. 또한 기관 내의 다른 직원 및 타 학교 실습생과의 유대관계를 통해 인적 및 사회적 자원을 연계할 수 있게 된다(오혜경 · 하지영, 2010).

4. 사회복지현장실습의 교육과정

학생은 실습기관 및 대학(교육기관)의 활동을 통해 사회복지실천현장에서 이루어지고 있는 서비스 기획, 전달, 평가과정에 참여하고, 실습기관의 실습지도자와 대학의 실습지도교수의 슈퍼비전을 통해 사회복지사로서의 실질적인 업무와 전문적 정체성을 인지하게 된다(한국사회복지교육협의회, 2012 : 44-45). 실습기관과 대학(교육기관)에서의 활동을 구체적으로 살펴보면 다음과 같다(한국사회복지교육협의회, 2018 : 7-8).

1) 실습기관

사회복지실천현장에 학생을 배치하여 일정 기간 동안 실제로 클라이언트체계(개인, 가족, 집단, 지역사회, 조직)의 욕구충족 및 문제해결을 위해 미시적, 중시적, 거시적 수준에서 사회복지사로서 어떤 역할을 수행해야 하는지를 경험하고 이에 대해 실습기관의 실습지도자로부터의 슈퍼비전을 받도록 한다. 또한 실습학생에게는 현장실습일지, 사례기록, 과정기록, 기관분석보고서, 중간평가서, 최종평가서 등 실습활동과 관련된 다양한 과제물을 제출해야 하는 책임이 있다. 따라서 실습기관은 실습지도자를 지정하여 실습학생에 대한 행정적, 교육적/ 임상적, 정서적/ 지지적 슈퍼비전과 더불어 실습일지 및 각종 기록에 대한 개별적인 슈퍼비전을 제공하여야 한다.

2) 교육기관(대학)

교육기관(대학)에서 학생은 현장실습에서의 자신의 경험을 공유하며 실습지도교수의 슈퍼비전과 동료의 피드백을 받으며 자신의 실천을 점검하고 발전시키는 실습세미나에 참여한다.

실습기간 중에 학생은 사회복지현장에서 이루어지고 있는 서비스를 기획, 전달, 평가하는 과정에 참여하고, 자신의 업무수행에 대한 실습지도자, 실습지도교수의 슈퍼비전을 통해 사회복지사로서의 전문적 정체성을 수립하고 실무역량을 강화할 수 있다. 이런 맥락에서, 대학에서는 실습지도교수가 사회복지현장실습의 전 과정을 지도하기 위해 실습기관 및 실습지도자와 긴밀한 관계를 유지한다.

생각해 봅시다!

1. 사회복지현장실습의 필요성에 대하여 구체적인 사례를 들어 이야기해 봅시다.
2. 사회복지현장실습의 목적에 대하여 구체적인 사례를 들어 이야기해 봅시다.
3. 내실 있는 사회복지현장실습이 되기 위한 방안에 대하여 생각해 봅시다.

CHAPTER 02

사회복지현장실습의 진행주체[1)]

사회복지현장실습은 실습생, 대학(교육기관) 및 기관이 실습의 진행주체로 참여한다. 각 주체의 역할은 다음과 같다(한국사회복지교육협의회, 2012 : 45).

- **실습생** : 실습일지, 사례기록, 과정기록, 기관분석보고서 등 실습활동과 관련된 다양한 과제물을 제출한다.
- **교육기관**(대학) : 실습지도교수가 실습 전 과정을 지도하기 위해 실습기관 및 실습지도자와의 관계를 긴밀히 유지한다.
- **기관** : 실습 슈퍼바이저를 지정하여 실습생의 실습일지 및 각종 기록에 대한 검토를 통해 개별적인 슈퍼비전을 제공한다.

1. 실습생

1) 실습생의 기준

다음의 요건이 충족되어야 실습생으로서 사회복지현장실습에 참여할 수 있다.

① **교육기관에서 지정하는 실습 전 선수과목을 이수하되, 다음 과목 중심으로 4과목 이상 이수 권장** : 사회복지학개론, 인간행동과 사회환경, 사회복지실천론, 사회복지실천기술론, 지역사회복지론, 사회복지정책론, 사회복지윤리와 철학, 사회복지조사론, 프로그램 개발과 평가 등

② **실습기관의 기준에 따라 다음 과목 중심으로 2과목 이상 이수 권장** : 노인복지론, 장애

1) 본 내용은 주로 한국사회복지사협회(2010, 2017)를 참고하여 작성하였음. 그 외 개정 사항은 관련 내용에 출처를 명시하였음.

인복지론, 아동복지론, 청소년복지론, 가족복지론, 여성복지론, 학교사회복지론, 의료사회복지론, 정신건강사회복지론 등

2) 실습생의 자세

사회복지현장실습에 임하는 실습생은 다음 사항을 준수하여야 한다.

1. 실습의 목적과 중요성을 충분히 이해하고 실습계약사항을 이행하기 위하여 최선의 자세로 실습에 임한다.
2. 실습은 대학에서 학습된 이론을 구체적으로 적용하는 과정임을 인식하여 이에 최선을 다한다.
3. 실습교육기관의 구성원이라는 생각으로 타 구성원과 협력하며 친화적인 태도를 취한다.
4. 기관의 정책을 이해하고 수용하며 실습과정에서 준수하도록 한다.
5. 근무시간은 기관의 규정에 준하며 직원과 동일한 자세로 근무시간에 임하도록 한다.
6. 실습시작 최소 10분 전에 출근하여 업무에 관계된 사항을 사전에 준비하도록 한다.
7. 결근, 조퇴, 지각 등 근태와 관련된 사항은 반드시 실습지도자에게 사전에 보고하여 허락을 받도록 한다.
8. 실습지도자의 지시뿐 아니라 타 직원의 지도를 잘 이행하여 실습효과를 최대화하도록 한다.
9. 직무에 강한 책임감과 열의를 가지고 적극적으로 임하며 타인에게 책임을 전가하거나 태만하게 행동하지 않는다.
10. 실습으로 인하여 알게 된 클라이언트의 사적인 정보를 교육적 목적(대학실습지도 등) 이외에는 절대 발설하지 않으며, 교육적 목적이라 하더라도 가명을 사용하여 개인의 비밀이 침해되지 않도록 한다. 실습종료 후, 실습 관련 내용을 학회지 등에 게재하고자 할 때는 반드시 실습지도자와 상의하여 허락을 받아야 한다.
11. 실습지도자의 지도 혹은 타 실습생의 실습을 견학, 관찰할 경우 배우는 자세로 진지한 태도를 취한다.
12. 기관의 직원, 클라이언트 등에 대해 예의를 지킨다.
13. 복장, 소지품은 실습기관의 특성과 상황에 맞게 취하되 가능한 한 화려한 것을 피하고 검소하며 단정한 것으로 착용하도록 한다.
14. 안전사고에 만반을 기하도록 하며 안전사고와 관련된 기관의 규정을 사전에 숙지하여 그에 준해 처리하도록 한다.
15. 실습일지를 비롯한 각종 실습기록은 사실에 근거하여 정확하고 구체적으로 정리하여 실습 시 실습지도자와 실습지도교수의 강평을 받는다.
16. 과제에 관하여 연구하고 그 결과물에 대해 실습지도자의 강평을 받는다.
17. 실습과정 중 어떤 경우라도 사례금 등의 금품을 절대 주거나 받지 않는다.
18. 과제물은 정해진 기일에 제출하고 출근 전에 작성을 마친다.
19. 기관의 명칭을 사적으로 활용하지 않으며 실습생의 신분을 지킨다.
20. 기관을 대표한다는 자세로 실습교육기관의 직원들과 동일한 업무태도와 자세를 취한다.

2. 교육기관(대학)

1) 교육기관(대학)의 기준 및 역할

(1) 교육기관(대학)의 기준

- 한국사회복지사협회(2017)의 사회복지현장실습 매뉴얼에 준하여 실습지도가 가능한 교육기관
- 사회복지현장실습 전담 실습지도교수가 배치되어 있는 교육기관

(2) 교육기관(대학)의 역할

- 교육기관(대학)은 실습교육을 위한 강의, 토의, 슈퍼비전, 기관 방문 등을 통해 실습지도를 진행해야 하며, 실습 교육 시 실습조교를 배치하여 실습기관 및 실습학생에 대한 연락, 실습상황 검토, 실습보고서와 평가서 정리 등의 업무를 처리해야 함
- 실습지도교수는 실습기관 방문, 전화, 온라인의 방법으로 실습기관과 긴밀한 관계를 유지해야 함
- 실습세미나의 경우 교육기관(대학)의 상황에 맞춰 수업의 한 형태로 진행해야 하며 실습보고서를 통한 실습지도와 실습생의 실습보고 세미나 방법이 있음

2) 실습지도교수의 기준

실습지도교수의 요건은 다음과 같으며, 아래 두 개 기준을 모두 충족해야 한다. 현장 실무경험이 풍부한 실습지도 전임교수를 채용하여 가능한 한 전임교수가 실습지도를 담당하도록 한다.

1) 사회복지사 1급 자격증 소지자
2) ① 석사학위 소지자의 경우 : 교육과정 중 최소 한 학기 이상 실습을 받은 경험이 있거나, 사회복지기관에서 5년 이상 근무하면서 실습지도의 경험이 있는 자
   ② 박사학위 소지자의 경우 : 교육과정 중 최소 한 학기 이상 실습을 받은 경험이 있거나, 사회복지기관에서 1년 이상 근무하면서 실습지도의 경험이 있는 자

3) 실습세미나 요건

사회복지사업법 시행규칙 [별표 1][2)]에 의하면, 교육기관(대학)의 실습세미나는 다음의 요건을 갖추어야 한다.

- 1회당 2시간 이상의 실습세미나를 총 15회 이상 실시할 것. 이 경우 정보통신망을 이용한 온라인 교육을 실시하는 교육기관의 실습세미나에는 대면 방식의 세미나가 총 3회 이상 포함되어야 함
- 학사, 석사 또는 박사 학위 중 2개 이상의 학위를 사회복지학 전공으로 취득한 사람으로서 3년 이상의 사회복지학 교육경험 또는 3년 이상의 사회복지사업 실무경험이 있는 교수가 지도할 것
- 한 세미나에 참여하는 학생 수는 30명 이내일 것

3. 기 관

1) 실습기관

(1) 법적 기준

- 사회복지사업법 제2조 제1호에 따른 사회복지사업과 관련된 법인·시설, 기관 및 단체

(2) 실습기관의 요건

2019년 8월 개정된 사회복지사업법 시행규칙 [별표 1]에 의하면 실습기관은 다음의 요건을 모두 갖추어야 한다.

- 사회복지사업을 수행하는 기관, 법인, 시설 또는 단체일 것
- 보건복지부장관으로부터 선정되었을 것

---

2) 사회복지사업법 시행규칙 [별표 1]은 사회복지사업법 시행규칙 제3조 관련 사회복지학 전공교과목과 사회복지 관련 교과목에 관한 사항을 명시하고 있음(2019. 8. 12. 개정, 2019. 10. 1. 시행)

- 다음의 요건을 모두 갖춘 기관실습 지도자가 2명 이상 상근할 것
  - 1급 사회복지사 자격증을 취득한 이후 3년 이상의 사회복지사업 실무경험이 있거나 2급 사회복지사 자격증을 취득한 이후 5년 이상의 사회복지사업 실무경험이 있을 것
  - 기관실습이 실시되는 연도의 전년도에 8시간 이상의 보수교육을 받았을 것

(3) 실습기관의 역할

- 실습계획서 제공 및 계획서에 준한 실습지도
- 실습에 활용되는 표준화 양식 소개
- 기관, 지역사회, 클라이언트에 대한 이해
- 실습 시 안전수칙 및 실습생의 권리와 의무에 대한 구체적인 안내
- 실습일지에 대한 피드백
- 정기적인 슈퍼비전 제공
- 실습 시 소요되는 비용에 대한 행정적인 처리 방법 안내
- 실습생 근태관리
- 실습생 소속 대학과의 연계
- 실습중간평가 진행 및 평가 내용 공유, 빈영
- 실습종결평가 진행 및 실습평가서 작성
- 실습평가 내용에 대해서 실습생에게 피드백을 제공

2) 실습지도자

(1) 법적 기준

- 사회복지사 1급 자격증을 소지한 자로서 3년 이상 또는 사회복지사 2급 자격증을 소지한 자로서 5년 이상 사회복지사업의 실무경험이 있는 자
- 기관실습이 실시되는 연도의 전년도에 8시간 이상의 보수교육을 받았을 것

(2) 실습지도자 기준

2019년 8월 개정된 사회복지사업법 시행규칙 [별표 1]에 의하면 실습지도자 기준은 다음과 같다.

- 기관실습 지도자 1명이 동시에 지도할 수 있는 학생 수는 5명 이내로 제한
- 실습지도자는 아래의 기준 중 하나의 기준을 만족하면 가능하며, 기관실습이 실시되는 연도의 전년도에 8시간 이상의 보수교육을 받았을 것
  - 사회복지사 1급 자격증을 교부받은 후 3년 이상 사회복지 실무경험이 있는 경우 인정 가능
  - 사회복지사 2급 자격증을 교부받은 후 5년 이상 사회복지 실무경험이 있는 경우 인정 가능

(3) 실습지도자 윤리

실습지도자는 다음의 윤리에 입각하여 실습생을 지도해야 한다.

- 실습지도자는 개인적인 이익 추구를 위해 자신의 지위를 이용해서는 안 됨
- 실습지도자는 전문적 기준에 의해 공정하게 책임을 수행하며, 실습생에 대한 평가는 실습생과 공유해야 함
- 실습지도자는 실습생에 대해 인격적, 성적으로 수치심을 주는 행위를 해서는 안 됨
- 실습지도자는 보다 내실있고 전문적인 실습지도를 위해 한국사회복지사협회 등 관련 단체에서 진행하는 실습지도자를 위한 교육을 통해 실습지도자로서의 전문지식과 기술, 능력을 향상시킬 수 있도록 노력해야 함

3) 실습시간

(1) 법적 기준

- 2019년 8월 개정된 사회복지사업법 시행규칙 [별표 1]에 의하면, 사회복지현장실습의 시간은 160시간 이상(이수학점 : 3학점) 진행해야 한다.

(2) 실습시간 기준

실습시간 예시는 다음과 같으며, 실습기관 및 학생의 사정에 따라 다음 방법 중 한 가지를 선택하면 된다.

- 학기 중 실습 : 주당 8시간 실습기관에 출석하여 최소 160시간 이상(중간 · 기말 시험기간 포함) 실습을 해야 한다.
- 방학 중 실습 : 1일 8시간 주 5회 실습기관에 출석하여 최소 160시간 이상 실습 시행
  - 생활시설에서 실습할 경우 인정될 수 있는 시간은 1일 8시간으로 최소 160시간 이상 실습을 해야 한다.
  - 실습기관 및 실습생의 상황에 따라 공휴일, 주말 등을 이용하여 실습 가능하다.

실습지도를 위한 1일 지도시간은 다음과 같다.

- 최소 4시간 이상, 최대 8시간 이하, 실습이수시간 중 실습생의 아침 · 점심 · 저녁 식사시간은 제외(단, 실습계획에 식사지도가 포함되는 경우는 실습시간으로 인정). 실습계획에 의거 프로그램 특성상 기준을 넘기는 실습시간 등은 실습생, 실습기관, 학교(교육기관)가 상의하여 실습계약과 실습계획에 의거하여 결정하여야 하며, 상의하여 결정한 경우라 하더라도 한국사회복지사협회는 자격 심사 시 별도 추가서류를 요청할 수 있음

• 생각해 봅시다! •

1. 사회복지현장실습에 임하는 실습생의 자세에 대하여 구체적인 사례를 들어 이야기해 봅시다.
2. 실습과정에서 교육기관(대학)의 역할에 대하여 구체적인 사례를 들어 이야기해 봅시다.
3. 실습과정에서 실습기관의 역할에 대하여 구체적인 사례를 들어 이야기해 봅시다.

CHAPTER 03

사회복지현장실습의 진행과정[1]

사회복지현장실습은 실습기관과 교육기관(대학)이 함께 참여하여 공동의 책임하에 진행되므로, 실습생은 원활한 실습 진행을 위해 교육기관과 실습기관의 안내를 참고하고 각 체계의 역할을 정확하게 숙지하여 실습에 임하여야 한다. 실습기관은 실습생 모집을 위해 모집공고를 하고 서류접수 및 면접을 통해 실습생을 선발하여 확정한 후 교육기관에 해당 실습생의 실습 수락서를 발송한다. 또한 실습기간 동안에는 현장실습을 진행하면서 실습생에게 적절한 실습 지도 및 슈퍼비전을 제공하며, 실습이 끝난 후에 교육기관에 실습평가서를 발송한다. 교육기관에서는 학생들에게 실습계획을 공지하고 학생들의 실습기관이 확정되면 해당 실습예정기관에 실습의뢰공문서를 발송한다. 실습기간 중에는 실습지도교수가 실습기관 방문 및 실습세미나를 통해 실습지도를 하며 실습평가서를 받은 후에 실습학점을 부여한다. 사회복지현장실습의 진행 절차는 ‖그림 3-1‖과 같다.

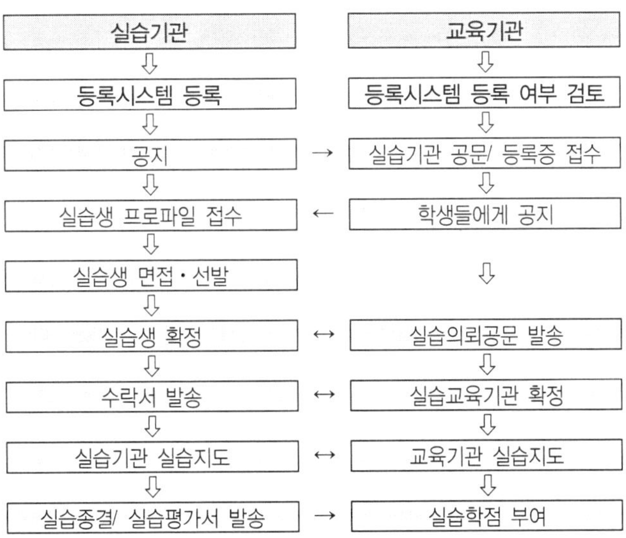

‖그림 3-1‖ 사회복지현장실습 진행절차

출처 : 한국사회복지사협회(2017 : 12).

1) 본 내용은 주로 한국사회복지사협회(2017)를 참고하여 작성하였음. 그 외 사항은 관련 내용에 출처를 명시하였음.

사회복지현장실습은 크게 실습 전 준비단계, 실습 수행 단계, 실습 후 단계로 구분할 수 있다. 실습 전 준비단계는 현장실습 수행 전의 준비단계에 해당한다. 이 단계에서는 교육기관은 실습 오리엔테이션을 실시하고 실습기관에 실습의뢰공문을 발송하며, 실습기관은 실습생 모집 공고를 하고 실습생을 선발한다. 실습 수행 단계는 실습기관에서 실제로 현장실습이 진행되는 단계이다. 이 단계에서는 실습기관은 오리엔테이션을 실시하고, 실습을 진행하며, 실습평가를 실시한다. 또한 교육기관에서는 실습세미나 진행 등 강의, 토의, 슈퍼비전, 기관 방문 등을 통해 실습지도를 진행한다. 실습 후 단계는 실습이 종결된 후에 해당하는데, 실습기관은 실습평가서를 발송하고, 교육기관에서는 실습평가서를 토대로 실습학점을 부여하게 된다. 사회복지현장실습 진행단계별 대학, 실습기관, 실습생의 역할 및 과제를 정리하면 <표 3-1>과 같다. 사회복지현장실습 진행단계별 실습교육의 내용 및 실습생의 역할 및 과제를 구체적으로 살펴보고자 한다.

〈표 3-1〉 **사회복지현장실습 진행단계별 과업**

구분	실습 전 준비단계	실습 수행 단계	실습 후 단계
교육기관(대학)	• 실습 오리엔테이션 실시 • 실습의뢰 공문발송	• 실습기관 방문 및 기관장, 슈퍼바이저, 실습생과 면담 • 실습세미나 진행	• 실습평가서에 근거하여 실습학점 부여
기관	• 실습생 모집 공고 • 실습생 면접 및 선발	• 실습일정표에 따른 현장실습 실행 • 정기적/비정기적 슈퍼비전 • 실습평가회	• 실습평가서 발송 • 실습생을 자원봉사자로 활용하기 위한 관계유지
학생	• 대학 실습 오리엔테이션 참석 • 실습기관 탐색 및 결정	• 실습업무 수행	• 실습평가서 발송 여부 확인 • 기관 및 동료 실습생과의 연계유지

출처 : 조성숙 · 이신영(2013), p. 44.

1. 실습 전 준비단계

실습 전 준비단계는 효과적인 실습의 토대작업을 진행하는 과정으로, 실습 전 준비단계는 실습교육과정에서 수행될 내용을 사전에 점검하면서 슈퍼비전이 효과적으로 제공될 수 있도록 기본 틀을 구축한다. 실습 전 준비단계의 주요 내용은 <표 3-2>와 같다. 여기에서는 각 진행주체인 교육기관(대학), 실습기관, 실습생의 주요 역할을 살펴보고자 한다.

〈표 3-2〉 실습 전 준비단계의 주요 내용

단 계	주요 내용	과제물	활용양식
실습 전 준비단계	• 실습 전 확인사항 점검 • 실습계약 체결(3자 체결 : 실습지도자, 실습학생, 지도교수) • 실습서약서 작성 • 실습시작 전 오리엔테이션(사전미팅) 실시 • 실습생프로파일 검토 • 실습슈퍼비전을 위한 기초자료 수집 • 실습생의 교육욕구 진단 • 실습지도자와 실습생의 초기 관계형성	• 실습생프로파일 • 실습생실습계획서	준비점검표 프로파일 실습계획서 실습계약서 실습서약서

출처 : 한국사회복지사협회(2017), p. 27.

1) 교육기관(대학)

(1) 교육기관의 실습 오리엔테이션 실시

교육기관(대학)은 실습을 진행하기 전 학생의 실습 준비를 위해 실습 오리엔테이션을 실시한다. 즉, 교육기관은 실습을 시작하기 전에 학생들에게 실습생으로서의 기본자세, 역할, 실습동기화에 대해 교육한다. 사회복지현장실습 자격요건에 부합하는 학생은 반드시 실습 오리엔테이션에 참석하여 사회복지현장실습과 관련된 실습생, 기관, 지도자, 실습시간 등 실습 관련 기준을 숙지하고, 실습기관 결정과정, 실습 시 주의사항 등을 확인한다.

〈대학의 실습 오리엔테이션 자료 예시〉

1. 실습목적

실천현장의 경험적 학습에 의해 사회복지의 가치, 윤리강령의 내용, 지식, 태도, 기술을 적용할 수 있는 능력 함양

2. 실습자격

1) 사회복지사 1급 국가시험 필수과목 8개 중 4개 과목 이상 이수한 자
2) 사회복지학과목을 2학기 이상 수강한 자(3학기차, 15학점 이상 이수자)

3. 실습기간 : 1일 8시간 주 5회(월~금) 실습기관 출석하여 최소 160시간 이상

4. 실습비 : 기관의 상황에 준한다.

5. 실습기관

1) 실습기관 : 사회복지사업을 수행하는 기관, 법인, 시설 또는 단체로, 보건복지부장관으로부터 선정되었으며, 요건을 갖춘 기관실습 지도자가 2명 이상 상근할 것
2) 실습지도자 자격기준 : 사회복지사 1급 자격증을 소지한 자로서 3년 이상 또는 사회복지사 2급 자격증을 소지한 자로서 5년 이상 사회복지사업의 실무경험이 있는 자로서, 기관실습이 실시되는 연도의 전년도에 8시간 이상의 보수교육을 받았을 것

6. 실습기관 결정과정

1) 보건복지부 선정 실습기관(한국사회복지사협회 자격관리센터 http://lic.welfare.net/lic/ViewLicNotice.action)을 참고하여 희망 실습기관을 정하여 빠른 시간 내에 개인적으로 기관과 직접 접촉하여 실습 가능 여부 타진
2) 실습기관이 결정되면 사회복지학과 조교에게 ○월 ○일까지 알려줄 것(실습기관명, 주소, 기관 연락처, 기관 팩스번호, 실습지도자, 실습기간, 본인 연락처 등 기재)
3) 학과에서 일률적으로 기관에 공문 발송

7. 실습 시 주의사항

1) 실습교육은 학교교육의 연장임 : 배우려는 자세로 임할 것
2) 근무시간 엄수. 결석, 조퇴 시 실습기관의 사전 승인 얻을 것(실습담당자에게 사전 연락)
3) 업무처리과정에서 알게 된 클라이언트나 기관의 비밀 유지
4) 실제 직원으로서 모든 일에 열성, 창의성, 책임감을 가지고 임할 것
5) 기관의 직원 및 실습 동료학생과 원만한 관계형성 노력
6) ○○대학교를 대표한다는 마음가짐으로 임할 것
7) 복장

8. 실습과제

1) 실습기간 중에 실습일지, 평가서, 기타 실습 관련 자료기록
※ 평가서 : 실습 종료 후 실습기관 담당자가 ○○대학교 사회복지학과 사무실로 우편 송부하여야 함
2) 학기 중 「사회복지현장실습」 과목 수강
3) 실습관련서식에서 「사회복지현장실습확인서」를 기관에 제출하여 확인받기(자격증 발급 시 제출해야 함)

(2) 실습의뢰공문 발송

실습생의 실습기관이 결정되면 대학에서는 해당 기관에 실습의뢰서를 발송하여 실습생에 대한 정보를 제공하며 공식적으로 실습을 의뢰한다. 실습생이 부득이한 사정으로 실습이 불가할 경우 즉시 실습기관과 대학에 연락해야 한다.

〈실습의뢰서 예시〉

○○○대학교(원) ○○대학 사회복지학과장

수신자
(참 조)
제 목 **사회복지현장실습 의뢰**

1. 항상 사회복지현장실습 교육을 위해 애써 주시는 귀 기관에 감사드립니다.
2. 사회복지현장실습을 수강하는 본교 사회복지학과 학생의 실습교육을 의뢰하오니 아래를 참조하시어 협조하여 주시기 바랍니다.

– 아 래 –

가. 학생명 : (학생연락처 :)
나. 실습기간 :
다. 실습지도교수 :
라. 실습담당조교 :
(연락처 : 사회복지학과 ☎)

별첨 : 실습신청서 1부. 끝.

○○○대학교(원) ○○대학 사회복지학과장(직인)

시행 처리과 – 일련번호(시행일자) 접수 처리과명 – 일련번호(접수일자)
우 주소 /홈페이지 주소
전화( ) 전송( ) /기안자의 공식 전자우편주소 / 공개구분

출처 : 한국사회복지사협회(2017), p. 19.

2) 기 관

실습 전 준비단계에서 실습기관은 실습과 관련된 기관의 규정과 실습생 선발 조건에 대한 검토를 통해 실습생을 모집하고 선발하며, 실습계획서를 작성하고 그에 준하여 실습과정에서 요구되는 제반 과업의 사전 준비를 진행한다. 즉, 선발된 각 실습생의 프로파일을 검토하고 실습 시작 전 사전 만남을 통해 실습생의 실습목표를 확인하고 실습에서 요구되는 지식과 기술에 대해 사전에 준비할 수 있도록 지침을 전달함과 동시에, 실습생의 교육 욕구를 진단하여 실습슈퍼비전 계획의 기초 자료를 수집한다. 또한 실습계약서 및 실습서약서를 작성하면서 실습을 위한 사전 준비를 수행한다.

(1) 실습생 모집, 선발 및 수락

실습기관이 필요로 하는 자격요건이 구비된 실습생을 실습프로그램의 대상으로 참여시키기 위해 다양한 활동으로 모집한다. 실습생 모집 홍보를 위해 교육기관의 사회복지학과에 실습생 모집 홍보 공문을 발송하거나 홈페이지에 공지한다(한국사회복지사협회, 복지넷, 기관 자체 홈페이지 등). 실습생 모집 안내가 모든 실습대상 학생들에게 이루어져 실습 기회가 공평하게 주어질 수 있도록 세심한 배려가 필요하다. 충분한 공지가 될 수 있도록 사전에 여유를 두고 실습 개시 1~2개월 전에 홍보를 실시한다.

〈실습생 모집 공고 예시〉

○○복지관에서는 다음과 같이 사회복지실습생을 모집합니다.

1. 모집기간 : 2017. 5. 22(월)~2017. 6. 2(금)
2. 홍보처 : 한국사회복지사협회 실습게시판 등
3. 모집대상 : 사회복지관련학과(부전공 포함) 재학생
4. 모집분야 및 모집인원
 가. 하계실습
  1) 실습기간 : 2017. 7. 3(월)~2017. 7. 26(수), 매주 월~금, 126시간(1일 7시간)
  2) 인원 : 총 3명
5. 모집방법
 가. 1차 : 신청서 E-mail 접수(ooooo@hanmail.net)
 나. 2차 : 면접(면접일 : 6. 9(금) 10:00, 13:00, 15:00, 17:00 중 택1)
6. 최종합격자 발표 : 2017. 6. 14(수) 10:00
7. 실습확정자에 대해 2017. 6. 30(금)까지 학교별 실습요청공문 접수
8. 실습비 : ㅇ만 원(합격자에 한해, 실습 시작 전까지 센터에 납부하시면 됩니다)

〈실습신청방법〉

1. 실습지원신청서 작성 : 별첨한 실습지원신청서를 작성
 (*신청서와 개인정보활용동의서만 보내주세요)
2. 이메일(ooooo@hanmail.net) 접수 : 신청서의 파일명은
 '지원분야_이름_면접시간.hwp'로 보낼 것
3. 면접진행 : 2017. 6. 9(금) 10:00, 13:00, 15:00, 17:00 중 택 1

* 실습과 관련한 모든 문의는 ooooo@hanmail.net으로 보내주세요.
* 자세한 내용은 첨부파일을 반드시 확인해주세요.

출처 : 한국사회복지사협회(2017 : 44).

(2) 실습 진행 전 행정절차 및 계약

실습기관은 실습대학에서 발송한 실습의뢰공문을 접수하고, 실습계약을 체결하고, 실습서약서를 작성하며, 실습비 및 수령방법 등을 안내한다.

(3) 실습생에 대한 사전 교육 및 실습준비

실습 시작 전 실습생을 대상으로 사전 오리엔테이션을 실시한다. 사전 오리엔테이션에는 실습생의 자세와 역할 및 태도, 실습일정과 실습내용, 실습기관 및 지역사회 등에 대해 안내하고, 실습생의 실습기대와 욕구를 수렴한다. 또한 실습생의 교육욕구 진단 및 개별 과제를 부여하고, 실습생의 개별 욕구에 기반한 실습슈퍼비전 계획을 수립한다.

3) 학 생

학생들은 실습 전 준비단계에서 실습기관을 탐색하고 선정해야 한다. 이를 위해 학생들은 사회복지기관을 직접 찾아가거나 홈페이지를 통해 기관의 역사, 비전, 사업내용 등을 검토한다. 실습경험이 있는 선배 혹은 실습지도교수 등으로부터 실습기관에 대한 정보를 수집한다. 또한 기관의 홈페이지, 한국사회복지사협회, 해당 시·도 사회복지사협회, 한국사회복지협의회 및 해당 시·도 사회복지협의회 홈페이지 등을 통해 해당 기관 및 시설에 대한 정보 및 실습생 모집 정보를 수집하여 실습기관을 탐색하고 선정한다. 사회복지 분야별 실습기관의 예시는 <표 3-3>과 같다.

〈표 3-3〉 분야별 실습기관의 예

분 야	실습기관
교정복지	교도소, 보호관찰소, 법무보호복지공단, 범죄피해자지원센터
노인복지	노인복지관, 노인보호전문기관, 노인요양시설, 재가노인복지시설, 양로원, 시니어클럽, 독거노인원스톱지원센터
아동복지	홀트아동복지회, 어린이재단, 대한사회복지회, 아동보호전문기관, 지역아동센터, 가정위탁지원센터, 한국 SOS어린이마을, 각종 보육시설
여성복지	모자보호시설, 가정폭력·성폭력피해여성보호시설, YWCA, 가정폭력상담소, 여성의 전화
장애인복지	장애인종합복지관, 시각장애인복지관, 청각·언어장애인복지관, 뇌성마비복지관, 장애어린이집, 장애인직업재활시설, 장애인주간보호센터, 장애인공동생활가정, 장애인생활시설

정신건강사회복지	정신건강센터, 알코올상담센터, 정신병원, 종합병원 정신과, 각종 사회복귀시설
지역복지	종합사회복지관, 지역자활센터, 건강가정지원센터, 다문화가족지원센터, 자원봉사센터
청소년복지	청소년쉼터, 청소년수련관
NGO	굿네이버스, 기아대책, 월드비전, 컴패션
행정기관/ 협회	구・군청 주민복지과, 주민자치센터, 한국사회복지협의회

출처 : 조성숙・이신영(2013), p. 34.

2. 실습 수행 단계

실습 수행 단계는 초기, 중기, 종결 및 평가 단계로 구분된다. 각 단계별 주요 내용과 과제물을 정리하면 <표 3-4>와 같다. 다음에서는 각 단계별 실습교육의 초점, 실습내용 및 실습생의 과제를 구체적으로 살펴보고자 한다.

〈표 3-4〉 실습 수행 단계의 세부 단계별의 주요 내용

단계	주요 내용	과제물	활용양식
초기 단계	• 실습생 대상의 공통교육진행 (윤리, 행정, 예산, 문서(기록)작성, 프로그램 계획서 작성 등) • 기관 및 직원소개 • 지역사회탐방 • 부서 및 실습업무 안내 • 관련된 정책 및 제도에 대한 이해	기관분석보고서 지역사회분석보고서 지역사회지도그리기	실습일지, 실습생출근부, 실습지도기록서, 사회복지사선서, 윤리강령, 기관분석보고서, 지역사회, 분석보고서
중기 단계	• 클라이언트(개별, 집단)의 욕구파악을 통한 프로그램 기획 및 실행 • 개별대상자에 대한 사정과 개입계획 작성 및 레코딩 • 타 기관 방문 • 사회조사 : 지역조사, 욕구조사	과정참여보고서 프로그램 계획서 프로그램 평가서 중간평가서 기관방문보고서 사회조사보고서	과정참여보고서, 프로그램 계획서, 프로그램 평가서, 중간평가서, 사례관리양식, 계획서, 진행일지, 집단지도양식, 사회조사양식, 기관방문보고서, 사회조사보고서
종결 및 평가 단계	• 종결 * 사례종결 * 실습종결 • 평가 * 실습만족도와 실습평가 * 실습보고회	사례종결보고서 실습만족도 작성 실습보고회 진행 실습평가서	실습만족도 실습평가서 현장실습확인서

출처 : 한국사회복지사협회(2017), pp. 53, 54, 142를 종합하여 재작성함.

1) 실습 초기 단계

실습 초기 단계는 실습 시작과 함께 실습슈퍼비전도 시작되는 단계로, 향후 실습지도자-실습생 간 관계의 토대가 되는 단계이다. 이 단계에서는 실습과정에서 실습생이 수행할 역할에 대해서 명료하게 설명해야 하며, 실습생의 위치와 권리에 대해서도 안내해야 한다. 또한 기관 오리엔테이션이나 지역사회에 대한 이해의 미진한 부분을 보완하여 교육하는 시간을 먼저 가져야 한다. 실습 초기 단계의 실습교육의 초점, 실습 내용 및 실습생 과제는 다음과 같다.

(1) 실습교육의 초점

- 실습 초기에 사회복지 지식만큼 강조되어야 하는 것은 사회복지사 윤리강령에 입각한 실습생의 업무태도와 자세임
- 기관의 기능적 측면에 대한 이해와 조직성원으로서의 근무규칙에 적응
- 기관의 환경 및 기관 이용자에 대한 이해
- 문서 작성, 각종 보고서 작성 등의 기초적인 업무수행능력 습득
- 실습프로그램에 대한 계획 수립
- 사례관리(개별 지도), 집단 지도, 지역사회개발 등의 계획 수립

(2) 실습 내용

- **실습 오리엔테이션**: 실습의 구체적인 일정 및 내용, 기관 전반 소개, 기관의 업무 및 행정절차, 기관의 자원 접근 방법, 기관의 직원과 동료실습생 소개, 실습업무 평가 내용·시기·방법 안내 등
- **실습생에 대한 안전교육**: 사무실, 가정방문 시 및 클라이언트와의 업무 시의 안전지침 안내
- **제도, 정책 및 조직의 문화 안내**: 업무 관련 제도와 정책, 실습기관의 업무규칙, 운영원칙 및 조직의 문화 안내
- **공통교육**
  - 사회복지 윤리강령에 대한 이해 및 윤리적 민감성을 위한 교육
  - 사회복지실습기관 재무회계규칙에 대한 이해와 예산결산현황 교육

- 문서작성 및 행정업무절차에 대한 교육
- 사회복지 기록에 대한 교육
- 사회복지자원의 네트워킹의 이해 및 활용을 위한 교육
- 프로포절 작성 관련 교육

- 부서별 교육

(3) 실습생 과제

- 윤리적인 민감성을 고양하고 윤리적인 실천을 지향할 수 있도록 사회복지사 윤리강령을 토대로 실습생 각자의 윤리강령을 작성해 보도록 함
- 기관 분석 보고서, 지역사회(사정) 분석 보고서, 지역사회 지도 그리기 등
- 초기 교육내용에 대한 실습업무의 적용점 생각해 보기
- 매회 실습일지 작성하기
- 업무 관련 정책이나 규정 등에 대한 비판적인 고찰 등

2) 실습 중기 단계

실습 중기 단계는 사회복지현장에서 요구되는 지식과 기술을 구체화하면서 실습생이 전문가로서 효능감을 가지고 실습에 임할 수 있도록 돕는 단계이다. 실습 중기 단계는 과제물과 각종 기록의 제출이 왕성한 단계이기 때문에 기록과 제출된 과제물을 근거로 슈퍼비전을 제공하면서 실습생의 부족한 지식과 기술을 보완하도록 도와야 한다. 중기 단계에는 실습이 1/2 정도 경과한 시점에 그동안의 실습내용과 과정에 대한 실습생의 평가를 통해 이후 실습의 발전적인 방향을 모색하는 실습중간평가를 실시한다. 실습 중기 단계의 실습교육의 초점, 실습 내용 및 실습생 과제는 다음과 같다.

(1) 실습교육의 초점

- 실습 중기는 실습 초기의 긴장이 완화되면서 실습지도자에 대한 모방을 통해 학습이 점차 심화되어 가는 단계임. 실습생의 실습지도자에 대한 의존도를 줄이면서 전문적인 성장을 위한 과업과 과제부여 및 역할을 수행할 수 있게 함

- 학교에서 배운 지식과 기술을 구체화하고 정밀화하면서 실습생의 자신감을 고취시켜야 함
- 실습지도자에 대한 의존도를 경감시키고 실습 동료 및 클라이언트와의 전문적 관계를 촉진시켜 줌
- 실습지도자는 자신의 실습지도방법에 대한 평가를 토대로 부족한 부분을 보완해야 함(한국사회복지사협회, 2013)

(2) 실습 내용

- 사례관리(개별지도)와 관련된 기능
- 집단 및 개별 프로그램 진행과 관련된 기능
- 지역사회와 관련된 기능
- 윤리적 민감성 및 인권 관련
- 타 기관 방문 및 우수 프로그램에 대한 탐색을 통한 적용점 도출 및 논의
- 실습영역 관련 사회이슈 분석과 프로그램 개발
- 영상으로 사회복지 이해하기(영화 시청 후 토론)

(3) 실습생 과제

- 프로그램별 과정참여 보고서, 사례분석 및 계획, 집단 프로그램 기획, 중간평가서, 진행일지 등의 과제를 부여할 수 있음
- 기관에 따라 타 기관 방문을 실시할 경우 타 기관 방문보고서 등의 과제를 제시함
- 부서심화실습의 경우에는 지역사회를 중심으로 한 사회조사 보고서도 작성할 수 있음

3) 실습 종결 및 평가단계

실습 종결 및 평가 단계는 실습 기간 동안 학습한 실천기법과 기술을 정교히 하면서 확고히 하는 단계이다. 종결 단계는 실습평가서를 제출하면서 실습을 마무리하는 단계인 만큼, 실습생이 수행한 역할을 평가함과 동시에 클라이언트와의 종결, 동료실습생과의 관계의 종결, 실습지도자와의 전문적 관계의 종결을 준비할 수 있도록 지도해야 한다. 실습평가는 실습생과 실습지도자가 각각 작성한 후 평가항목을 상호 비교하면서 피드백을 제공하도록 한다. 실습 종결 및 평가 단계의 실습교육의 초점, 실습 내용 및 실습생 과제는 다음과 같다.

(1) 실습교육의 초점

- 실습 종결 단계는 관찰과정에서 실습생이 습득한 것을 실제로 적용하기 위해 서비스에 직접 참여하는 단계로, 이용자에 대한 직접적인 서비스 제공 혹은 관찰과정의 내용을 직접적인 수행 등을 통해 실습이 진행됨
- 실습생들은 충분한 준비과정을 거쳐 기관 이용자들에게 제공되는 서비스 활동에 적극적으로 참여하도록 함. 또한 실습지도자에 대한 의존도를 경감시키고 실습 동료 및 서비스 이용자와의 전문적 관계를 촉진시켜 줌
- 기관의 맥락과 문화, 지역사회, 대상에 대한 이해의 폭을 확장하면서 클라이언트나 집단과의 전문적 관계를 종료하는 연습을 통해 공적·사적 관계에 대한 경계를 학습함
- 자신의 강점과 약점에 대한 인식을 통해 자신감을 확고히 하며 전문직에 대한 정체성을 형성하도록 함(한국사회복지사협회, 2014)

(2) 실습 내용

- 실습 종결 단계는 실습 기간 동안 학습한 실천기법과 기술을 정교하고 확고하게 하는 단계임
- 이 단계는 실습평가서를 제출하면서 실습을 마무리하는 단계인 만큼, 실습생이 수행한 역할을 평가함과 동시에 클라이언트와의 종결, 동료실습생과의 관계의 종결, 실습지도자와의 전문적 관계의 종결을 준비할 수 있도록 지도함
- 실습평가는 실습생과 실습지도자가 각각 작성한 후 평가항목을 상호 비교하면서 피드백 제공

(3) 실습생 과제

- 실습종결평가서 작성
- 실습 총평가서(학교제출용) 작성
- 실습 평가 보고회 시 발표내용 작성
- 실습지도 평가서
- 실습만족도 평가서 작성 : 실습만족도 작성의 경우 평가내용이 직접적인 실습 점수에 영향을 주지 않는다는 것을 실습생에게 사전에 고지해야 함

3. 실습 후 단계

학생은 실습 후 단계에서 실습기관의 실습평가서 발송 여부 및 교육기관(대학) 도착 여부를 확인하여 실습지도교수가 실습학점 부여에 지장이 없도록 해야 한다. 즉, 실습 종료 후에 학생은 실습기관에 연락하여 실습평가서가 적절한 시기에 발송되었는지를 확인함과 동시에, 대학의 실습 관련 행정 담당자에게도 연락하여 실습평서가 도착되었는지를 재확인하는 등 행정적인 조치를 점검할 필요가 있다.

방학동안 현장실습에 참여한 경우, 학생은 통상적으로 실습 후 단계에서 대학의 실습세미나에 참여하게 되는데, 실습세미나를 통해 다른 학생들과 실습 경험을 공유하고 자신의 실습이 어떠했는지를 비교·평가할 수 있는 기회를 가지게 된다. 실습 후 단계는 장래 사회복지 진로의 실질적인 준비단계라고 할 수 있는데, 학생은 실습 경험이 학생 자신의 장래 진로를 위한 밑거름이 될 수 있도록 진지하게 성찰하는 시간을 가질 필요가 있다. 학생은 실습 경험을 통해 향후 본인의 사회복지 진로와 관련된 자신의 강점과 약점을 미리 성찰해 보고 사회복지사로서 요구되는 자질 중 부족한 점을 채워나가는 시간으로 만들어야 한다. 사회복지 관련 지식, 기술 및 태도 등에 대한 자기성찰 노트를 만들어 강점과 약점을 작성해 보고 강점을 어떻게 더욱 개발하고 약점을 보완해 갈 것인지 구체적인 계획을 세울 필요가 있다.

학생들에게 실습기관은 인턴십, 직장체험, 나아가 취업으로도 연결될 수 있는 중요한 기관이므로 장래 진로개척을 위해 실습기관과 지속적인 연락을 유지하고 정기 혹은 비정기적 자원봉사활동을 하는 것이 도움이 된다. 또한 실습에 함께 참여한 다른 실습생들은 장래 사회복지 현장에서 일할 때 중요한 인적 자원이 될 것이므로 정기적인 모임을 만들어 지속적으로 네트워킹을 하는 것도 도움이 될 것이다.

생각해 봅시다!

1. 실습 전 단계와 후 단계에서 실습생의 역할은 무엇인지 구체적인 사례를 들어 생각해 봅시다.
2. 실습 수행 단계의 각 세부 단계별(실습 초기, 중기, 종결/ 평가 단계)로 실습경험에 대하여 이야기해 봅시다.
3. 실습기관 및 교육기관의 실습지도 및 실습생 행정업무 처리와 관련한 개선점에 대하여 이야기해 봅시다.

CHAPTER 04 사회복지현장실습의 영역

1. 아동복지

1) 개 요

아동의 법적 및 사회적 책임과 권리에 대한 시각에 따라 아동의 연령은 다양하게 규정되고 있으나, 유엔아동권리협약과 아동복지법에 따라 통상적으로 아동은 '18세 미만의 모든 사람'으로 규정되고 있다(노혜련 · 김미원 · 조소연, 2015). 아동복지시설은 6 · 25 전쟁으로 인한 요보호 아동을 집단 수용하기 위해 1950년대부터 본격적으로 시작되었다. 정부는 급격히 증가하는 요보호 아동의 수용과 보호를 위해 1961년 아동복리법을 제정하여 법적 근거를 마련하였다. 최근 아동복지시설은 수용, 구호의 역할을 벗어나 시설보호 아동뿐 아니라 지역사회 아동을 대상으로 아동복지 종합서비스를 제공하는 방향으로 확대되고 있다(한국사회복지사협회, 2016 : 18).

2) 관련 시설

아동복지법 제52조에 따르면 아동복지시설은 다음의 11가지 범주로 구분된다.

① **아동양육시설** : 보호대상아동을 입소시켜 보호, 양육 및 취업훈련, 자립지원 서비스 등을 제공하는 것을 목적으로 하는 시설

② **아동일시보호시설** : 보호대상아동을 일시보호하고 아동에 대한 향후의 양육대책 수립 및 보호조치를 행하는 것을 목적으로 하는 시설

③ **아동보호치료시설** : 불량행위를 하거나 불량행위를 할 우려가 있는 아동으로서 보호자가 없거나 친권자나 후견인이 입소를 신청한 아동 또는 가정법원, 지방법원소년부지원에서 보호위탁된 19세 미만인 사람을 입소시켜 치료와 선도를 통하여 건전한 사회인으로

육성하는 것을 목적으로 하는 시설 또는 정서적·행동적 장애로 인하여 어려움을 겪고 있는 아동 또는 학대로 인하여 부모로부터 일시 격리되어 치료받을 필요가 있는 아동을 보호·치료하는 시설

④ **공동생활가정** : 보호대상아동에게 가정과 같은 주거여건과 보호, 양육, 자립지원서비스를 제공하는 것을 목적으로 하는 시설

⑤ **자립지원시설** : 아동복지시설에서 퇴소한 사람에게 취업준비기간 또는 취업 후 일정 기간 동안 보호함으로써 자립을 지원하는 것을 목적으로 하는 시설

⑥ **아동상담소** : 아동과 그 가족의 문제에 관한 상담, 치료, 예방 및 연구 등을 목적으로 하는 시설

⑦ **아동전용시설** : 어린이공원, 어린이놀이터, 아동회관, 체육·연극·영화·과학실험 전시 시설, 아동휴게·숙박시설, 야영장 등 아동에게 건전한 놀이·오락, 그 밖의 각종 편의를 제공하여 심신의 건강유지와 복지증진에 필요한 서비스를 제공하는 것을 목적으로 하는 시설

⑧ **지역아동센터** : 아동복지법 제52조 제1항 제8호에 근거하여 맞벌이 가정 등의 지역 내 18세 미만 학령의 돌봄이 필요한 지역사회 아동의 보호·교육, 건전한 놀이와 오락의 제공, 보호자와 지역사회 연계 등 아동의 건전육성을 위하여 종합적인 아동복지서비스를 제공하는 아동복지시설

⑨ **아동보호전문기관** : 아동복지법 제46조에 따라 아동보호전문기관은 피해아동, 피해아동의 가족 및 아동학대행위자를 위한 상담·치료 및 교육, 아동학대예방 교육 및 홍보, 피해아동 가정의 사후관리, 그 밖에 대통령령으로 정하는 아동학대예방사업과 관련된 업무 등을 수행한다(개정일 2020. 4. 7./ 시행일 2020. 10. 1).

⑩ **가정위탁지원센터** : 가정위탁사업의 홍보 및 가정위탁을 하고자 하는 가정의 발굴, 가정위탁을 하고자 하는 가정에 대한 조사 및 가정위탁 대상 아동에 대한 상담, 가정위탁을 하고자 하는 사람과 위탁가정 부모에 대한 교육, 위탁가정의 사례관리, 친부모 가정으로의 복귀 지원, 가정위탁 아동의 자립계획 및 사례 관리, 관할 구역 내 가정위탁 관련 정보 제공, 그 밖에 대통령령으로 정하는 가정위탁과 관련된 업무를 수행하는 기관

⑪ **아동권리보장원** : 아동정책에 대한 종합적인 수행과 아동복지 관련 사업의 효과적인 추진을 위하여 필요한 정책의 수립을 지원하고 사업평가 등의 업무를 수행하는 기관

2. 청소년복지

1) 개 요

청소년의 법적 및 사회적 책임 혹은 권리에 대한 관점에 따라 청소년의 연령 또한 다양하게 규정하고 있다. 청소년기본법은 청소년을 9세 이상 24세 이하인 사람으로 정의하고 있는 반면, 청소년보호법은 만 19세 미만인 사람으로 정의하고 있다. 청소년복지란 청소년이 정상적인 삶을 누릴 수 있는 기본적인 여건을 조성하고 조화롭게 성장·발달할 수 있도록 제공되는 사회적·경제적 지원을 말한다(청소년기본법 제3조 제1호).

2) 관련 시설

청소년복지지원법 제31조에 의하면 청소년복지시설의 종류는 다음과 같다.

① **청소년쉼터** : 가출청소년에 대하여 가정·학교·사회로 복귀하여 생활할 수 있도록 일정 기간 보호하면서 상담·주거·학업·자립 등을 지원하는 시설

② **청소년자립지원관** : 일정 기간 청소년쉼터 또는 청소년회복지원시설의 지원을 받았는데도 가정·학교·사회로 복귀하여 생활할 수 없는 청소년에게 자립하여 생활할 수 있는 능력과 여건을 갖추도록 지원하는 시설

③ **청소년치료재활센터** : 학습·정서·행동상의 장애를 가진 청소년을 대상으로 정상적인 성장과 생활을 할 수 있도록 해당 청소년에게 적합한 치료·교육 및 재활을 종합적으로 지원하는 거주형 시설

④ **청소년회복지원시설** : 소년법 제32조 제1항 제1호에 따른 감호 위탁 처분을 받은 청소년에 대하여 보호자를 대신하여 그 청소년을 보호할 수 있는 자가 상담·주거·학업·자립 등 서비스를 제공하는 시설

3. 노인복지

1) 개 요

노인복지란 노인의 질환을 사전예방 또는 조기발견하고 질환상태에 따른 적절한 치료·요양으로 심신의 건강을 유지하며, 노후의 생활안정을 위하여 필요한 조치를 강구함으로써 노인의 보건복지증진에 기여하는 조직적인 활동을 말한다(노인복지법 제1조).

2) 관련 시설

노인복지법 제31조에 따르면 노인복지시설에는 노인주거복지시설, 노인의료복지시설, 노인여가복지시설, 재가노인복지시설, 노인보호전문기관, 노인일자리지원기관, 학대피해노인 전용쉼터가 있다(표 4-1 참조).

〈표 4-1〉 노인복지시설의 종류

구분	노인주거 복지시설	노인의료 복지시설	노인여가 복지시설	재가노인 복지시설	노인보호 전문기관	노인일자리 전담기관	학대피해노인 전용쉼터
예시	• 양로시설 • 노인공동생활 가정 • 노인복지주택	• 노인요양시설 • 노인요양공동 생활가정	• 노인복지관 • 경로당 • 노인교실	• 방문요양서비스, 주·야간 보호서비스, 단기보호서비스, 방문 목욕 서비스, 그 밖의 서비스 제공하는 시설	• 중앙 및 지역 노인보호전문 기관	• 노인인력개발 기관 • 노인일자리지 원기관 • 노인취업알선 기관	• 학대피해노인 전용쉼터

출처 : 노인복지법 제31조, 제32조, 제34조, 제36조, 제38조, 제23조의2, 제39조의5, 제39조의19에 근거하여 작성함.

① 노인주거복지시설

- **양로시설** : 노인을 입소시켜 급식과 그 밖에 일상생활에 필요한 편의를 제공함을 목적으로 하는 시설
- **노인공동생활가정** : 노인들에게 가정과 같은 주거여건과 급식, 그 밖에 일상생활에 필요한 편의를 제공함을 목적으로 하는 시설

- **노인복지주택** : 노인에게 주거시설을 임대하여 주거의 편의 · 생활지도 · 상담 및 안전관리 등 일상생활에 필요한 편의를 제공함을 목적으로 하는 시설

② 노인의료복지시설

- **노인요양시설** : 치매 · 중풍 등 노인성질환 등으로 심신에 상당한 장애가 발생하여 도움을 필요로 하는 노인을 입소시켜 급식 · 요양과 그 밖에 일상생활에 필요한 편의를 제공함을 목적으로 하는 시설
- **노인요양공동생활가정** : 치매 · 중풍 등 노인성질환 등으로 심신에 상당한 장애가 발생하여 도움을 필요로 하는 노인에게 가정과 같은 주거여건과 급식 · 요양, 그 밖에 일상생활에 필요한 편의를 제공함을 목적으로 하는 시설

③ 노인여가복지시설

- **노인복지관** : 노인의 교양 · 취미생활 및 사회참여활동 등에 대한 각종 정보와 서비스를 제공하고, 건강증진 및 질병예방과 소득보장 · 재가복지, 그 밖에 노인의 복지증진에 필요한 서비스를 제공함을 목적으로 하는 시설
- **경로당** : 지역노인들이 자율적으로 친목도모 · 취미활동 · 공동작업장 운영 및 각종 정보교환과 기타 여가활동을 할 수 있도록 하는 장소를 제공함을 목적으로 하는 시설
- **노인교실** : 노인들에 대하여 사회활동 참여욕구를 충족시키기 위하여 건전한 취미생활 · 노인건강유지 · 소득보장 기타 일상생활과 관련한 학습프로그램을 제공함을 목적으로 하는 시설

④ **재가노인복지시설** : 방문요양서비스, 주 · 야간보호서비스, 단기보호서비스, 방문 목욕서비스, 그 밖에 재가노인에게 제공하는 서비스로서 보건복지부령이 정하는 서비스 등 어느 하나 이상의 서비스를 제공함을 목적으로 하는 시설

⑤ **노인보호전문기관** : 노인인권보호 및 노인학대 예방을 위한 정책제안, 연구, 교육 등의 사업을 담당하는 기관

⑥ **노인일자리전담기관** : 노인의 능력과 적성에 맞는 일자리지원사업을 전문적 · 체계적으로 수행하기 위한 전담기관

- **노인인력개발기관** : 노인일자리개발 · 보급사업, 조사사업, 교육 · 홍보 및 협력사업, 프로그램인증 · 평가사업 등을 지원하는 기관
- **노인일자리지원기관** : 지역사회 등에서 노인일자리의 개발 · 지원, 창업 · 육성 및 노인에 의한 재화의 생산 · 판매 등을 직접 담당하는 기관

- 노인취업알선기관 : 노인에게 취업 상담 및 정보를 제공하거나 노인일자리를 알선하는 기관

⑦ 학대피해노인 전용쉼터 : 노인학대로 인하여 피해를 입은 노인을 일정 기간 보호하고 심신 치유 프로그램을 제공하기 위한 학대피해노인 전용시설

4. 장애인복지

1) 개 요

장애인복지는 장애인의 성·연령 및 장애의 유형과 정도를 고려하여 보호·의료·생활지도·재활훈련과 자립생활지원 등의 서비스를 제공함으로써 장애인의 기능 회복과 사회성 향상을 도모하는 데 목적이 있다. 1981년 심신장애자복지법 제정을 통해 장애유형과 서비스에 따라 지체부자유자 재활시설, 시각장애인 재활시설, 청각·언어장애인 재활시설, 정신박약자 재활시설, 근로시설, 점자도서관 등으로 분류되어 운영되었으며, 1989년 전면 개정된 장애인복지법에 따라 지역사회 통합 생활에 초점을 두면서 장애인 재활시설, 장애인 요양시설, 장애인 이용시설, 장애인 유료시설, 직업재활시설 등 다양한 시설이 생겨났다(한국사회복지사협회, 2014 : 18-19).

2) 관련 시설

2011년 개정된 장애인복지법 제58조에 따르면, 장애인복지시설은 장애인 거주시설, 장애인 지역사회재활시설, 장애인 직업재활시설, 장애인생산품 판매시설, 장애인 의료재활시설 등 5개 범주로 분류된다. 장애인복지시설은 크게 거주시설(생활시설)과 이용시설(장애인 지역사회재활시설, 장애인 직업재활시설, 장애인 의료재활시설), 기타 대통령령으로 정한 시설(생산품 판매시설)로 구분된다(표 4-2 참조).

〈표 4-2〉 장애인복지시설의 종류

구분	거주시설	지역사회재활시설	직업재활시설	의료재활시설	기타 대통령령으로 정한 시설
예시	• 장애유형별 생활시설 • 중증장애인 요양시설 • 장애영유아시설 • 장애인단기거주시설 • 장애인공동생활가정	• 장애인복지관 • 주간보호시설 • 체육관 • 심부름센터 • 수화통역센터 • 점자도서관 • 점자도서 및 녹음서 출판시설	• 보호작업장 • 근로사업장	• 의료재활시설	• 생산품 판매시설

출처 : 한국사회복지사협회(2014), p. 20.

① **장애인 거주시설** : 거주공간을 활용하여 일반가정에서 생활하기 어려운 장애인에게 일정 기간 동안 거주・요양・지원 등의 서비스를 제공하는 동시에 지역사회생활을 지원하는 시설

② **장애인 지역사회재활시설** : 장애인을 전문적으로 상담・치료・훈련하거나 장애인의 일상생활, 여가활동 및 사회참여활동 등을 지원하는 시설

③ **장애인 직업재활시설** : 일반 작업환경에서는 일하기 어려운 장애인이 특별히 준비된 작업환경에서 직업훈련을 받거나 직업생활을 할 수 있도록 하는 시설

④ **장애인 의료재활시설** : 장애인을 입원 또는 통원하게 하여 상담, 진단・판정, 치료 등 의료재활서비스를 제공하는 시설

⑤ **생산품 판매시설** : 장애인 생산품의 판매활동 및 유통을 대행하고, 장애인 생산품이나 서비스・용역에 관한 상담, 홍보, 판로개척 및 정보제공 등 마케팅을 지원하는 시설

5. 가족복지

1) 개 요

가족복지는 가족이라는 사회적 단위를 대상으로 가족생활을 보장하는 다양한 사회적 노력을 말한다. 가족이 빈곤, 질병, 실업, 가족관계의 붕괴 등으로 가족구성원의 복지가 현저히

저해된 상태에 대해 문제를 해결하고 원조를 위한 사회적 조직활동이라고 할 수 있다. 가족복지의 주요 대상은 빈곤가족, 정신적 갈등이 있는 가족, 반사회적 및 사회부적응가족, 장애인가족, 다문제가족 등이 있으나 원칙적으로 모든 가족이 대상이 된다. 가족복지사업은 크게 직접적 원조기능과 간접적 원조기능으로 나눌 수 있다. 직접적 원조기능은 가족의 문제를 직접 원조 및 치료하는 회복기능을 말하고 간접적 원조기능에는 의뢰적 기능, 개발적 기능, 조정적 기능, 예방적 기능이 있다(이철수. 2006 : 17).

2) 관련 시설

여기에서는 가족복지의 주요 대상인 한부모가족, 다문화가족, 가정폭력피해자를 위한 시설을 살펴보고자 한다.

① 한부모가족복지시설

한부모가족지원법 제19조에 의하면, 한부모가족복지시설은 모자가족복지시설, 부자가족복지시설, 미혼모자가족복지시설, 일시지원복지시설, 한부모가족복지상담소가 있다.

- **모자가족복지시설** : 모자가족에게 기본생활지원, 공동생활지원, 자립생활지원 중 하나 이상의 편의를 제공하는 시설
  - 기본생활지원 : 생계가 어려운 모자가족에게 일정 기간 동안 주거와 생계를 지원
  - 공동생활지원 : 독립적인 생활이 어려운 모자가족에게 일정 기간 동안 공동생활을 통하여 자립을 준비할 수 있도록 주거 등을 지원
  - 자립생활지원 : 자립욕구가 강한 모자가족에게 일정 기간 동안 주거를 지원
- **부자가족복지시설** : 부자가족에게 기본생활지원, 공동생활지원, 자립생활지원 중 하나 이상의 편의를 제공하는 시설
  - 기본생활지원 : 생계가 어려운 부자가족에게 일정 기간 동안 주거와 생계를 지원
  - 공동생활지원 : 독립적인 생활이 어려운 부자가족에게 일정 기간 동안 공동생활을 통하여 자립을 준비할 수 있도록 주거 등을 지원
  - 자립생활지원 : 자립욕구가 강한 부자가족에게 일정 기간 동안 주거를 지원

• **미혼모자가족복지시설** : 미혼모자가족과 출산 미혼모 등에게 기본생활지원, 공동생활지원 중 하나 이상의 편의를 제공하는 시설
  - 기본생활지원 : 미혼 여성의 임신·출산 시 안전 분만 및 심신의 건강 회복과 출산 후의 아동의 양육 지원을 위하여 일정 기간 동안 주거와 생계를 지원(제5조에 따른 지원대상자 중 미혼이 아닌 여성의 임신·출산 시 안전 분만과 출산 후 양육 지원을 포함한다)
  - 공동생활지원 : 출산 후 해당 아동을 양육하지 아니하는 미혼모 또는 미혼모와 그 출산 아동으로 구성된 미혼모자가족에게 일정 기간 동안 공동생활을 통하여 자립을 준비할 수 있도록 주거 등을 지원
• **일시지원복지시설** : 배우자(사실혼 관계에 있는 사람을 포함한다)가 있으나 배우자의 물리적·정신적 학대로 아동의 건전한 양육이나 모의 건강에 지장을 초래할 우려가 있을 경우 일시적 또는 일정 기간 동안 모와 아동 또는 모에게 주거와 생계를 지원하는 시설
• **한부모가족복지상담소** : 한부모가족에 대한 위기·자립 상담 또는 문제해결 지원 등을 목적으로 하는 시설

② 건강가정·다문화가족지원센터 통합서비스

정부는 가족의 유형별로 이원화되어 있는 가족지원서비스를 가족의 유형에 상관없이 한 곳에서 다양한 가족에 대한 보편적이고 포괄적인 서비스를 제공하고, 다문화가족의 안정적인 정착과 가족생활 지원을 위해 건강가정·다문화가족지원센터 통합서비스를 운영하고 있다(여성가족부, 2020 : 64).

• **건강가정지원센터** : 가족구성원의 욕구가 충족되고 인간다운 삶이 보장되는 가정이 될 수 있도록 지원하기 위해 가정문제의 예방·상담 및 치료, 건강가정의 유지를 위한 프로그램의 개발, 가족문화운동의 전개, 가정 관련 정보 및 자료제공 등 건강가정사업을 수행하는 시설(건강가정기본법 제3조, 제35조)
• **다문화가족지원센터** : 다문화가족(결혼이민자·귀화자와 대한민국 국적 취득자로 이루어진 가족)의 안정적인 정착과 가족생활을 지원하기 위해 가족 및 자녀 교육·상담, 통·번역 및 정보제공, 역량강화지원 등 종합적인 서비스를 제공하여 다문화가족의 한국사회 조기적응 및 사회·경제적 자립지원 도모하는 시설. 다문화가족지원센터는 다문화가족을 위한 교육·상담 등 지원사업의 실시, 결혼이민자 등에 대한 한국어교육, 다문화가족 지원서비스

정보제공 및 홍보, 다문화가족 지원 관련 기관·단체와의 서비스 연계, 일자리에 관한 정보제공 및 일자리의 알선, 다문화가족을 위한 통역·번역 지원사업, 다문화가족 내 가정폭력 방지 및 피해자 연계 지원, 그 밖에 다문화가족 지원을 위하여 필요한 사업 수행(다문화가족지원법 제2조 제1호, 제12조)

- 다문화가족지원센터(일반형) : 다문화가족지원법 제12조(다문화가족지원센터의 설치·운영 등)에 따라 다문화가족지원사업을 수행하는 기관
- 다문화가족지원센터(확대형) : 다문화가족지원법 제12조(다문화가족지원센터의 설치·운영 등)에 따라 다문화가족지원사업 및 기타 법령(건강가정기본법, 한부모가족지원법 등)에 의한 가족 지원사업을 수행하는 건강가정·다문화가족지원 통합서비스 운영기관

③ 가정폭력방지 및 피해자보호 시설

가정폭력방지 및 피해자보호 시설에는 가정폭력 상담소, 가정폭력피해자 보호시설이 있다(가정폭력방지 및 피해자보호 등에 관한 법률 제5조, 제6조, 제7조, 제7조의2).

- **가정폭력 상담소** : 가정폭력 관련 상담소는 가정폭력 신고나 상담, 피해자 임시 보호, 가정폭력 예방과 방지를 위한 교육 및 홍보를 하는 등 다음의 업무를 수행하는 시설
  - 가정폭력을 신고받거나 이에 관한 상담에 응하는 일
  - 가정폭력을 신고하거나 이에 관한 상담을 요청한 사람과 그 가족에 대한 상담
  - 가정폭력으로 정상적인 가정생활과 사회생활이 어렵거나 그 밖에 긴급히 보호를 필요로 하는 피해자 등을 임시로 보호하거나 의료기관 또는 제7조 제1항에 따른 가정폭력피해자 보호시설로 인도(引渡)하는 일
  - 행위자에 대한 고발 등 법률적 사항에 관하여 자문하기 위한 대한변호사협회 또는 지방변호사회 및 법률구조법에 따른 법률 구조법인(이하 "법률구조법인"이라 한다) 등에 대한 필요한 협조와 지원의 요청
  - 경찰관서 등으로부터 인도받은 피해자 등의 임시 보호
  - 가정폭력의 예방과 방지에 관한 교육 및 홍보
  - 그 밖에 가정폭력과 그 피해에 관한 조사·연구
- **가정폭력피해자 보호시설** : 가정폭력피해자를 보호하기 위한 시설
  - 단기보호시설 : 피해자 등을 6개월의 범위에서 보호하는 시설
  - 장기보호시설 : 피해자 등에 대하여 2년의 범위에서 자립을 위한 주거편의 등을 제공하

는 시설

- 외국인보호시설 : 외국인 피해자 등을 2년의 범위에서 보호하는 시설
- 장애인보호시설 : 장애인복지법의 적용을 받는 장애인 피해자 등을 2년의 범위에서 보호하는 시설

6. 지역사회복지

1) 개 요

지역사회복지란 주민의 복지증진과 삶의 질 향상을 위하여 지역사회 차원에서 전개하는 사회복지를 말한다(사회복지사업법 제2조 제2호). 즉, 지역사회복지는 지역주민과 지역사회의 문제와 욕구를 해결함으로써 지역주민들의 삶의 질을 증진시키는 지역사회차원의 복지체계이다. 지역사회복지의 수준을 결정 짓는 가장 중요한 요소는 지역사회복지에 직접적인 영향을 주는 사회복지 관련 제도적 · 정책적 수준이다. 지역주민들의 복지수준 및 삶의 질에 결정적인 영향을 미치는 다양한 복지정책과 제도는 공공 및 민간 사회복지조직들을 통한 지역사회복지 전달체계에서 다양한 사회복지재화와 서비스의 전달 및 제공을 가능하게 한다. 이는 지역사회 구성원인 개인, 가족 · 집단 그리고 나아가 지역사회 전반의 복지수준을 향상시켜 지역주민의 삶의 질을 개선시키는 데 중요한 역할을 한다(지은구 · 조성숙, 2019 : 33-34).

2) 관련 시설

지역사회복지 증진을 위한 가장 대표적인 이용시설은 사회복지관이다. 사회복지사업법 제2조 제5호에 따르면, 사회복지관이란 지역사회를 기반으로 일정한 시설과 전문인력을 갖추고 지역주민의 참여와 협력을 통하여 지역사회의 복지문제를 예방하고 해결하기 위하여 종합적인 복지서비스를 제공하는 시설을 말한다. 사회복지관은 사회복지서비스 욕구를 가지고 있는 모든 지역사회 주민을 대상으로 보호서비스, 재가복지서비스, 자립능력 배양을 위한 교육훈련 등 그들이 필요로 하는 복지서비스를 제공하고, 가족기능 강화 및 주민 상호 간 연대감 조성을 통한 각종 지역사회문제를 예방 · 치료하는 종합적인 복지서비스 전달기구로서 지

역사회 주민의 복지증진을 위한 중심적 역할을 수행하여야 한다(보건복지부, 2020 : 4).

사회복지관에서는 저소득 취약계층과 지역주민에 대한 실질적인 사회복지서비스가 이루어질 수 있도록 각 사업을 유기적으로 연계하여 실시하여야 한다. 사회복지관 사업의 대상은 사회복지서비스 욕구를 가지고 있는 모든 지역주민이나 국민기초생활보장법에 따른 수급자 및 차상위계층, 장애인, 노인, 한부모가족 및 다문화가족, 직업 및 취업알선이 필요한 사람, 보호와 교육이 필요한 유아·아동 및 청소년, 그 밖에 사회복지관의 사회복지서비스를 우선 제공할 필요가 있다고 인정되는 사람을 우선적인 사업대상으로 하여야 한다.

사회복지관은 지역사회의 특성과 지역주민의 복지욕구에 대한 조사결과를 바탕으로 해당 사회복지관의 실정에 적합한 사업내용을 자율적으로 결정하되, 사회복지사업법 시행규칙 [별표 3]에서 정하고 있는 사회복지관의 3대 기능(사례관리기능, 서비스제공기능, 지역조직화기능)을 균형 있게 수행하여야 한다. 다만, 관할 시장·군수·구청장이 지역적 특성을 감안하여 필요하다고 인정한 경우에는 예외사항을 두거나 별도의 사업을 개발·추진할 수 있다(보건복지부, 2020 : 10). 사회복지관의 3대 기능별 사업내용은 <표 4-3>과 같다.

〈표 4-3〉 사회복지관의 3대 기능별 사업내용

기 능	사업분야	사업내용
사례관리 기능	사례 발굴	지역 내 보호가 필요한 대상자 및 위기 개입대상자를 발굴하여 개입계획 수립
	사례 개입	지역 내 보호가 필요한 대상자 및 위기 개입대상자의 문제와 욕구에 대한 맞춤형 서비스가 제공될 수 있도록 사례개입
	서비스 연계	사례개입에 필요한 지역 내 민간 및 공공의 가용자원과 서비스에 대한 정보 제공 및 연계, 의뢰
서비스제공기능	가족기능강화	1. 가족관계증진사업 : 가족원간의 의사소통을 원활히 하고 각자의 역할을 수행함으로써 이상적인 가족관계를 유지함과 동시에 가족의 능력을 개발·강화하는 사업 2. 가족기능보완사업 : 사회구조 변화로 부족한 가족기능, 특히 부모의 역할을 보완하기 위하여 주로 아동·청소년을 대상으로 실시되는 사업 3. 가정문제해결·치료사업 : 문제가 발생한 가족에 대한 진단·치료·사회복귀 지원사업 4. 부양가족지원사업 : 보호대상 가족을 돌보는 가족원의 부양부담을 줄여주고 관련 정보를 공유하는 등 부양가족 대상 지원사업 5. 다문화가정, 북한이탈주민 등 지역 내 이용자 특성을 반영한 사업
	지역사회보호	1. 급식서비스 : 지역사회에 거주하는 요보호 노인이나 결식아동 등을 위한 식사제공 서비스 2. 보건의료서비스 : 노인, 장애인, 저소득층 등 재가복지사업대상자들을 위한 보건·의료 관련 서비스 3. 경제적지원 : 경제적으로 어려운 지역사회 주민들을 대상으로 생활에 필요한 현금 및 물품 등을 지원하는 사업 4. 일상생활 지원 : 독립적인 생활능력이 떨어지는 요보호 대상자들이 시설이 아닌 지역사회에 거주하기 위해서 필요한 기초적인 일상생활지원서비스

		5. 정서서비스 : 지역사회에 거주하는 독거노인이나 소년소녀가장 등 부양가족이 없는 요보호 대상자들을 위한 비물질적인 지원 서비스 6. 일시보호서비스 : 독립적인 생활이 불가능한 노인이나 장애인 또는 일시적인 보호가 필요한 실직자·노숙자 등을 위한 보호서비스 7. 재가복지봉사서비스 : 가정에서 보호를 요하는 장애인, 노인, 소년·소녀가정, 한부모가족 등 가족기능이 취약한 저소득 소외계층과 국가유공자, 지역사회 내에서 재가복지봉사서비스를 원하는 사람에게 다양한 서비스 제공
	교육문화	1. 아동·청소년 사회교육 : 주거환경이 열악하여 가정에서 학습하기 곤란하거나 경제적 이유 등으로 학원 등 다른 기관의 활용이 어려운 아동·청소년에게 필요한 경우 학습 내용 등에 대하여 지도하거나 각종 기능 교육 2. 성인기능교실 : 기능습득을 목적으로 하는 성인사회교육사업 3. 노인 여가·문화 : 노인은 대상으로 제공되는 각종 사회교육 및 취미교실 운영사업 4. 문화복지사업 : 일반주민을 위한 여가·오락프로그램, 문화 소외집단을 위한 문화프로그램, 그 밖에 각종 지역문화행사사업
	자활지원 등 기타	1. 직업기능훈련 : 저소득층의 자립능력배양과 가계소득에 기여할 수 있는 기능훈련을 실시하여 창업 또는 취업을 지원하는 사업 2. 취업알선 : 직업훈련 이수자 기타 취업희망자들을 대상으로 취업에 관한 정보제공 및 알선사업 3. 직업능력개발 : 근로의욕 및 동기가 낮은 주민의 취업욕구 증대와 재취업을 위한 심리·사회적인 지원프로그램 실시사업 4. 그 밖의 특화사업
지역조직화기능	복지네트워크 구축	지역 내 복지기관·시설들과 네트워크를 구축함으로써 복지서비스 공급의 효율성을 제고하고, 사회복지관이 지역복지의 중심으로서의 역할을 강화하는 사업 - 지역사회연계사업, 지역욕구조사, 실습지도
	주민조직화	주민이 지역사회 문제에 스스로 참여하고 공동체 의식을 갖도록 주민조직의 육성을 지원하고, 이러한 주민협력강화에 필요한 주민의식을 높이기 위한 교육을 실시하는 사업 - 주민복지증진사업, 주민조직화 사업, 주민교육
	자원 개발 및 관리	지역주민의 다양한 욕구 충족 및 문제해결을 위해 필요한 인력, 재원 등을 발굴하여 연계 및 지원하는 사업 - 자원봉사자 개발·관리, 후원자 개발·관리

출처 : 사회복지사업법 시행규칙 별표 3.

7. 정신건강사회복지

1) 개 요

정신건강사회복지는 정신질환의 예방과 정신질환자의 의료 및 사회복귀에 관하여 필요한 사항을 규정함으로써 국민의 정신건강증진에 기여함을 목적으로 한다(이준우 외, 2013 : 174). 정신질환자란 망상, 환각, 사고(思考)나 기분의 장애 등으로 인하여 독립적으로 일상생활을 영위하는 데 중대한 제약이 있는 사람을 말한다. 정신건강증진사업이란 정신건강 관련 교육·상담, 정신질환의 예방·치료, 정신질환자의 재활, 정신건강에 영향을 미치는 사회복지·교육·주거·근로 환경의 개선 등을 통하여 국민의 정신건강을 증진시키는 사업을 말한다(「정신건강증진 및 정신질환자 복지서비스 지원에 관한 법률」 제3조).

2) 관련 시설

정신건강사회복지와 관련된 대표적인 시설은 다음과 같다(「정신건강증진 및 정신질환자 복지서비스 지원에 관한 법률」 제3조, 제15조의3 및 제27조).

① **정신건강복지센터** : 정신건강증진시설, 사회복지사업법에 따른 사회복지시설, 학교 및 사업장과 연계체계를 구축하여 지역사회에서의 정신건강증진사업 및 정신질환자 복지서비스 지원사업을 하는 기관 또는 단체

② **정신건강증진시설** : 정신의료기관, 정신요양시설 및 정신재활시설을 말함(개정일 2020. 3. 4./ 시행일 2020. 9. 5).

- 정신의료기관 : 의료법에 따른 정신병원, 의원, 병원급 의료기관에 설치된 정신건강의학과 등 정신질환자를 치료할 목적으로 설치된 기관
- 정신요양시설 : 정신질환자를 입소시켜 요양 서비스를 제공하는 시설
- 정신재활시설 : 정신질환자 또는 정신건강상 문제가 있는 사람 중 대통령령으로 정하는 사람의 사회적응을 위한 각종 훈련과 생활지도를 하는 시설. 정신재활시설의 종류는 생활시설(정신질환자 등이 생활할 수 있도록 주로 의식주 서비스를 제공하는 시설), 재활훈련시설(정신질환자 등이 지역사회에서 직업활동과 사회생활을 할 수 있도록 주로 상담·교육·취업·여가·문화·사회참여 등 각종 재활활동을 지원하는 시설), 그 밖에 대통령령으로 정하는 시설이 있음

③ **중독관리통합지원센터** : 알코올, 마약, 도박, 인터넷 등의 중독 문제와 관련한 종합적인 지원사업을 수행하기 위한 시설. 지역사회 내 중독자의 조기발견 체계 구축, 중독자 대상 상담, 치료, 재활 및 사회복귀 지원사업, 중독폐해 예방 및 교육사업, 중독자 가족에 대한 지원사업, 그 밖에 중독 문제의 해소를 위하여 필요한 사업 수행

8. 학교사회복지

학교사회복지는 학교라는 공교육기관에서 전문적 능력과 자격을 갖춘 사회복지사가 제공하는 서비스를 말한다. 즉, 학교라는 공교육체계에서 학생들이 공평한 교육기회와 성취감을 가질 수 있도록 지원하고, 학생 개개인의 지적, 사회적, 정서적 욕구와 문제해결을 위해 학교, 가족, 지역사회의 노력을 조정하고 영향을 미치는 활동이다(이준우 외, 2013 : 192).

9. 의료사회복지

의료사회복지란 병원에서 사회복지사가 치료팀의 일원이 되어 환자 및 가족의 전인적 치료에 걸림이 되는 사회적, 경제적, 심리적 문제를 해결할 수 있도록 개입하여 대상자의 안정적인 치료환경을 조성하고 나아가 삶의 질을 높이기 위한 총체적인 활동이다. 의료사회복지사는 질병을 가진 환자와 그 가족, 지역사회를 대상으로 의료진과 협의하여 클라이언트의 심리, 사회적, 정서적, 환경적 문제를 해결하도록 돕고, 입원 시뿐만 아니라 입원 전과 퇴원 후에도 사회적 기능을 원활히 수행할 수 있도록 질병의 예방과 회복, 사후 관리에 이르는 연속적 과정에서 개인에 대한 접근뿐 아니라 의료제도와 정책 차원의 접근을 통하여 의료사회복지실천의 목적을 달성하도록 돕는 보건의료 영역의 전문사회복지사이다(대한의료사회복지사협회 홈페이지, http://www.kamsw.or.kr).

10. 교정복지

교정복지는 범죄인, 사회부적응자, 비행청소년 등의 사회적응력을 배양하여 향후의 재비행과 재범을 방지하고 사회에 적응할 수 있도록 지원하는 사회복지적인 개입활동이다. 즉, 교정복지란 개별사회사업, 집단사회사업, 지역사회사업 등의 사회복지실천방법과 지식뿐만 아니라 거시적인 사회복지정책 관련 법률이나 제도 등을 활용하여 범죄인이나 비행청소년의 재범방지와 사회복귀를 돕는 사회복지실천의 전문분야이다. 법무부 산하의 교정시설에서 범죄인의 재활과 재범 방지를 위해 사회복지적인 개입활동을 하는 사회복지 전문직을 교정사회복지사라고 한다.

생각해 봅시다!

1. 사회복지실천현장의 각 영역에서 새롭게 부각되고 있는 이슈에 대해 의견을 나누어 봅시다.
2. 사회복지실천현장의 각 영역에서 실습생에게 요구되는 태도 및 자질은 무엇인지 이야기해 봅시다.

CHAPTER 05

사회복지현장실습 슈퍼비전

1. 슈퍼비전의 개념과 목적

실습생은 전문 사회복지사로 성장하고 발전하기 위해 사회복지의 전문 지식, 기술 및 자세를 겸비한 실습기관의 슈퍼바이저로부터 실습업무 전반에 대한 슈퍼비전을 제공받을 권리가 있다(한국사회복지사협회, 2017). 슈퍼비전이란 사회복지실천현장에서 사회복지서비스를 효과적이고 효율적으로 전달하기 위하여 사회복지 전문 지식과 기술을 잘 사용하도록 도움을 주는 활동이다. 즉, 사회복지 전문 지식, 기술, 경험 등을 가지고 있는 사람이 그렇지 못한 사람들에게 도움을 줄 수 있다는 전제하에서 이루어진다(최성재 · 남기민, 2017).

이런 맥락에서, 실습슈퍼비전은 사회복지현장실습이 진행되는 과정에서 요구되는 필수 활동이다. 실습슈퍼비전은 사회복지실천현장에 대한 학습을 위해 실습교육을 받고 있는 학생을 교육하는 것을 말한다. 이는 실습생의 전문직 사회화를 통해 전문 능력을 증진시키고 전문직의 속성들을 내면화시키는 데 목표를 두고 있다(양옥경 · 최소연 · 이기연, 2010). 실습의 교육목적 극대화를 위해 실습기관의 실습슈퍼바이저와 교육기관(대학)의 실습지도교수가 공동의 책임하에 슈퍼비전을 제공한다.

2. 실습슈퍼비전의 주요 기능

실습슈퍼비전은 교육, 전문직의 사회화, 평가, 행정, 옹호, 지지 기능 등의 기능이 있다. 이를 구체적으로 살펴보면 다음과 같다(양옥경 · 최소연 · 이기연, 2010 : 27-36).

(1) 교육 기능

실습슈퍼비전의 핵심 기능은 교육 기능이다. 실습슈퍼비전은 학교에서 배운 사회복지 전문 지식, 기술 및 철학을 실무현장에 적용시키는 과정에서 학생에게 교육과 훈련을 제공한다. 따라서 실습슈퍼비전을 통해 사회복지 전문 지식과 기술을 전달하고 개발하며, 교육을 위한 전략과 전술이 강조된다. 따라서 실습슈퍼비전이 교육 기능을 완수하기 위하여 실습지도자는 슈퍼비전의 내용과 형식 및 방법에 대한 적절한 선택을 해야 한다. 이때 실습지도자는 공통적인 학습욕구들을 찾아내는 수단으로 모든 실습생들의 능력들을 사정해야 한다.

(2) 전문직의 사회화 기능

사회복지 전문직의 문화는 서비스 전달 행동들을 어떤 방향으로 이끌기 위해 특정 가치와 규범들을 강조한다. 일반적으로 이 가치들은 제공되는 서비스의 중요성에 대한 그리고 전문직의 지식에 기반을 둔 권한에 대한 신념을 나타낸다. 규범들은 클라이언트, 동료, 상사, 부하, 지역사회와 일할 때의 적절한 행위를 포함하며 서비스 전달의 업무수행에 대한 기대들을 나타낸다. 따라서 전문직 문화와 동일시하는 사람들은 집단 정체성과 공통적인 일단의 가치들을 공유하게 된다. 전문직 문화와의 동일시는 알맞은 자리를 보유하도록 도우며, 전문직으로서의 사회화를 통해 규범과 가치들을 영속시키도록 돕는다.

(3) 평가 기능

실습슈퍼비전에서의 평가는 실습생이 배치된 기관에서 요구되는 역할의 수행 정도를 신뢰도와 타당도를 가지고 결정하기 위해 체계적 과정을 적용시키는 일련의 과정이다. 평가는 상세하고 현실적이며 달성 가능한 기준에 근거한 판단이어야 하며, 업무수행의 질과 성취물의 양 모두를 포함해야 한다. 평가는 실천에 대한 실습 교육에 있어 학습의 질을 향상시킬 뿐 아니라 전문적 성장에도 공헌하는 교육적 절차이다. 실습슈퍼바이저는 슈퍼비전의 평가 기능을 위해 실습생들에게 업무수행에 대한 서면 피드백을 제공하거나 실습생들과 업무수행에 대한 기대를 검토하거나 실습생 자신, 프로그램 및 서비스 영역들에서 업무수행 목표를 개발하도록 돕거나, 작업조건, 프로그램 효과, 클라이언트 욕구, 클라이언트 만족 등과 같은 프로그램 수행에 대한 연구를 실시하고 분석하는 등 다양한 활동을 할 수 있다.

(4) 행정 기능

슈퍼비전에서의 행정 기능은 전통적으로 실습지도자들을 지휘하고, 조정하고, 향상시키고, 평가하는 것으로서 실습슈퍼비전에서의 행정 기능은 매우 미미하였다. 그러나 실습생을 지휘 · 조정하고 업무를 계획 · 결정하며, 업무량을 관리하고, 실습생을 향상 및 발전시키는 것을 행정적 기능이라고 정의할 때 실습슈퍼비전의 행정적 기능에 대한 중요성을 간과할 수 없다.

(5) 옹호 기능

실습지도자는 때때로 불공평하거나 부정한 관행, 실제적으로나 잠재적으로 어떤 귀속 특성(성, 연령, 인종 등)을 가지고 있는 실습생에게 해로운 정책과 절차가 기관 내외에 존재한다는 사실을 알게 될 수 있다. 이는 실습생의 배치 전에는 미처 인지하지 못하고 있었던 것일 가능성이 매우 큰 상황이다. 이와 같은 정책이나 관행들을 알게 되었을 때 실습지도자는 그것들이 실습생과 실습생의 서비스 전달에 해로운 영향을 미치기 전에 시정하기 위해 옹호 활동을 하려고 할 것이며 실제로 해야 한다.

(6) 지지 기능

실습슈퍼비전에서의 지지 기능은 단순히 실습생을 격려하고 지지하는 차원에 머무르는 것이 아니라 효과적인 업무수행을 위해 필요한 정서적 에너지가 작동하도록 심리적이고 대인관계적인 자원을 제공하는 것을 말한다. 이러한 적극적인 지지가 일어나는 경우 실습생은 과업수행을 강화하는 사기를 증진시키고 이를 방해하는 스트레스를 감소시킴으로써 업무 수행에 있어 효과성을 증진시키게 된다.

3. 실습슈퍼비전의 원칙

효과적인 실습슈퍼비전의 제공을 위해서는 슈퍼비전 원칙을 세우고 그 원칙에 준하여 제공할 필요가 있다. 실습 슈퍼비전의 원칙을 소개하면 다음과 같다(양옥경 · 최소연 · 이기연, 2010 : 16-18).

① **공식화** : 실습교육과 실습슈퍼비전이 공식 업무의 일부로 지정하여 업무시간 중에 수행되어야 한다.

② **구조화** : 시간, 유형 등 실습슈퍼비전의 체계적인 구조를 갖추어 슈퍼비전을 제공해야 한다.

③ **정규화** : 슈퍼비전은 특정 시간을 마련하여 매일 혹은 매주 정해진 시간에 정기적으로 제공되어야 한다.

④ **개별화** : 슈퍼비전은 실습생 개인의 학습 욕구에 기초하여 제공하여야 한다.

⑤ **맥락화** : 슈퍼비전은 사회복지실천과 실습 전반의 맥락을 고려하여 실습생이 이해할 수 있도록 지도해야 한다.

⑥ **성장중심화** : 슈퍼비전은 실습생의 취약점을 지적하기 위해서가 아니라 가능성과 강점의 개발에 초점을 두고 진행되어야 한다. 사회복지 전문가로 성장 및 발전할 수 있도록 긍정적인 자극을 제공하는 것이 바람직하다.

⑦ **사례중심화** : 슈퍼비전을 진행할 때에는 실제 사례를 사용하는 것이 좋으며, 유추, 설화, 비유 등을 사용하거나 일반론에 근거하여 설명하는 것은 피하는 것이 좋다.

⑧ **일관성화** : 슈퍼비전 과정에서 이론이나 기법, 윤리원칙 등을 적용함에 있어 일관성을 유지하여야 한다.

⑨ **명확화** : 슈퍼비전은 비언어적 소통보다는 언어를 사용하여 명확하고 분명하게 이루어져야 한다.

⑩ **상호작용화** : 슈퍼비전은 슈퍼바이저와 실습생의 쌍방향의 상호관계 속에서 수행되어야 한다.

⑪ **평가기초화** : 슈퍼비전은 평가에 의해 새로운 내용이 보완될 수 있도록 하여야 한다. 즉, 긍정적 발전을 위한 평가를 거친 후에 평가에서 지적된 내용들이 반영된 변화가 도출되어야 한다.

⑫ **권위위계화** : 슈퍼바이저와 실습생은 교육을 제공하는 자와 제공받는 자의 위계관계이다. 따라서 슈퍼비전 제공 시 슈퍼바이저는 슈퍼바이저로서의 권위를 가져야 한다.

4. 실습슈퍼비전의 유형

실습슈퍼비전은 실습이 이루어지는 상황 및 시기 등을 고려하여 다양하게 이루어질 수 있다. 실습슈퍼비전은 참여범위, 슈퍼비전 제공시기, 접촉방법에 따라 다양한 유형으로 구분할 수 있다(한국사회복지사협회, 2017 : 106-108).

1) 참여범위에 따른 유형

(1) 개별슈퍼비전

개별슈퍼비전은 개인의 전문적 발달을 돕는 핵심적인 방법으로, 실습지도자와 실습생의 일대일 만남으로 이루어진다. 개별슈퍼비전은 다른 실습생의 요구에 주의가 분산되지 않기 때문에 해당 실습생에게 주의와 관심을 더 기울이고 초점화하는 것이 가능하다는 장점이 있다.

(2) 집단슈퍼비전

집단슈퍼비전은 구성 면에서는 한 명의 실습지도자와 다수의 실습생로 구성되어 진행되는 슈퍼비전 방법이며, 기능 면에서는 집단의 역동성을 활용하여 집단 자체의 통일된 목표를 가지고 구성원 간의 상호작용을 통해 슈퍼비전을 주는 방법이다. 따라서 실습생의 수가 너무 많아 충분한 역동성을 기대하기 어렵거나 효과적으로 집단을 통제하기 어려울 정도로 실습생의 수가 많은 경우에는 바람직하지 않다.

2) 슈퍼비전 제공시기에 따른 유형

(1) 사전 슈퍼비전

사전 슈퍼비전은 실제로 실습생이 수행해야 하는 업무 이전에 이루어지는 사전 교육적인 성격을 가진다. 상담이나 사례관리 업무를 수행하기 전에 필요한 교육적 정보를 제공하거나 실습생의 준비 정도를 점검하거나 자기인식을 점검하게 함으로써 실제 개입과정에서의 오류나 실패를 최소화하기 위한 활동으로 구성될 수 있다.

(2) 현장 슈퍼비전

현장슈퍼비전은 클라이언트와 상호작용하는 현장에서 혹은 특정 업무를 수행하는 현장에서 슈퍼비전을 제공하는 것이다. 현장에서 실습생에게 직접 슈퍼비전을 준다는 것은 실습생의 실행에 직접적인 영향을 주게 된다는 의미로, 이를 직접적 실천이라 할 수 있다.

(3) 즉각 슈퍼비전

즉각 슈퍼비전은 실습생의 실행이 끝나자마자 이에 대한 슈퍼비전을 제공하는 것이다. 따라서 실습생이 자신의 수행과정에 대해 깊이 고찰할 수 있는 시간을 제공하지 않음으로써 실습생의 자기 학습보다는 실습슈퍼바이저의 좀 더 강력한 피드백이나 리더십이 요청된다고 할 수 있다. 즉각 슈퍼비전은 관찰이나 기록 등 실습생의 수행 내용에 대한 객관적 정보를 확보하기 어려운 클라이언트를 대상으로 하는 실천영역에서의 슈퍼비전으로 적절하다. 즉, 실습생의 기억과 자기보고에만 전적으로 의존해야 하는 경우 좀 더 생생한 기억을 토대로 슈퍼비전을 줄 수 있기 때문이다.

(4) 지체 슈퍼비전

지체 슈퍼비전은 실습생의 업무수행이 끝난 후 일정 기간이 경과한 후에 제공되는 슈퍼비전이다. 이는 실습생이 자신의 수행과정이나 결과에 대해 스스로 고찰하고 평가할 수 있는 시간을 제공함으로써 실습생의 반성적 실천을 강조한다. 그러나 보완적 정보나 자료 없이 오로지 실습생이 보고하는 정보에만 의존해야 하는 경우 지체 슈퍼비전은 기억의 왜곡 등으로 적절한 슈퍼비전이 이루어지지 않을 가능성도 있다. 실습지도자가 충분하지 않거나 실습지도자와의 정규적이고 잦은 접촉이 어려운 상황에서 채택할 수 있는 슈퍼비전 방법이라 할 수 있다.

3) 접촉방법에 따른 유형

(1) 대면접촉

대면접촉은 실습지도자와 실습생이 접촉하는 데 활용되는 도구나 매체가 전혀 없는 경우를 말한다. 따라서 직접관찰이나 현장슈퍼비전 방식을 통해서도 대면접촉을 하며, 즉각 혹은 지체 슈퍼비전 역시 대면접촉을 통해 슈퍼비전을 제공할 수 있다.

(2) 서면접촉

서면접촉은 실습슈퍼바이저와 실습생이 직접 대면하지 않고 서면으로 피드백을 제공하는 것이다. 실습슈퍼바이저가 사례기록에 대한 서면 피드백을 제공하는 것 등을 예로 들 수 있다. 즉, 실습생이 사례에 대한 과정기록이나 요약기록을 만들고 이에 따른 슈퍼비전 요청 내용을 제시하는 형태로 실습지도자에게 전달되면 실습지도자는 이 기록물을 읽고 기록물에 직접 피드백을 제공하는 방법이다.

5. 실습슈퍼비전의 주체[1)]

실습기관과 교육기관의 모든 슈퍼비전은 정기적이고, 규칙적이며, 구조적으로 실습지도자나 실습지도교수가 직접 지도해야 한다. 또한 실습과정 중에 슈퍼비전의 내용이 반영되어야 한다.

1) 실습기관의 슈퍼비전

(1) 실습기관의 실습지도

- 실습기관 및 실습내용에 대한 전반적인 오리엔테이션 실시
- 실습기관 소개
- 실습의 의미, 의의 및 목표 수립
- 실습생의 자세 및 태도교육
- 사회복지 기록 관련 교육
- 실습일지를 포함한 각종 보고서 작성 요령 안내

(2) 실습내용에 대한 직접적인 슈퍼비전 실시

- 실습일지를 정기적으로 점검하고 피드백 제공
- 실습에서 케이스 리코딩에 대한 슈퍼비전 제공

1) 이 내용은 한국사회복지사협회(2010, 2017)에 근거하여 작성하였음.

- 프로그램기획서의 검토 및 타당성과 관련된 피드백 제공
- 그 외의 실습전반에 대해 정기적인 슈퍼비전 진행

2) 교육기관(대학)의 슈퍼비전

교육기관(대학)에서의 실습지도는 기본적으로 교육기관(학교)에서의 수업의 한 형태인 실습세미나로 진행한다.

(1) 실습기관 접촉 및 실습상황 검토

실습지도교수는 슈퍼비전을 위해 실습기관 방문, 전화, 온라인의 방법으로 다음과 같이 실습기관과 긴밀한 관계를 유지할 필요가 있다. ① 실습지도자와 실습생별 실습목표를 협의, ② 실습생의 실습목표 성취 정도와 실습상황을 검토, ③ 실습 관련 문제발생을 예방하거나 문제상황 중재

실습지도교수의 실습지도는 다음과 같은 형태로 이루어진다. ① 실습지도교수는 실습교육을 위한 강의, 토의, 슈퍼비전, 기관방문 등을 통해 실습지도 진행, ② 실습교육 시 실습조교를 배치하여 실습기관 및 실습학생에 대한 연락, 실습상황 검토, 실습보고서와 평가서 정리 등의 업무처리

(2) 실습세미나를 통한 실습교육

실습세미나는 교육기관의 상황에 맞게 구성하여 수업의 한 형태로 진행한다. 실습세미나를 통한 실습교육은 다음과 같은 방식으로 진행한다.

① 실습보고서를 통한 실습지도

- **실습보고서 제출** : 실습생은 실습일지, 사례기록, 집단지도 보고서(실습생이 사용하는 양식 및 도구, 한국사회복지사협회 홈페이지 및 본 교재 서식 참조) 등 각종 보고서를 작성하여 실습기관의 실습지도자 확인을 받은 후 대학의 실습지도교수에게 제출
- **실습보고서 검토 후 실습지도** : 학교에서 학생과 면담(개별 또는 집단 면담)하여 문제점과 개선점을 토의하고 필요한 경우 실습기관 실습지도자와 협의하여 문제점 해결
- **참고문헌 활용** : 실습지도교수는 실습내용과 관련된 참고문헌을 소개하여 활용하도록 지원

② 실습생의 실습보고 세미나

- 학생의 실습과정에 관한 강점 및 개선점 점검
- 현장에서 적용한 사회복지실천의 방법 및 기술을 이론적으로 정리하여 지식과 경험을 통합할 수 있도록 지도함
- 실습현장에서 직·간접적으로 경험한 사회복지실천과정이 다양한 클라이언트 체계에 미치는 영향에 대해 탐색하도록 지도함
- 사회복지조직으로서의 실습기관에 대한 기능과 역할에 대해 이해하도록 토론을 유도함
- 실습기관이 속한 지역사회 욕구를 파악한 것을 토대로 실습기관 서비스 간의 연계에 대해 이해하도록 토론을 유도함
- 실습내용을 사회복지정책, 사회복지법규 및 제도와 연계하여 이해하도록 토론을 유도함
- 사회복지실천현장에서 직면하는 윤리적 딜레마에 대해 토의함
- 사회복지사로서의 전문적 자기인식에 대해 정리함
- 실습생이 자신의 실습과정에 대한 평가를 통해 반영적 실천을 경험하도록 지도함(한국사회복지사협회, 2014 : 17-18)

6. 실습생의 권리 및 안전보장을 위한 슈퍼비전[2)]

1) 실습생의 인권

실습생은 교육과정의 하나로 실습교육에 참여하는 것이므로 기본적으로 교육받을 권리를 가지고 있다. 즉, 실습생은 학생으로서의 학습권이 있다는 것이며, 이 권리가 보장될 때 실습생이 실습교육기관에서 인권이 보장되었다고 할 수 있을 것이다. 실습생은 다음과 같은 권리를 가지고 있다.

- 전문가로서의 실습지도자에 의해 교육될 권리
- 전문지식과 기술을 교육받을 권리
- 실천현장에서만 학습할 수 있는 업무나 사례를 제공받을 권리

2) 이 내용은 주로 한국사회복지사협회(2017 : 117-120)를 참고하였음.

- 쾌적한 환경에서 학습할 권리
- 안전한 환경에서 학습하고 활동할 권리
- 인간적인 대우를 받을 권리
- 윤리적인 결정을 따를 권리
- 성추행이나 성폭력으로부터 자유로울 권리 등

2) 실습 안전지침

실습생은 사회복지사로서 기관에 고용되어 있는 것이 아니라 교육과정의 하나로 교육을 받고 있는 사람이다. 따라서 실습지도와 관련된 일차적 책임이 기관에 있음을 고려할 때 실습생에 대한 안전관리는 실습기관의 매우 중요한 책임영역이다. 특히 실습생은 실습기간 중 실습기관에서, 클라이언트를 대상으로, 클라이언트 가정방문과 같은 클라이언트와 관련된 또는 업무와 관련된 외부 활동을 함에 있어 실습생의 안전이 보장되어야 한다. 아울러 실습교육기관에서는 실습지도를 하기 전에 만일에 대비한 보험을 들어두는 것은 필수 의무사항이다. 실습교육기관은 다음의 안전지침을 지켜 실습생을 교육하여야 하며, 실습생 역시 스스로 안전지침을 지킴으로써 자신을 위험으로부터 안전하게 보호해야 할 것이다.

(1) 사무실에서의 안전지침

- 기관의 안전정책을 엄격하게 따를 것
- 가능한 잠재위험 확인을 위해 클라이언트들을 만나기 전 모든 클라이언트들의 사례기록을 조사할 것
- 폭력전과가 있거나 위협을 줄 수 있는 행동을 보여주는 클라이언트와 일할 때 직원이 동행하도록 요청할 것
- 무기로 사용될 수 있는 모든 물건들(펜, 스테이플러, 사진 등)을 책상에서 치울 것
- 직원의 도움을 요청할 것
- 직원이 적절한 자리에 없다면 도움을 필요로 하는 다른 직원에게 신중하게 신호를 보낼 수 있는 체계를 개발할 것(예를 들면, 다른 직원에게 전화를 걸은 다음 클라이언트의 이름을 대고 '진행파일'이 필요하다고 말함)

- 문과 가까운 위치에 책상을 배치할 것
- 가능한 한 안전보장을 책임지는 사람들과 연락체계를 마련할 것. 그들에게 늦게 일할 때를 알려주고, 필요할 때는 경비원에게 경호를 요청할 것
- 귀중품은 비밀이 보장되고 잠겨 있는 곳에 보관할 것
- 퇴근할 때마다 사무실을 꼭 잠그는 것을 잊지 말 것

(2) 지역사회에서의 위험을 줄이기 위한 안전지침

- 가정방문시 실습생 단독으로 방문하지 않도록 하기
- 직원과의 동행 방문시 기관을 떠나기 전 사례기록을 재검토할 것. 예를 들어, 가족은 몇 명이 살고 있고, 가족 중 폭력전과가 있는지 주목할 것
- 방문하려는 클라이언트들의 주소, 예상되는 노선, 예상되는 기관 도착 시간과 함께 방문 스케줄을 기관의 동료에게 알릴 것. 위험 가능성이 의심되면 동료에게 가정방문 중 확인전화를 걸어주도록 부탁할 것
- 가정방문에 절대 필요한 자료들만 가져가고 귀중품(많은 현금, 불필요한 신용카드, 장신구)은 기관이나 가정에 남겨둘 것
- 가능한 한 오전에 가정방문 일정을 잡거나 공공장소에서 만날 것
- 클라이언트에게 신분을 증명할 수 있는 것들을 뚜렷하게 보여줄 것(기관 배지, 명함, 기관 자동차의 로고 등)
- 복장은 실습기관의 다른 직원들을 따를 것
- 자신의 감각이나 통찰에 민감할 것. 상황이 불편한 것 같고, 문제가 있을 가능성이 느껴진다면 약속을 다시 하거나 다른 조치를 취할 것

(3) 클라이언트의 가정을 방문했을 때의 안전지침

- 자가운전으로 가정방문을 한다면 자동차의 모든 문들을 잠그고 바지주머니 등 쉽게 접근할 수 있는 곳에 자동차 열쇠를 보관하며, 불필요한 물건들은 트렁크에 넣을 것
- 방문하는 집에 무슨 동물이 있는가에 주의하고, 끈이 풀린 동물에 대해서는 클라이언트에게 도움을 요청할 것
- 집에 들어가려고 할 때 모르는 사람들 사이로 걸어가는 것을 피할 것

- 집에 있는 사람들에 주목하고 그들이 누구인지 클라이언트에게 물어볼 것. 그 집에 다른 사람들이 있는 것이 불편하다면 그 사람들이 집을 나가도록 요청함으로써 논의할 정보의 비밀이 지켜질 수 있도록 클라이언트에게 권유할 것
- 집에 들어가면서 모든 것을 주목할 것
- 무기가 종종 보관되는 침실이나 부엌에서 클라이언트와 이야기하는 것을 피할 것
- 무기나 마약 등이 보이면 집에서 즉시 나올 것
- 방문 후 서류업무를 마치기 위해 다른 장소로 이동할 것. 가정방문 후 클라이언트의 집 앞에 주차하여 차 안에 앉아있지 말 것. 방문과 관련된 어떤 위험도 문서화할 것

〈분노하고, 저항적이며, 공격적인 클라이언트와 일할 때의 안전지침〉

- 조용하고, 침착하며, 단호한 자세를 유지할 것. 놀람, 적의, 고통, 방어 등을 보이지 말 것. 클라이언트에게 단순하고 직접적인 문장으로 말할 것
- 클라이언트에게 긍정적 선택을 제공할 것(예 우리가 마주 앉아서 이 문제를 논의할 수 있도록 내 책상 앞으로 가까이 와 주시기 바랍니다.)
- 클라이언트를 환기시키고, 진정하며, 생각할 시간을 갖도록 상호작용의 속도를 늦출 것
- 클라이언트와 신체접촉을 피할 것
- 클라이언트에게 충분한 개인적 공간을 주기 위해 둘 사이의 공간을 충분히 확보할 것
- 클라이언트를 앉게 하는 데에 모든 노력을 할 것. 앉는 것이 불가능하다면 둘 사이의 공간을 충분히 두고, 기동할 수 있는 충분한 공간을 확보하기 위해 클라이언트 중심에서 멀리 떨어질 것
- 공격을 받으면 최소한의 힘을 쓸 것. 클라이언트를 억제하거나 본인이 풀려나기 위해 필요한 힘만을 쓰고, 도움을 얻기 위해 다른 곳으로 이동할 것

생각해 봅시다!

1. 실습생으로서 사회복지현장실습 중에 받은 슈퍼비전 유형에 대해 생각해 보고 해당 유형의 장·단점을 이야기해 봅시다.
2. 실습슈퍼비전을 통해 자신이 경험한 지식, 기술, 태도 면에서의 변화를 이야기해 봅시다.
3. 실습생의 안전과 권리보장을 위해 실습기관으로부터 어떤 안전지침에 관한 슈퍼비전을 받았는지에 대한 경험을 나누어 봅시다.

PART 02

사회복지현장실습을 위한 지식과 기술

CHAPTER 06

사회복지의 가치와 윤리

1. 사회복지 윤리의 필요성

사회복지의 모든 개입과 활동은 가치를 전제로 이루어지므로 사회복지사는 어떤 직업보다도 가치에 기반을 둔 직업군이라고 할 수 있다. 이런 맥락에서, 사회복지사는 사회복지의 가치와 윤리를 이해하는 것은 매우 중요한 과업이다. 먼저, 가치란 개인이나 사회집단이 선호하는 행동을 정하는 데 사용하는 공식과 같은 것으로 '무엇이 좋은가?' 혹은 '무엇이 바람직한가?'와 관련된 것이다. 예를 들어, 인간의 존엄성, 자기결정권, 평등, 정의 등이 사회복지의 주요 가치로 인식되는데, 이러한 가치들이 다양한 가치들 중에서 좋고 바람직한 것으로 여겨지기 때문이다(조성숙 · 이신영, 2013 : 47). 한편 윤리는 가치를 행동으로 옮겨 실천하는 것으로서 인간이라면 마땅히 지켜야 할 도리를 말하는데, 가치에 대한 옳고 그름의 규범적 기준을 부여한다. 따라서 윤리는 인간의 이성에 기초하여 옳은 해답에 도달하고 실제로 평가하는 것으로서 '우리가 살아가는 데 있어 어떤 가치가 가장 중요한가?' 혹은 '왜 이런 행위가 다른 행위보다 더 좋은가?'와 같은 질문에 대한 답을 요구하며, '왜?(why?)'에 대한 해답을 제공한다(이효선, 2016 : 19).

사회복지실천에서 윤리의 필요성은 다음과 같다(Reamer, 1995, 이효선, 2016 : 39 재인용).

첫째, 사회복지사는 사회복지 전문직으로서 자신의 가치와 자신이 상호작용하는 사람들, 즉 클라이언트, 지역 주민, 동료 전문가, 슈퍼바이저 등 다른 사람들의 가치관 간의 공통점과 차이점에 관해 체계적으로 확인하기 위해 필요하다.

둘째, 사회복지실천현장에서 발생하는 다양한 윤리적 딜레마를 이해하고 이러한 상황에 적극 대처할 수 있는 능력을 갖추기 위해 필요하다. 사회복지 전문가로서 사회복지사는 윤리적 딜레마에 대해 바람직한 윤리적 판단을 내릴 수 있는 능력을 갖추어야 하기 때문이다.

셋째, 사회복지실천현장의 다양한 개입과 활동과정의 다양한 가치 중에서 순위를 결정하기 위해 사회복지 윤리가 필요하다. 윤리를 뒷받침하는 가치는 여러 가지가 존재할 뿐만 아니라 2개 이상의 가치가 상충할 경우도 배제할 수 없다. 물론 사회복지에는 핵심 혹은 주류 가치가 존재하는 것으로 알려져 있으나 그것을 일목요연하게 정리하는 것은 용이하지 않으며 사회 변화에 따라 끊임없이 변화할 수 있기 때문에 일련의 가치들 간의 질서를 수립할 필요가 있다.

넷째, 사회복지의 현행 주류 가치의 정당성을 성찰하고 시대적 조류에 부합하는 가치를 정리하기 위해 윤리가 필요하다. 사회복지의 주요 가치는 역사적인 맥락 속에서 지속적으로 변화하고 있다. 예를 들어, 자기결정이나 분배 정의와 같은 사회복지 가치는 자본주의와 민주주의 등과 같은 서구의 개인주의적 사상으로부터 영향을 받은 것인데, 이는 집합주의로부터 많은 도전을 받게 된다. 사회복지가 사회적 공인을 유지하기 위해서는 그러한 도전에 적절히 대응할 수 있어야 한다.

마지막으로, 사회복지 윤리는 사회복지의 전문성을 발전시키고 실천방법을 개발하기 위한 근간이 되는 것으로 사회복지의 발전을 위해 필요하다. 사회복지학은 인간 대상 실천학문으로 사회복지 전문지식을 바탕으로 지속적인 기술 개발이 수반되어야 한다. 그러나 인간에 대한 기본적인 이해 없는 지식과 기술 개발은 사상누각과 같다. 따라서 사회복지 윤리에 대한 탄탄한 기본 위에 지식과 기술 개발이 이루어져야 한다.

2. 사회복지 전문직의 핵심가치

사회복지는 인간존엄, 평등, 자유, 사회정의, 민주주의 등 다양한 가치를 지향한다. 프리드랜더와 앱트(Friedländer & Apte, 1980)는 사회복지 실천의 기본 가치로 개인존중의 원리, 자발성 존중의 원리, 기회균등의 원리, 사회연대성의 원리를 제시하고 있다. 이 외에도 잔여적 대책이 아닌 제도적 대책의 지향, 클라이언트와 전문적 관계, 사회경제적 정의 추구, 서비스의 사회적 책임성 지향 등의 가치를 제시하고 있다(이효선, 2016 : 50 재인용). 한편, 레비(Levy, 1976)는 사회복지 전문직으로서의 핵심가치를 다음과 같이 네 가지 범주로 구분하여 제시하고 있다(이효선, 2016 : 48-50).

1) 사회적 가치

- 모든 사람의 신체적, 정서적, 정신적 건강
- 모든 사람의 시민적, 법률적 권리
- 모든 사람의 사회복지
- 이타주의 : 하나 혹은 다른 욕구를 경험할 때 다른 사람을 위하여 보상적 노력을 인정하고 다른 사람들에 대한 순수한 고려와 동정으로부터 도출하는 것
- 모든 사람의 공통적 특성과 특질뿐만 아니라 모든 사람과 독특한 집단의 유일함의 차이
- 모든 사람의 존엄성
- 건강하고 안정된 생활 상태에 대한 접근과 기회
- 모든 사람이 자신의 능력과 잠재력을 사용하고 펼칠 수 있는 최대 기회
- 모든 사람이 그들의 능력과 관심, 소망 한도까지 교육받을 수 있는 평등한 기회
- 모든 사람이 그들의 능력과 유용성에 따른 소득과 만족을 얻는 직업을 가질 수 있는 평등한 기회
- 사적 자유(사생활 보장)
- 모든 사람이 그들의 욕구와 선호에 따라 가족과 다른 사람들과 만족스럽고 건설적이며, 유익한 관계를 맺을 수 있는 최대 기회
- 모든 사람이 신체적, 문화적, 예술적 풍요를 누리고 발전할 수 있는 기회
- 모든 사람이 공공 및 사회 정책의 공식화와 실행에 있어 책임 있는 참여를 할 수 있는 기회

2) 조직과 기관의 가치

- 기관이 계획, 제정하거나 다른 방식으로 재가된 기능에 의해 시기적절하고, 적당하고, 공평하고, 차별 없는 민주적 행위
- 모든 사람과 특정 집단이 유용한 조직 및 기관의 서비스, 프로그램, 기회에 관한 정보에 평등하게 접근
- 모든 사람과 특정 집단이 유용한 서비스, 프로그램 기회에 평등하게 접근
- 조직 및 기관이 창조하고 계획한 서비스, 프로그램, 기회를 필요로 하는 사람들뿐만 아니

라 욕구와 열망이 변화한 사람들에 대한 조직 및 기관의 적응

- 기관 및 조직의 권위와 자원, 기회의 공정하고 사려 있고 최적화되고 창조적인 사용
- 모든 사람에 대해 사려 깊고 존중적인 태도
- 조직 및 기관의 서비스와 영향을 받는 모든 사람의 최대한의 참여와 자아결정
- 이웃과 지역사회에서 사무와 발전에 충분하고 생산적으로 참여할 기회
- 인가된 기능에 대한 조직 및 기관의 합법성과 윤리적 책임

3) 전문적 가치

- 부의 확충과 증대보다 인간서비스의 강조
- 클라이언트와 다른 사람들과의 관계에서 공정하고 사려 깊고 최적화하여 창조적으로 전문적 권력과 권위 기회를 사용
- 전문적 기능을 충분하고 사려 깊고 윤리적으로 수행할 책임
- 그들의 클라이언트와 기능에 관련 있거나 영향을 주는 공공 및 사회정책 옹호

4) 인간서비스 실천의 가치

- 전문적 기능을 완전하고 공정하고 충분히 윤리적으로 수행
- 클라이언트와 다른 사람의 개인적 학대와 착취의 금지
- 클라이언트와 다른 사람의 존엄성 존중
- 클라이언트와 다른 사람의 사생활 존중
- 정직과 신의
- 욕구, 문제, 관심, 열망과 관련하여 클라이언트의 최대한의 참여와 자아결정
- 욕구와 열망을 공유하는 클라이언트와 다른 사람에 관련한 공공, 사회, 기관 및 조직의 정책 옹호

3. 사회복지사 윤리강령

사회복지사는 사회복지실천과정에서 서비스를 제공하고 업무를 수행함에 있어서 윤리강령을 준수하여야 한다. 우리나라에서는 1970년대부터 사회복지사 윤리강령 제정의 필요성에 대한 논의가 본격적으로 이루어졌는데, 1988년에 최초의 사회복지사 윤리강령이 공포되었고 이후 1992년에 1차 개정 그리고 2001년에 2차 개정을 거쳐 오늘에 이르고 있다. 사회복지사 윤리강령은 전문과 여섯 개의 장으로 구성되어 있는데, 사회복지사의 기본적 윤리기준, 사회복지사의 클라이언트에 대한 윤리기준, 사회복지사의 동료에 대한 윤리기준, 사회복지사의 사회에 대한 윤리기준, 사회복지사의 기관에 대한 윤리기준 그리고 사회복지윤리위원회의 구성과 운영으로 구성되어 있다.

사회복지사 윤리강령

〈전문〉

사회복지사는 인본주의·평등주의 사상에 기초하여, 모든 인간의 존엄성과 가치를 존중하고 천부의 자유권과 생존권의 보장활동에 헌신한다. 특히 사회적·경제적 약자들의 편에 서서 사회정의와 평등·자유와 민주주의 가치를 실현하는 데 앞장선다. 또한 도움을 필요로 하는 사람들의 사회적 지위와 기능을 향상시키기 위해 저들과 함께 일하며, 사회제도 개선과 관련된 제반활동에 주도적으로 참여한다. 사회복지사는 개인의 주체성과 자기결정권을 보장하는 데 최선을 다하고, 어떠한 여건에서도 개인이 부당하게 희생되는 일이 없도록 한다. 이러한 사명을 실천하기 위하여 전문적 지식과 기술을 개발하고, 사회적 가치를 실현하는 전문가로서의 능력과 품위를 유지하기 위해 노력한다.

이에 우리는 클라이언트·동료·기관 그리고, 지역사회 및 전체사회와 관련된 사회복지사의 행위와 활동을 판단·평가하며 인도하는 윤리기준을 다음과 같이 선언하고 이를 준수할 것을 다짐한다.

Ⅰ. 사회복지사의 기본적 윤리기준

1. 전문가로서의 자세

1) 사회복지사는 전문가로서의 품위와 자질을 유지하고, 자신이 맡고 있는 업무에 대해 책임을 진다.
2) 사회복지사는 클라이언트의 종교·인종·성·연령·국적·결혼상태·성 취향·경제적 지위·정치적 신념·정신, 신체적 장애·기타 개인적 선호, 특징, 조건, 지위를 이유로 차별대우를 하지 않는다.

3) 사회복지사는 전문가로서 성실하고 공정하게 업무를 수행하며, 이 과정에서 어떠한 부당한 압력에도 타협하지 않는다.
4) 사회복지사는 사회정의 실현과 클라이언트의 복지 증진에 헌신하며, 이를 위한 환경조성을 국가와 사회에 요구해야 한다.
5) 사회복지사는 전문적 가치와 판단에 따라 업무를 수행함에 있어, 기관 내외로부터 부당한 간섭이나 압력을 받지 않는다.
6) 사회복지사는 자신의 이익을 위해 사회복지 전문직의 가치와 권위를 훼손해서는 안 된다.
7) 사회복지사는 한국사회복지사협회 등 전문가단체 활동에 적극 참여하여, 사회정의 실현과 사회복지사의 권익옹호를 위해 노력해야 한다.

2. 전문성 개발을 위한 노력

1) 사회복지사는 클라이언트에게 최상의 서비스를 제공하기 위해, 지식과 기술을 개발하는 데 최선을 다하며 이를 활용하고 전파할 책임이 있다.
2) 클라이언트를 대상으로 연구하는 사회복지사는 저들의 권리를 보장하기 위해, 자발적이고 고지된 동의를 얻어야 한다.
3) 연구과정에서 얻은 정보는 비밀보장의 원칙에서 다루어져야 하고, 이 과정에서 클라이언트는 신체적, 정신적 불편이나 위험·위해 등으로부터 보호되어야 한다.
4) 사회복지사는 전문성을 개발하기 위해 노력하되, 이를 이유로 서비스의 제공을 소홀히 해서는 안 된다.
5) 사회복지사는 한국사회복지사협회 등이 실시하는 제반교육에 적극 참여하여야 한다.

3. 경제적 이득에 대한 태도

1) 사회복지사는 클라이언트의 지불능력에 상관없이 서비스를 제공해야 하며, 이를 이유로 차별대우를 해서는 안 된다.
2) 사회복지사는 필요한 경우에 제공된 서비스에 대해, 공정하고 합리적으로 이용료를 책정해야 한다.
3) 사회복지사는 업무와 관련하여 정당하지 않은 방법으로 경제적 이득을 취하여서는 안 된다.

Ⅱ. 사회복지사의 클라이언트에 대한 윤리기준

1. 클라이언트와의 관계

1) 사회복지사는 클라이언트의 권익옹호를 최우선의 가치로 삼고 행동한다.
2) 사회복지사는 클라이언트에 대하여 인간으로서의 존엄성을 존중해야 하며, 전문적 기술과 능력을 최대한 발휘한다.
3) 사회복지사는 클라이언트가 자기결정권을 최대한 행사할 수 있도록 도와야 하며, 저들의 이익을 최대한 대변해야 한다.
4) 사회복지사는 클라이언트의 사생활을 존중하고 보호하며, 직무수행과정에서 얻은 정보에 대해 철저하게 비밀을 유지해야 한다.

5) 사회복지사는 클라이언트가 받는 서비스의 범위와 내용에 대해, 정확하고 충분한 정보를 제공함으로써 알 권리를 인정하고 존중해야 한다.
6) 사회복지사는 문서・사진・컴퓨터파일 등의 형태로 된 클라이언트의 정보에 대해 비밀보장의 한계・정보를 얻어야 하는 목적 및 활용에 대해 구체적으로 알려야 하며, 정보공개 시에는 동의를 얻어야 한다.
7) 사회복지사는 개인적 이익을 위해 클라이언트와의 전문적 관계를 이용하여서는 안 된다.
8) 사회복지사는 어떠한 상황에서도 클라이언트와 부적절한 성적 관계를 가져서는 안 된다.
9) 사회복지사는 사회복지 증진을 위한 환경조성에 클라이언트를 동반자로 인정하고 함께 일해야 한다.

2. 동료의 클라이언트와의 관계

1) 사회복지사는 적법하고도 적절한 논의 없이 동료 혹은, 다른 기관의 클라이언트와 전문적 관계를 맺어서는 안 된다.
2) 사회복지사는 긴급한 사정으로 인해 동료의 클라이언트를 맡게 된 경우, 자신의 의뢰인처럼 관심을 갖고 서비스를 제공한다.

Ⅲ. 사회복지사의 동료에 대한 윤리기준

1. 동료

1) 사회복지사는 존중과 신뢰로써 동료를 대하며, 전문가로서의 지위와 인격을 훼손하는 언행을 하지 않는다.
2) 사회복지사는 사회복지 전문직의 이익과 권익을 증진시키기 위해 동료와 협력해야 한다.
3) 사회복지사는 동료의 윤리적이고 전문적인 행위를 촉진시켜야 하며, 이에 반하는 경우에는 제반 법률규정이나 윤리기준에 따라 대처해야 한다.
4) 사회복지사가 전문적인 판단과 실천이 미흡하여 문제를 야기시켰을 때에는, 적절한 조치를 취하여 클라이언트의 이익을 보호해야 한다.
5) 사회복지사는 전문직 내 다른 구성원이 행한 비윤리적 행위에 대해, 제반 법률규정이나 윤리기준에 따라 조치를 취해야 한다.
6) 사회복지사는 동료 및 타 전문직 동료의 직무 가치와 내용을 인정・이해하며, 상호 간에 민주적인 직무관계를 이루도록 노력해야 한다.

2. 수퍼바이저

1) 수퍼바이저는 개인적인 이익의 추구를 위해 자신의 지위를 이용해서는 안 된다.
2) 수퍼바이저는 전문적 기준에 의해 공정하게 책임을 수행하며, 사회복지사・수련생 및 실습생에 대한 평가는 저들과 공유해야 한다.
3) 사회복지사는 수퍼바이저의 전문적 지도와 조언을 존중해야 하며, 수퍼바이저는 사회복지사의 전문적 업무수행을 도와야 한다.

4) 수퍼바이저는 사회복지사·수련생 및 실습생에 대해 인격적·성적으로 수치심을 주는 행위를 해서는 안 된다.

Ⅳ. 사회복지사의 사회에 대한 윤리기준

1) 사회복지사는 인권존중과 인간평등을 위해 헌신해야 하며, 사회적 약자를 옹호하고 대변하는 일을 주도해야 한다.
2) 사회복지사는 필요한 사회서비스를 개발하기 위한 사회정책의 수립·발전·입법·집행에 적극적으로 참여하고 지원해야 한다.
3) 사회복지사는 사회환경을 개선하고 사회정의를 증진시키기 위한 사회정책의 수립·발전·입법·집행을 요구하고 옹호해야 한다.
4) 사회복지사는 자신이 일하는 지역사회의 문제를 이해하고, 그것을 해결하는 일에 적극적으로 참여해야 한다.

Ⅴ. 사회복지사의 기관에 대한 윤리기준

1) 사회복지사는 기관의 정책과 사업목표의 달성, 서비스의 효율성과 효과성의 증진을 위해 노력함으로써, 클라이언트에게 이익이 되도록 해야 한다.
2) 사회복지사는 기관의 부당한 정책이나 요구에 대하여, 전문직의 가치와 지식을 근거로 이에 대응하고 즉시 사회복지윤리위원회에 보고해야 한다.
3) 사회복지사는 소속기관 활동에 적극 참여함으로써, 기관의 성장·발전을 위해 노력해야 한다.

Ⅵ. 사회복지윤리위원회의 구성과 운영

1) 한국사회복지사협회는 사회복지윤리위원회를 구성하여, 사회복지윤리실천의 질적인 향상을 도모하여야 한다.
2) 사회복지윤리위원회는 윤리강령을 위배하거나 침해하는 행위를 접수받아, 공식적인 절차를 통해 대처하여야 한다.
3) 사회복지사는 한국사회복지사협회의 윤리적 권고와 결정을 존중하여야 한다.

4. 사회복지실천에서 윤리적 의사결정 시 고려사항

사회복지실천현장에서 윤리적 의사결정은 그 결정의 토대를 필요로 한다. 의사결정이란 상충되는 가치들 중에서의 선택을 의미하는데, 사회복지사의 윤리적 의사결정은 상이한 윤리적 갈등 상황에서의 선택이 사회복지 가치와 전문직 윤리기준에 부합하여야 함을 의미한다. 사회복지사가 올바른 윤리적 의사결정을 위해 고려해야 할 사항은 다음과 같다(이효선, 2016 : 174-178).

1) 인간존엄과 생명보호

인간존엄이란 모든 사람의 생명과 함께 인간으로서의 가치, 품위의 존엄을 포함한다. 인간의 존엄성을 인정한다는 것은 개인의 개별적 특성이나 욕구의 차이를 중시하며, 모든 사람의 잠재능력과 발전 가능성에 대한 확신을 의미한다. 따라서 인간은 존엄한 존재이고, 인간의 생명은 보호되어야 하며, 인간의 생명을 유지하기 위한 생존권 및 삶의 질을 추구할 권리를 가진다.

2) 클라이언트의 이익과 공공의 이익

사회복지사는 클라이언트의 이익을 최우선으로 옹호할 의무를 가지고 있다. 그러나 사회복지사가 클라이언트의 이익을 옹호해 주는 것이 사회의 이익에 반하게 되는 경우, 사회복지사는 클라이언트의 이익과 사회적 이익의 보호 중 어떤 것을 우선시할 것인지 결정해야 한다. 이 때 두 가지의 이익 중 특정 이익을 우선시할 경우 그 기준이 무엇인지에 대한 명확한 규정이 있어야 할 것이다.

3) 사회적 가치와 개인적 가치

사회적 가치란 대다수의 사회구성원이 공통적으로 지지하는 주류 가치로 시대와 문화에 따라 변화한다. 클라이언트와의 원조관계를 우선시하는 사회복지사는 사회적 가치와 규범에 반하는 결정과 선택을 해야 하는 경우가 발생할 수 있다. 또한 사회적으로는 통용되는 가치라고 하더라도 사회복지의 전문 가치와 윤리에 반하는 경우도 발생한다. 또한 사회복지사의 개인의 정치, 종교, 문화 및 인종적 신념은 윤리적 의사결정의 중요한 전제조건이 된다. 따라서 사회복지사는 자신의 이러한 신념체계들을 객관적으로 규명할 필요가 있다.

4) 효율성과 효과성

효율성은 투입 대비 산출을 의미하는데, 일정 양을 투입했을 때 더 많은 양을 산출할 수 있다면 효율성이 높은 것이다. 반면, 효과성은 목적의 결과에 대한 정도를 의미하며, 투입량과 상관없이 보다 높은 결과가 나온다면 효과성이 높은 것이다. 사회복지실천현장에서는 효율성과 효과성이 항상 동일한 결과를 가져오지는 않을 뿐만 아니라 가장 효율적이거나 혹은 효과적이라고 하여 윤리적으로 용납될 수 없는 경우도 있다. 따라서 사회복지사는 효율성과 효과성의 가치 판단 이전에 윤리적인 측면을 항상 고려하여야 한다.

5) 정의의 원리

정의는 사회구성원에게 권리와 의무를 공정하게 분부하는 것을 의미한다. 즉, 분배의 정의는 공정성과 관련된 것으로 평등과 불평등이라는 형평성을 포함한다. 동등한 여건 하에서 모든 구성원들이 평등하게 대우받아야 하지만 동등하지 못한 여건에서는 그에 걸맞게 차이를 두어야 한다.

6) 윤리적 원칙의 우선순위 원리

윤리적 의사결정 시 고려할 수 있는 다양한 윤리적 원칙들이 있다. 따라서 이러한 원칙들 중에서 어떤 윤리적 원칙이 우선적으로 고려되어야 하는지를 결정하기 위해서는 가치의 우선순위에 관한 논의가 매우 중요하다고 할 수 있다. 예를 들면, 의무와 권리가 충돌할 때 사회적 존재로서의 인간이 사는 사회에서는 권리보다는 의무가 우선시된다. 한편 의무 간에 갈등이 발생할 경우 그 의무가 내포하고 있는 가치들을 서열화함으로써 그들의 행위를 결정할 수 있다.

5. 사회복지실천의 윤리적 의사결정모델[1)]

사회복지실천현장에서는 개입이나 활동에 관한 의사결정 시 다양한 윤리적 가치가 상충하여 윤리적 관점에서의 판단이 어려운 상황이 발생한다. 학자들은 사회복지실천현장에서 발생하는 윤리적 딜레마 상황에서 윤리적 의사결정을 하는 데 유용하게 활용할 수 있는 윤리적 의사결정모델을 제시하고 있는데, 여기서는 로웬버그와 돌고프(Loewenberg & Dolgoff, 1995)의 일반결정모델을 소개하고자 한다(표 6-1 참조). 로웬버그와 돌고프의 의사결정모델은 윤리적 사정 심사, 윤리적 규칙 심사, 윤리적 원칙 심사 등을 통해 사회복지실천의 윤리적 의사결정에서 단계적으로 접근하게 함으로써 문제해결에 도달할 수 있게 도와준다.

〈표 6-1〉 **로웬버그와 돌고프의 일반결정모델**

1단계	문제가 무엇인지, 문제를 야기하는 요인은 무엇인지를 확인한다.
2단계	누가 클라이언트이고 피해자인지, 지지체계와 다른 전문가 등 해당 문제와 관련된 사람과 단체는 누구인지 확인한다.
3단계	사회적 가치, 전문가로서의 가치, 클라이언트와 사회복지사의 개인적 가치 등 두 번째 단계에서 확인된 다양한 주체가 주어진 문제와 관련해서 어떤 가치가 있는지 확인한다.
4단계	주어진 문제를 해결하거나 문제의 정도를 최소한 경감시킬 수 있는 개입목표를 명확히 한다.
5단계	개입수단과 개입대상을 확인한다.
6단계	확정된 목표에 따라 설정된 각각의 개입방안의 효과성과 효율성을 평가한다.
7단계	누가 의사결정에 참여할 것인가를 결정한다.
8단계	개입방법을 선택한다.
9단계	선택된 개입방법을 수행한다.
10단계	선택된 개입방법이 수행되는 것을 검토하며 예상하지 않았던 결과가 나타나는지 주의를 기울인다.
11단계	결과를 평가하고 추가적인 문제가 무엇인지 확인한다.

출처 : 이순민(2012), p. 65.

1) 윤리적 사정 심사(Ethical Assessment Screen)

윤리적 사정 심사는 윤리적 의사결정을 위해 필요하다고 인정되는 다양한 윤리적 기준들로서 클라이언트의 권리와 복지의 보호, 사회적 관심의 보호, 최소한 해악의 원칙, 효율성 및 효과성의 기준 등이다. 이는 윤리적 갈등상황에서 사회적 가치, 사회복지사의 가치, 개인적

1) 이 부분의 내용은 주로 이순민(2010 : 61-67)과 이효선(2016 : 194-215)을 참고하였음.

가치를 분석해 보고 윤리적 행위의 대안 중에서 갈등과 해악을 가장 최소화하는 선택을 하도록 도와준다. 또한 각 대안의 효율성, 효과성을 분석함으로써 대안에 따른 결과나 장·단기적인 윤리적 영향에 대해 고려할 수 있다(표 6-2 참조).

〈표 6-2〉 윤리적 사정 심사

1단계	직면하고 있는 윤리적 갈등상황과 관련하여 개인적 가치는 무엇인지 확인한다.
2단계	윤리적 결정과 관련된 사회적 가치는 무엇인지 확인한다.
3단계	문제와 관련하여 전문적 가치와 윤리를 확인한다.
4단계	선택할 수 있는 윤리적 대안이 있는지 확인한다.
5단계	어떤 윤리적 행동이 당신의 클라이언트 및 다른 사람의 권리와 행복을 최대한 보호해 줄 수 있는가?
6단계	어떤 윤리적 행동이 최대한 사회의 권리와 이익을 보호해 줄 수 있는가?
7단계	앞의 1, 2, 3번 사이의 가치갈등을 줄이기 위해 무엇을 할 수 있는가? 5, 6번 사이의 갈등을 줄이기 위해 무엇을 할 수 있는가?
8단계	어떠한 대안적 행동이 최소한 손실의 원칙을 지킬 수 있을까?
9단계	각각의 대안적 행동은 어느 정도로 효율적이고 효과적이며 윤리적인가?

출처 : 이순민(2012), p. 65.

2) 윤리적 규칙 심사(Ethical Rules Screen)

윤리적 규칙 심사는 윤리적 갈등상황에서 윤리강령을 우선적으로 적용하는 지침을 제시하고 있다. 즉, 사회복지사가 윤리적 딜레마를 경험할 때 사회복지 전문직의 가치를 바탕으로 한 사회복지사의 윤리강령에서 적용할 만한 규칙이 있는지를 먼저 살펴보아야 한다. 이러한 규칙들이 사회복지사 개인의 가치체계보다 우선적으로 고려되어야 한다(표 6-3 참조).

〈표 6-3〉 윤리적 규칙 심사

1단계	윤리강령을 살펴보고 어떤 규칙을 적용할 수 있는지 결정한다. 이러한 규칙은 사회복지사 개인의 가치체계보다 우선되어야 한다.
2단계	적용가능한 한 가지 혹은 여러 가지의 강령규칙을 따른다.
3단계	구체적인 문제에 대해서 강령규칙이 직접적으로 부합되지 않거나 여러 개의 강령규칙이 상충되는 지침을 제공하는 경우, 윤리적 원칙 심사표를 활용한다.

출처 : 이순민(2012), p. 66.

3) 윤리적 원칙 심사(Ethical Principles Screen)

윤리적 원칙 심사는 원칙을 적용하는 데 있어 우선순위를 명확히 하며 높은 순위의 원칙을 우선적으로 적용한다. 즉, 윤리적 규칙 심사로 만족스러운 의사결정에 도달하지 못한 경우 사용하며, 윤리적 원칙 중 상위의 원칙을 우선적으로 적용한다(표 6-4 참조).

〈표 6-4〉 윤리적 원칙 심사

윤리원칙 1	생명보호의 원칙	인간의 생명보호가 다른 모든 것에 우선한다.
윤리원칙 2	평등 및 불평등의 원칙	능력이나 권력이 같은 사람은 똑같이 취급받을 권리가 있고, 능력이나 권력이 다른 사람은 다르게 취급받을 권리가 있다.
윤리원칙 3	자율과 자유의 원칙	클라이언트의 자율성과 독립성, 자유는 중시되지만 무제한적인 것은 아니며, 자신이나 타인은 생명을 위협하거나 학대할 권리 등은 없다.
윤리원칙 4	최소 해악의 원칙	선택 가능한 대안이 모두 유해할 때 가장 최소한으로 유해한 것을 선택해야 한다.
윤리원칙 5	삶의 질의 원칙	지역사회는 물론 개인과 모든 사람의 삶의 질을 증진시킬 수 있는 것을 선택해야 한다.
윤리원칙 6	사생활 보호와 비밀보장의 원칙	사회복지사는 클라이언트에 대해 알게 된 사실을 다른 사람에게 공개해서는 안 된다.
윤리원칙 7	진실성과 완전공개의 원칙	클라이언트와 여타의 관련된 당사자에게 오직 진실만을 이야기하며 모든 관련 정보를 완전히 공개해야 한다.

출처 : 이순민(2012), p. 67.

• 생각해 봅시다! •

1. 사회복지현장실습 중에 겪은 윤리적 딜레마 상황에 대하여 어떤 윤리적 원칙들이 상충하는지 그리고 어떤 윤리적 결정을 내릴 것인지에 대하여 이야기해 봅시다.
2. 사회복지기관에 근무하는 사회복지사를 면담하여 사회복지 개입과정에서 겪은 다양한 윤리적 딜레마를 조사하고 해결방안에 대해 생각해 봅시다.
3. 장래 사회복지사로서 경험할 수 있는 윤리적 딜레마 상황에 대비하여 어떤 준비를 할 것인지에 대하여 의견을 나누어 봅시다.

CHAPTER 07

지역사회 탐색과 분석

1. 지역사회 사정

1) 지역사회 사정의 개념

지역사회복지실천에 앞서 지역사회에 대한 정확한 이해가 우선되어야 하는데 이러한 작업은 지역사회복지실천의 근간이 된다. 예를 들어, 지역사회의 전체 인구는 몇 명인지, 그중에서 노인인구는 몇 명이고, 전체 노인 중 다양한 서비스 지원이 필요한 노인인구는 몇 명인지 등 인구·통계적 특성뿐만 아니라 지역사회의 역사, 가장 시급하게 해결해야 하는 문제나 이슈 및 지역사회의 전반적인 환경이나 조건 등에 대해 정보와 지식을 갖추고 있어야 한다(지은구·조성숙, 2019).

지역사회 사정(community assessment)은 지역사회를 이해하고 지역사회에 대해 학습하는 전문적 지역사회복지실천을 위한 활동으로, 지역사회에 대한 이해를 위해 기본적인 정보를 수집하는 기초조사를 말한다. 이 과정에서는 지역사회가 어떤 문제와 욕구를 가지고 있는지에 대한 정보뿐만 아니라 그 문제를 해결할 수 있는 역량 및 자산은 어느 정도인지 파악하게 된다. 지역사회 사정을 위해서는 지역사회문제의 본질, 문제에 개입된 사람들의 대처 능력, 문제에 개입되어 있는 관련 체계들, 문제해결을 위해 유용한 또는 필요한 자원, 문제를 해결하려고 하는 동기 등을 확인해야 한다(Hepworth & Larsen, 1993).

2) 지역사회 사정의 주요 원칙

지역사회 사정의 주요 원칙은 다음과 같이 요약된다(김종일, 2006).

첫째, 지역사회 사정의 목표를 명확히 하여야 한다. 어떤 목표를 설정하느냐에 따라 수집해야 할 정보의 범위와 내용, 해석도 달라진다. 지역사회 사정의 목표가 지역사회 전체 주민들의 욕구를 파악하기 위한 것인지, 지역사회 취약계층의 노인들의 서비스에 관한 욕구를 파악하기 위한 것인지 등에 대한 목표를 분명히 하여야 한다.

둘째, 지역사회 사정 시 구체적인 쟁점이나 문제에 초점을 맞추어야 한다. 지역사회 사정에 착수할 때 지역사회의 모든 문제와 쟁점을 포괄하여 사정하는 것은 거의 불가능하다. 따라서 지역사회를 사정하고자 할 때에는 구체적인 지역사회의 쟁점이나 문제에 초점을 맞추어야 한다.

셋째, 지역사회 내부의 다양한 관점을 이해한다. 지역사회를 정확하게 파악하기 위해서는 지역사회 주민 사이의 사회·경제적 차이 및 특별한 욕구의 존재까지도 인정할 필요가 있다. 지역사회 주민들은 프로그램, 기관, 서비스 등에 대해서 상반된 견해를 가지는 경우가 많다. 따라서 지역사회의 주민, 사회복지기관에서 활동하는 사회복지사 등 다양한 이해당사자들로부터 자료를 수집할 필요가 있다.

넷째, 지역사회 주민의 참여를 중시한다. 효율적이고 효과적인 지역사회 사정을 위해서는 지역사회 상황에 밝은 사람을 참여시키는 것이 도움이 된다. 따라서 지역사회 주민의 참여가 우선되어야 한다.

3) 지역사회 사정틀

지역사회 사정 시에는 다음과 같은 사정틀을 활용하는 것이 도움이 된다(Netting et al., 2008 : 174). 지역사회 사정틀과 각 단계별 활동은 <표 7-1>과 같다.

① **표적 인구집단에의 초점** : 문제를 경험하거나 욕구를 가진 개인, 가족, 집단들을 파악하여 그것에 초점을 맞춘다.
② **지역사회의 특성 결정** : 공간적 특성, 지역사회 문제 및 지배가치를 파악한다.
③ **지역사회 차이 인식** : 표적집단이 억압을 받았거나 차별받은 사례가 있는지 확인한다.
④ **지역사회 구조 확인** : 유용한 권력과 자원, 서비스 전달단위, 자원통제와 서비스전달방식, 단위 간의 연결을 확인한다.

〈표 7-1〉 지역사회 사정틀

과 업	변 수	구체활동
1. 표적 인구집단에 초점 맞추기	인구집단	1. 인구집단 혹은 하위집단 확인하기
	특성	2. 표적집단 구성원의 특성 이해하기
	욕구	3. 표적집단에 관한 데이터와 정보 찾아내기
2. 지역사회 특성 결정하기	공간	4. 변화노력의 대상이 되는 지역사회의 지리적 경계 확인하기
	사회문제	5. 지역사회 내의 표적집단에 영향을 미치는 문제 프로필 작성하기
	가치	6. 지역사회 내의 표적집단에 영향을 미치는 지배가치를 관찰하고 이해하기
3. 지역사회 차이 인식하기	억압	7. 표적집단이 권력집단과 기관들에 의해 공식적으로 혹은 은연 중에 제약받은 방식 인식하기
	차별	8. 표적집단이 지역사회의 차별받은 사례 확인하기
4. 지역사회 구조 확인하기	권력과 자원 유용성	9. 이해관계자 인식하기, 표적집단의 욕구를 다루는 데 필요한 권력과 자원이 어디에 있는지 인식하기
	서비스 전달단위	10. 표적집단에게 서비스를 제공하는 비공식적, 중간 및 공식 단위 확인하기
	자원통제와 서비스전달방식	11. 누가 지역사회 내의 표적집단에게 자원을 제공 혹은 통제하는지 결정하기
	단위 간의 연결	12. 표적집단의 욕구에 봉사하기 위해 만들어져야 하는 차이 간 혹은 서비스 전달단위 간의 연결 확인하기

출처 : Netting et al.(2008), p. 174).

4) 지역사회 사정의 유형

지역사회 사정에는 다양한 유형이 있는데, 지역사회가 처한 상황 및 지역사회 사정의 목적에 따라 유형을 선택한다(Spradley, 1990; Hardcastle et al., 2011).

(1) 포괄적 사정(comprehensive assessment)

포괄적 사정이란 철저한 방법론을 활용하여 지역사회 전체를 포괄하는 방식으로 이루어지는 사정을 말한다. 지역사회 전반에 대한 정보가 거의 없거나 부재한 경우 혹은 최근에 일어난 변화를 파악하기 위해 사용한다. 지역사회 전체를 조사해야 하는 등 조사대상 규모가 방대하지만 현실적으로 비용이 제한되어 있는 경우 지역사회의 대략적인 욕구만을 파악할 가능성이 높다.

(2) 탐색 사정(familiarization assessment)

탐색 사정은 기존의 유용한 자료나 현재 가지고 있는 1차 자료를 바탕으로 지역사회를 개괄적으로 이해하기 위한 초보적 수준의 사정을 말한다. 지역사회 사정을 진행할 여건이 갖추어지지 않은 경우 혹은 욕구에 대한 기본정보가 제한되었을 경우 사용한다. 특히 탐색 사정은 사정 대상, 참여자, 비용 등의 규모가 상대적으로 적고 사정 결과에 근거하여 추가 사정이 필요한지를 결정할 때 사용한다.

(3) 문제중심 사정(problem-oriented assessment)

문제중심 사정은 사정의 범위는 지역사회 전체이지만 아동학대, 가정폭력, 알코올중독 등 지역사회의 특정 문제를 중심으로 사정하는 방법으로, 지역사회의 우선적 문제해결에 초점을 둔다. 지역사회 전반에 대한 조사가 이루어지는 포괄적 사정보다는 특정 문제를 겨냥하기 때문에 보다 전문적인 사정이 될 가능성이 높다.

(4) 하위체계 사정(subsystem assessment)

하위체계 사정은 전체 지역사회를 사정하는 것이 아니라 지역사회의 특정 부문이나 체계를 사정하는 것을 말한다. 지역사회 특정 욕구를 중심으로 한 하위체계로 보육체계, 장애인복지체계 등의 특정 하위체계를 중심으로 이루어진다.

(5) 자원 사정(resource assessment)

자원 사정은 권력, 전문 기술, 재정, 그리고 서비스 등 지역사회의 다양한 자원을 중심으로 이루어지는 사정이다. 지역사회 곳곳에 존재하는 이러한 다양한 자원을 파악함으로써 사회복지사는 어떠한 자원이 충분한지 혹은 부족한지, 어떠한 자원이 할당되고 연결되어야 하는지 등 지역사회의 자원과 욕구를 연결하고 중개하는 역할을 하게 된다.

(6) 협력 사정(collaborative assessment)

협력 사정이란 지역사회 사정 시 전문가뿐만 아니라 지역사회 주민, 서비스 이용자 등을 포함하는 이해관계자들과 협력하여 이루어지는 사정이다. 대부분의 사정이 사회복지사 등의 전문가집단에 의해 이루어지는 경우가 많으나, 지역사회의 다양한 이해관계자들이 조사계획, 관찰, 분석 및 실행국면 등에 완전한 주체로 참여하게 된다.

5) 지역사회 프로필 작성

지역사회복지실천에서 지역사회를 정확하게 이해하고 파악하는 것은 매우 중요하다. 지역사회를 파악하기 위해 지역사회에 관한 정보를 수집하고 수집된 정보를 정리하고 목록화할 필요가 있다. 지역사회 프로필(community profile)은 지역사회에 관한 다양한 정보를 담은 기본 목록이다. 지역사회복지실천에서 지역사회 프로필은 지역사회 욕구에 관한 정보를 수집하는 데 도움이 될 뿐만 아니라 지역사회 개입 행동을 분석하기 위한 기초정보를 제공해 준다. 지역사회 프로필을 작성하기 위해서는 강성정보(hard information)와 연성정보(soft information)를 이용할 수 있다. 강성정보는 일반적으로 수(number)를 포함하는 양적 자료로 구성되며, 주로 통계조사 등을 통해 획득할 수 있다. 연성정보는 사람들의 의견을 포함하는 주관적인 정보를 의미하며, 인터뷰 등을 질적 자료수집방법을 통해 획득할 수 있다(지은구 · 조성숙, 2019 : 176).

지역사회 프로필의 정보 원천은 사회복지사의 소속기관에서 수집할 수 있는 정보, 각종 통계정보, 주민들로부터 오는 정보, 직접 관찰에 의한 정보 등이 있다(지은구, 2003 : 221-223).

- 사회복지사의 소속기관으로부터 수집할 수 있는 정보 : 해당 지역사회에서 지역주민들을 위해 다양한 서비스를 제공해 온 사회복지기관에 이미 많은 정보가 누적되어 있는 경우가 대부분이다. 그동안 기관에서 제공해 왔던 프로그램이나 서비스에 대한 각종 정보, 관련 단체들과의 관계, 지역주민들의 인적 구성이나 가족구성원들에 대한 기초자료들이 해당된다.
- 다양한 통계정보 : 인구구조, 나이분포, 주택성향, 직업분포 등 지역사회를 이해하기 위해 사용할 수 있는 유용한 정보들은 통계청이나 각종 인터넷사이트, 연구보고서 혹은 간행물 등을 통해 용이하게 구할 수 있다.
- 주민들로부터 오는 정보 : 지역사회에서 영향력이 있는 지도자, 중요인물 혹은 일반 지역주민들로부터 지역사회에 관한 다양한 정보를 획득할 수 있다. 예를 들어, 지역주민 전체의 종합적인 의견에 대한 정보를 얻기 위하여 설문조사를 실시할 수도 있고, 지역사회포럼, 명목집단 혹은 초점집단기법 등을 통해 지역사회 주민들을 한 장소에 모아놓고 짧은 시간 내에 많은 정보를 수집할 수 있다.
- 직접 관찰을 통한 정보 : 지역사회의 지리적 특성 혹은 각종 시설이나 건물의 위치 등을 포함한 물리적 특성을 파악하기 위하여 지역사회 곳곳을 살펴봄으로써 다양한 정보를 획득할 수 있다.

지역사회 프로필은 다음과 같은 내용을 포함하여 작성한다(지은구, 2003 : 222-223).

- 지역사회의 인구통계 서술(인구 수, 가족구성원의 수, 성별, 연령별 인구수, 주택규모, 주민들의 수입 정도, 교육수준 등)
- 지역사회를 끝에서 끝까지 둘러보고 느낀 점에 대한 서술(지역이 가지고 있는 지형적 특징, 건물의 상태와 용도, 공간 활용도 등에 대한 서술 등)
- 지역사회에 있는 각종 복지시설이나 기관들의 위치와 역할과 기능에 대한 서술
- 지역사회에 있는 관공서, 학교, 병원, 버스정류장, 지하철역, 시장 등 생활편의시설의 위치와 기능 등에 관한 서술

실습생은 실습이 시작되는 초기에 지역사회를 둘러보고 지역사회에 대한 정보를 파악하여 다음과 같은 지역사회 탐방보고서를 작성하는 것이 도움이 된다.

〈표 7-2〉 **지역탐방보고서 예시**

지역탐방보고서	
ㅇ 조사자(실습생)명 :	ㅇ 지역소개자 :
1. 탐방지역	
2. 지역의 주요 사회지표 제시	
3. 지역의 인구사회학적 특성	
4. 지역의 사회경제학적 특성	
5. 지역의 사회복지기관 및 자원 탐색	
6. 필요하거나 보완되어야 할 사회복지서비스 제안	
7. 결론	
8. 첨부(관련 지도를 비롯한 탐방보고서 작성에 참조한 자료를 첨부할 수 있음)	

출처 : 한국사회복지사협회(2017), p. 109.

2. 지역사회 문제 확인

모든 지역사회는 다양한 문제를 가지고 있다. 지역사회 문제란 '지역에 있는 많은 사람들에게 심각한 위협을 제공하여 지역주민들로부터 대응을 불러일으키는 조건이나 상황'이라고 정의할 수 있다(지은구 · 조성숙, 2019 : 179). 지역사회 문제에 대한 이해와 연구는 다음과 같은 차원에서 필요성을 찾을 수 있다(지은구, 2003 : 227).

- 지역사회 문제에 대하여 보다 깊고 넓게 이해하고 대처하게 해준다.
- 지역사회 문제에 대한 지식은 지역사회의 사회 · 정치 · 경제적 환경이 어떻게 주민들의 일상생활에 영향을 주는지에 대한 이해를 증진시킨다.
- 지역사회 문제의 원인을 개인적 요인으로부터 사회구조적 요인으로 확대시켜 이해할 수 있는 근거를 제공해 준다.

지역사회마다 유사한 문제를 가지고 있다고 하더라도 그 지역사회에서 발생하는 문제를 심층적으로 고찰하고 분석해 보면 매우 다른 배경에서 발생되었고 매우 다른 양상으로 나타난다는 것을 알 수 있다. 지역사회 문제에 대한 적절한 개입을 위해서는 해결하고자 하는 문제를 명확하게 정의하고 그 문제에 대한 정확한 이해와 분석이 우선되어야 한다. 지역사회 문제에 대한 정확한 이해를 위해 사회복지사들은 세 가지 요소, 즉 지역사회 문제의 본질, 그 문제로부터 영향받는 인구집단, 문제가 발생하는 영역을 파악해야 한다(지은구 · 조성숙, 2010). 각 요소별 구체적인 활동내용은 <표 7-3>과 같다.

〈표 7-3〉 **지역사회 문제 이해를 위한 세 가지 요소와 활동내용**

구 분	구체 활동내용
지역사회 문제에 대한 이해	• 문제의 정의 및 개념화 • 문제의 원인-결과 간 관계를 이해할 수 있는 관련 이론 파악 • 지역사회 문제에 영향을 받은 사람들에 대한 다양한 양적 · 질적 자료수집 • 역사적 배경에 대한 이해 • 사회문제해결을 위한 주요 참여자와 체계에 대한 확인
인구집단에 대한 이해	• 인구집단의 인종적 · 문화적 특성 이해 • 인구집단의 젠더 이슈(gender issue)에 대한 이해 • 문제에 대한 개인들의 생각 확인 • 문제와 문제 해결시도들과 관련된 개인적 경험에 대한 이해 • 지역사회의 다양한 집단들은 문제를 어떻게 인지하고 있는지에 대한 이해

영역에 대한 이해	• 문제에 영향을 받은 지역이나 조직에 대한 인구통계적 자료수집 • 지역지도 그리기 • 지역이나 조직에서 문제가 어떻게 발생했는지에 대한 자료수집 • 지역이나 조직의 과거경험 확인 • 문제해결을 위한 경계 설정 • 중요 정책결정자와 기금출처 확인 • 문제원인에 대한 다양한 관점 이해

출처 : 지은구 · 조성숙(2019), pp. 181-182를 일부 수정하여 재구성.

3. 지역사회 욕구조사

1) 욕구조사의 필요성

사회복지실천에서 가장 필요한 기술 중 하나는 문제를 경험하는 지역주민의 욕구를 정확하게 파악하는 것이다. 지역사회를 단위로 한 지역사회복지실천에서도 지역사회 주민의 욕구를 정확하게 파악하는 것은 매우 중요하다. 이는 지역사회 문제를 정확하게 이해하고 문제해결의 우선순위를 결정하는 데 도움이 될 뿐만 아니라 지역주민들에게 어떤 서비스나 프로그램을 제공하여야 하는지를 판단하는 데 밑거름이 된다. 따라서 지역사회에서 해결해야 할 지역사회 문제가 확인되면 해당 문제와 관련하여 주민들은 어떤 욕구를 가지고 있는지 구체적으로 욕구조사를 수행할 필요가 있다.

지역사회 욕구조사의 궁극적인 목적은 지역사회의 문제를 확인하고, 그 문제를 가지고 있는 구성원들의 욕구로 전환시키고, 그들을 위한 해결방안을 제시함으로써 인간의 상황을 개선하는 것이다. 따라서 욕구조사 시기가 프로그램 실행 전이건 혹은 실행 중이건 상관없이 욕구조사 절차의 일반적인 틀은 ❙그림 7-1❙과 같다.

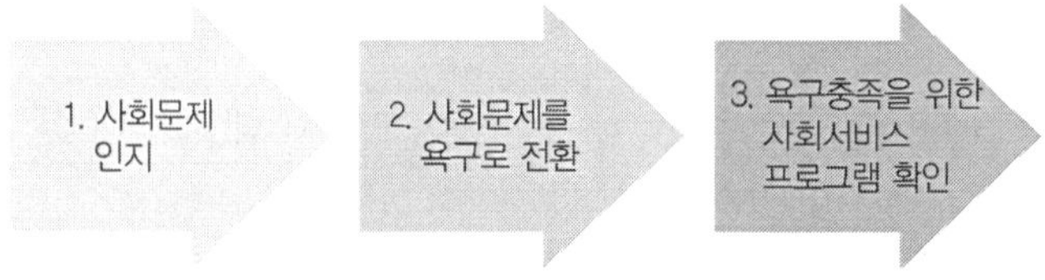

❙그림 7-1❙ 욕구조사 절차의 일반적인 틀

출처 : Grinnell, Gabor, & Unrau(2012), p. 118.

2) 욕구조사 절차

욕구조사는 사회복지조사의 한 종류로서 사회조사의 일반적인 절차가 적용된다. 그러나 욕구조사는 특수한 형태의 사회조사로, 욕구조사의 시행목적에 따라 자료수집방법이나 자료의 종류가 달라질 수 있다. 욕구조사를 위한 절차는 다음과 같다(Grinnell, Gabor, & Unrau, 2012 : 126-142; 조성숙, 2015 : 65-67).

(1) 1단계 : 해당 지역사회 문제에 초점

욕구조사의 첫 단계는 해당 지역사회 문제에 초점을 맞추는 것이다. 초점을 맞추는 지역사회 문제를 어떻게 정의하느냐에 따라 수집할 자료의 종류와 자료 수집방법 및 문제 해결방법이 달라진다. 따라서 문제를 우선적으로 검토한 후에 문제해결의 가능한 해결방안의 범위를 고려해야 한다.

(2) 2단계 : 욕구조사 질문 개발

2단계는 욕구조사 질문을 개발하는 작업이다. 욕구조사에서는 질문의 종류에 따라 조사의 초점이 달라질 수 있다. 욕구조사 질문 개발 시에 해당 지역사회 문제와 관련하여 다음의 질문들을 점검해본다.

- 지역주민들은 어떤 사회문제나 이슈에 직면해 있는가?
- 지역주민들은 그들의 지역사회에 대해 어떻게 인식하고 있는가?
- 지역주민들은 어떤 종류의 서비스가 중요하다고 보는가?
- 어떤 서비스가 가장 필요한가?
- 지역주민들은 그 지역의 현 사회서비스 수준에 어느 정도 만족하고 있는가?
- 해당 서비스를 이용하는 지역주민들에게 교통상의 문제가 있는가?

(3) 3단계 : 개입 표적집단 확인

3단계는 개입을 위한 표적집단을 확인하는 단계로, 해당 지역사회 문제해결을 위한 표적대상이 누가 그리고 무엇이 될 것인가에 대한 질문을 던진다. 이 단계에서는 먼저 개입을 위한 표적의 범위를 정하고 누구 혹은 무엇으로부터 자료를 수집할 것인지 결정해야 한다.

(4) 4단계 : 자료수집 계획 수립

4단계는 욕구조사 질문에 대한 대답을 도출하고 관련 자료를 수집하기 위해 최선의 방법이 무엇인지를 검토하여 자료수집과 관련된 세부 계획을 수립하는 단계이다. 지역사회 주민 혹은 관련 이해당사자들에 대한 개인면접, 집단면접, 전화 및 우편서베이 등을 통해 직접 자료를 수집하거나 보고서, 통계 자료 등 2차 자료를 수집하는 간접 자료수집 방법을 선택할 수도 있다.

(5) 5단계 : 자료 분석 및 제시

5단계는 지역사회 주민의 욕구에 대한 수집된 양적 및 질적 자료를 분석·종합하여 제시한다.

(6) 6단계 : 결과 유포 및 소통

마지막 단계는 욕구조사에 대한 결과를 유포하고 소통하는 단계이다. 특히 관련 이해당사자들은 지역사회 문제에 대한 유용한 자료를 원하기 때문에 조사 의도에 맞는 조사결과의 유포를 통해 소통할 필요가 있다.

3) 욕구조사방법[1)]

지역사회 욕구조사방법은 어떤 종류의 자료를 수집하느냐에 따라 양적 조사방법과 질적 조사방법으로 구분된다.

(1) 양적 조사방법

① 사회지표분석(social indicator analysis)

사회지표(social indicator)란 사회의 어떤 측면에 대한 계량적 측정치를 말하는데, 노인 인구 비율, 소득수준, 장애인 인구 비율, 실업률, 영아사망률, 주택보급률, 범죄율 등을 예로 들 수 있다. 사회지표분석(social indicator analysis)은 지역사회의 지역적, 생태적, 사회적, 경제적 및 인구학적 특성을 보여주는 다양한 사회지표를 통해 지역사회 구성원들의 욕구를 파악하는

1) 이 부분의 내용은 조성숙·이신영(2013 : 119-125)을 주로 참고하였으며, 그 외의 참고사항은 해당되는 곳에 참고문헌을 제시함

방법이다(최성재, 2005). 이 방법은 보건, 복지 등 관련 사회지표를 분석함으로써 지역사회의 욕구를 추정할 수 있다고 전제한다.

사회지표분석을 위해서는 주로 통계청, 보건복지부나 지방자치단체, 다양한 국책 혹은 민간 연구기관이나 사회복지기관에서 발행하는 각종 통계자료나 실태조사 등 2차 자료가 이용된다. 특히 통계청의 각종 통계자료나 인구센서스 자료 등은 지역사회의 욕구를 파악하는 데 가장 중요한 기초자료가 될 수 있다. 예를 들어, 인구센서스 자료에는 연령, 성별, 인종, 교육수준, 소득수준, 종교, 주택형태, 직업 등에 관한 지역사회 주민들의 기초자료가 포함되어 있어 해당 지역사회 주민들의 연령분포, 성별분포 혹은 소득분포 등에 따른 다양한 욕구를 파악할 수 있다. 사회지표분석은 조사자가 직접 자료를 수집하는 방식이 아니라 주로 2차 자료를 활용하기 때문에 지역사회의 여건을 대략적으로 파악하거나 문제의 우선순위를 결정하는 데는 도움이 되지만 지역사회 구성원들의 정확한 욕구파악에는 한계가 있다(감정기 · 백종만 · 김찬우, 2005).

② 설문조사 혹은 구조화된 서베이(structured survey)

설문조사는 구조화된 또는 반구조화된 설문지를 사용하여 우편, 면접 혹은 이메일 등을 통해 계획적이고 체계적으로 자료를 수집하는 방법으로, 지역사회의 욕구 파악을 위해 사회복지실천현장에서 가장 많이 활용되고 있는 방법 중의 하나이다. 즉, 지역사회의 일반인구 혹은 특정 표적인구의 욕구를 파악하기 위하여 지역의 일반주민 전체 혹은 전체를 대표할 수 있는 일부(표본)를 선정하여 이들의 욕구를 조사한 다음 조사대상 전체의 욕구를 추정한다(최성재, 2005).

설문조사의 장점은 응답내용을 표준화할 수 있고 서비스의 실제 혹은 잠재적인 대상자의 욕구를 직접 파악할 수 있으며, 지역사회 문제에 관한 의견을 지역사회 구성원들의 여러 특성에 맞추어 비교 · 분석할 수 있다는 점이다. 그러나 단점으로는 비용이 다소 많이 들 수 있고 회수율이 낮다는 점을 들 수 있다. 또한 설문지 작성 시 조사자가 미리 가능한 응답항목을 결정하기 때문에 지역사회 문제 및 해결방안을 응답항목으로 모두 포괄할 수 없다는 단점이 있다(최성재, 2005). 특히 우편이나 전화 서베이의 경우 질문의 언어나 문장형식에 따라 조사대상자의 이해 정도가 상이하여 답변에도 영향을 미칠 수 있다는 단점이 있다(감정기 외, 2005).

③ 프로그램 모니터링(program monitoring)

프로그램 모니터링은 지역사회의 각종 사회복지기관이나 시설이 제공하고 있는 프로그램들을 검토함으로써 지역사회 구성원들의 욕구를 이해하고 나아가 서비스를 필요로 하는 표적집단을 파악하는 방법이다. 상황에 따라서는 새로운 자료를 수집하는 것보다 기존 사회복지기관이나 시설이 소유하고 있는 자료를 입수하여 분석하는 것이 신속하고 간편할 수 있는데, 이러한 기록들이 지역사회의 욕구나 기존 서비스의 효과성에 대한 많은 정보를 제공해 주고 있기 때문이다.

프로그램을 검토하는 과정에서 다음과 같은 질문들을 던지는 것이 많은 도움이 된다(지은구 · 조성숙, 2010).

- 지역주민들이 모든 프로그램의 서비스들을 이용하는가?
- 서비스를 받을 자격이 있는 주민이나 서비스를 요청한 모든 주민들이 서비스를 이용하고 있는가?
- 지역주민들이 요청한 서비스 중에 기관이 제공하지 않는 서비스는 없는가?

프로그램 모니터링은 프로그램의 적용대상이 적정한지 혹은 특정 집단만이 프로그램 참여자의 일부로 포함되지는 않았는지 등을 파악하고 프로그램의 효과성을 검토하는 데 핵심 목적이 있다(오정수 · 류진석, 2016). 이를 위해 프로그램 적용범위 분석 및 프로그램 편향성 분석 등을 활용한다. 프로그램 적용범위 분석은 서비스가 목표로 삼고 있는 표적집단이 실제로 서비스를 받고 있는지를 파악하기 위해서 기관의 기록들을 살펴보는 방법이다. 프로그램 편향분석은 특정 집단의 구성원들만이 서비스에 접근할 수 있는지에 대한 여부를 검토하는 방법이다(지은구 · 조성숙, 2010).

(2) 질적 조사방법

질적 조사방법은 지역사회 욕구에 관한 질적 자료를 수집함으로써 그들의 욕구를 파악하는 방법으로, 개인을 대상으로 자료를 수집하는 방법과 집단을 대상으로 자료를 수집하는 방법으로 나눌 수 있다. 개인대상 조사방법은 지역사회 주민, 이해당사자 등 개인을 대상으로 자료를 수집하는 방법으로, 비공식적 인터뷰, 공식적 인터뷰, 민속학적 조사 등이 있다. 또한 집단대상 조사방법은 지역사회 문제에 대한 지역사회 구성원들의 공통된 관점을 도출하기 위해 집단단위로 정보를 수집하고 이를 종합화하는 방법으로, 지역사회포럼, 명목집단기법, 초점집단기법, 델파이 기법 등이 해당된다.

① 비공식적 인터뷰(informal interview)

비공식적 인터뷰는 지역사회 구성원들의 욕구를 이해하기 위해 사회복지실천가가 지역주민들을 직접 만나 그들이 인터뷰되고 있다는 느낌을 가지지 않은 상태에서 자연스럽고 편안한 대화를 통해 그들의 욕구를 파악하는 방법이다. 비공식적 인터뷰에서는 실천가들이 알고자 하는 주제를 가지고 접근할 수 있지만 질문내용은 사전에 준비되지는 않으며, 지역주민들의 응답내용에 따라 질문들이 결정된다. 이러한 비공식적 인터뷰를 통해 여러 응답자들로부터 욕구 관련 공통 주제와 양상을 인식하는 경우 해당 지역사회 문제에 보다 용이하게 초점을 맞출 수 있다(오정수 · 류진석, 2016).

② 공식적 인터뷰(formal interview)

공식적 인터뷰는 인터뷰할 질문내용 등을 사전에 준비하여 인터뷰를 진행하는 방법이다. 공식적 인터뷰에서는 주로 지역사회의 조건이나 상황 혹은 특정 지역사회 문제에 대하여 잘 알고 있는 주요 정보제공자들(key informants)을 활용한다. 주요 정보제공자는 지역주민을 포함한 이해관계자, 정치인, 사회복지기관 대표 등 지역사회복지 전문가, 지역사회 지도자 등이 포함된다. 공식적 인터뷰는 다음과 같은 특성을 가지고 있다(표 7-4 참조).

〈표 7-4〉 공식적 인터뷰의 특성

구 분	특 성
인터뷰 형식	응답자로부터 풍부한 설명을 도출할 수 있도록 개방형 질문으로 구성
질문순서	제한은 없으나 일반적으로 표준화된 인터뷰 도구 사용
기록방법	인터뷰과정을 녹음할 수 있으나 진행 중에 기록 필요
표집방법	주로 비공식적 또는 비확률표집방법 사용

출처 : 오정수 · 류진석(2016), p. 150 재구성함.

③ 민속학적 조사방법(ethnography)

민속학적 조사방법은 지역사회 구성원들의 가치나 신념, 삶의 방식, 행동, 문화, 사회적 상호작용 등을 심층적으로 이해하기 위하여 현지관찰과 심층인터뷰(in-depth interview)를 사용하는 방법이다. 조사자는 주로 지역주민들이 행하는 어떤 행동의 이면에 숨어 있는 의미와 그들의 행동이 일어나는 사회적 정황을 살펴보고, 지역사회 내에서 일어나는 구성원들의 상호행동들을 연구하기 위하여 그들과 일정 기간 함께 생활하며 조사하게 된다. 이 방법은 지역주민의 욕구에 대한 정보를 보다 전문적이고 심도 있게 이해하기 위해 사용하며, 주민들이 지역사회 문제를 어떻게 인식하고 있는지, 그 문제에 대한 적절한 대응책은 무엇이라고 생각하는지 등에 관한 정보를 파악하고 싶을 때 사용하면 도움이 된다.

④ 지역사회포럼(community forum)

지역사회포럼은 지역사회 문제에 대한 지역사회 구성원들의 인식을 알아보기 위해 특정 시간, 특정 장소에 모여 자신의 입장을 개진할 수 있게 하는 방법이다. 지역사회포럼은 모든 지역사회 구성원들에게 공개되기도 하고 지역을 대표한다고 생각되는 일부 사람이나 집단의 대표들만이 초대될 수도 있다. 지역사회포럼 참석자들은 특정 지역사회 문제에 대해 설명을 듣고 그들의 의견이나 피드백을 제공하기를 요청받기도 하고, 지역사회의 문제를 확인하고 문제해결을 위한 제안을 제시할 수도 있다. 한편 지역사회포럼과 유사한 형태로 공청회(public hearing)가 있는데, 공청회는 정부의 사업이나 프로그램 혹은 계획에 대하여 지역주민들의 의견을 개진하는 방법으로, 엄밀한 의미에서 지역사회포럼과는 다르다.

지역사회포럼은 짧은 시간 내에 지역사회 문제를 파악할 수 있는 방법이지만 다음과 같은 단점이 있어 이러한 사항을 고려하여 조사를 진행해야 한다(지은구・조성숙, 2010).

- 다양한 사람들에 의한 다양한 의견이 제시되어 문제의 본질이나 욕구의 파악이 어려울 수 있다.
- 포럼의 형태가 구조적으로 잘 기획되지 않으면 토론과정을 통제하기가 매우 어렵다.
- 어떤 특정 인물이나 집단이 포럼을 주도적으로 진행하는 경우 참여한 다른 사람들의 의견이 무시되거나 제한받을 수 있다.

⑤ 명목집단기법(NGT : Nominal Group Technique)

명목집단기법은 지역사회의 가장 중요한 문제가 무엇인지를 확인하기 위해 주로 사용되는 방법이다. 일반적으로 명목집단기법은 다음과 같은 절차를 통해 진행된다.

- 지역주민들을 한 자리에 모이게 한 다음, 개개인들에게 지역사회에 영향을 미치는 문제나 이슈 등에 관한 목록을 만들어 줄 것을 요청한다.

- 개개인들이 목록으로 작성한 문제나 이슈들을 개인들이 각각 큰 소리로 읽게 하고 그것을 칠판에 모두 받아 적되 중복해서 제시된 문제는 한 번만 받아 적는다.
- 칠판에 적힌 지역사회 문제의 목록들에 대해 지역주민들은 제기된 문제들에 대해 폭넓은 이해를 위해 토론시간을 가진다.
- 토론 후에 각각 제기된 문제들에 대해 지역주민들은 순위를 매기고 실천가는 개인들이 매긴 순위를 칠판에 적는다.
- 순위에 대한 평균을 구해 순위의 합의를 끌어낸다. 순위에 대한 합의가 이루어지지 않으면 이를 반복 시행한다.

⑥ 초점집단면접(FGI : Focus Group Interview)

초점집단면접은 해당 지역사회의 문제에 대해 잘 알고 있거나 그들의 문제에 대한 이익을 대표할 수 있는 이해관계자 10 ~ 12명을 한 곳에 모아 놓고 사회자인 지역사회복지실천가가 지역사회 문제나 욕구에 대한 개방형 질문들에 대해 각각의 의견을 개진하고 참여자들끼리 토론도 하게 하는 방법이다. 이는 지역사회 문제에 대한 주민들의 인식과 욕구를 조사하기 위해 지역사회복지실천현장에서 자주 활용되는 기법이다. 초점집단면접은 특정 문제를 경험하는 주민들을 대상으로 할 수도 있고, 해당 지역사회 문제에 대한 전문가나 이해관계자 등을 활용할 수도 있다. 예를 들어, 주요 정보제공자인 사회복지기관 및 시설대표, 주민 대표자, 서비스 이용자나 잠정적 이용자, 특정 문제를 경험하는 주민 혹은 일반 지역사회 주민 등이 참여할 수 있다.

⑦ 델파이기법(delphi technique)

델파이기법은 해당 지역사회 혹은 지역사회 문제에 대한 전문적인 지식을 가지고 있는 주요 정보제공자들에게 우편이나 이메일 등을 통해 지역사회의 욕구가 무엇인지를 파악하는 방법으로, 지역사회 문제에 대해 전문가들의 공통적인 인식과 동의를 확보하는 과정이다. 주요 정보제공자에는 사회복지시설이나 기관장, 지역사회의 지도자, 보건의료 관련 종사자 등 지역사회 문제에 대해 특정 지식이나 정보 혹은 통찰력을 가지고 있는 사람들이 포함된다. 델파이기법은 다음과 같은 절차로 진행하면 된다(오정수 · 류진석, 2016 : 154-156).

- 지역사회 문제에 대해 전문지식을 가지고 있는 주요 정보제공자를 중심으로 전문가를 선정한다.

- 이들에게 지역사회 문제에 대한 개방형 질문으로 구성된 설문지를 이메일이나 우편으로 발송한다.
- 전문가들은 개방형 질문에 대해 자신들의 의견이나 관점을 작성하여 회신한다.
- 실천가는 설문지를 회수하여 이를 합의된 부분과 합의되지 않은 부분으로 분류하여 간략하게 정리한다.
- 종합된 정보를 다시 전문가들에게 발송하여 합의되지 않은 내용에 대해 다시 의견을 요청한다.
- 회수된 정보를 다시 분석하고 합의가 이루어질 때까지 이를 반복한다.

생각해 봅시다!

1. 실습기관이 위치해 있는 지역사회를 둘러보고 난 다음, 둘러보기 전과 후의 느낌을 사회복지 전문가적인 관점에서 비교하여 봅시다.
2. 사회복지실천현장에서 접하는 지역사회 문제들에 대하여 효율적이고 효과적으로 지역사회 주민의 욕구를 조사하기 위한 구체적인 욕구조사방법들에 대하여 생각해 봅시다.

CHAPTER 08

기관 탐색과 분석

1. 조직의 개념 및 구성 요소

조직의 사전적 정의는 '특정한 목적을 달성하기 위하여 여러 개체나 요소를 모아서 체계 있는 집단을 이룸. 또는 그 집단'을 의미한다(네이버사전, https://dict.naver.com). 에치오니(Etzioni, 1964 : 4)는 조직을 '특정 목표를 달성하기 위하여 의도적으로 구조화된 계획적 단위'라고 정의하고 있다. 이 정의에서도 나타나듯이, 모든 조직은 특정 목적을 달성하기 위하여 만들어지며, 의도적으로 구조화되어 있어 어떤 형태의 구조 혹은 체계를 갖추고 있다. 이런 맥락에서, 사회복지조직이란 사회문제를 해결하기 위해 사회복지재화와 서비스를 전달하는 것을 목적으로 하는 사회적 단위 또는 체계로 정의할 수 있다. 사회복지조직의 목적은 사회적 재화와 서비스를 필요로 하는 사람들에게 재화와 서비스를 전달하는 것에 있다(지은구, 2005 : 107-108).

조직이 하나의 단위로서 기능을 수행하기 위해서 다양한 요소가 필요하다. Scott(1987 : 15-20)에 의하면, 조직의 구성요소는 사회적 구조, 참여자, 목표, 기술, 환경 등이 있다.

- **사회적 구조** : 가치, 규범 및 역할기대 등에 의하여 구조화된 규범적 구조와 행동적 구조
- **참여자** : 사회적 구조를 만들고 조직의 목표를 달성하기 위한 활동을 수행하는 사람
- **목표** : 참여자들이 달성하고자 하는 조직의 바람직한 미래 상태이자, 조직의 궁극적 방향
- **기술** : 목표를 달성하기 위해 사용되는 장비 및 지식과 기법
- **환경** : 조직의 활동에 다양하게 영향을 미치는 과업환경 및 일반환경을 포함하는 외부 환경으로서, 물리적, 기술적, 문화적, 사회적, 정치적 상황 혹은 여건

2. 조직의 미션, 비전, 목적 및 목표

조직을 이해하기 위해 가장 먼저 해야 할 일은 조직의 미션(mission), 비전(vision), 목적 및 목표를 확인하는 작업이다. 이러한 것들에 대한 이해가 전제될 때, 그 조직이 실행하고 있는 사업과 프로그램의 궁극적인 이유뿐만 아니라 그것의 가치 등을 알 수 있다.

1) 조직의 미션

먼저, 미션은 사회복지조직이 궁극적으로 추구하는 가치를 제시하고 나아가고자 하는 방향을 제시하는데, 조직의 존재이유를 설명하는 이념적이고 철학적인 선언의 역할을 한다. 미션은 주로 조직의 설립이념으로 표현된다. 바람직한 미션은 그 기관에서 주로 다루어지는 문제나 욕구, 서비스가 제공되는 인구집단, 그리고 일반적으로 기대되는 클라이언트 성과를 구체화시킨다. 미션은 기관의 존재이유에 대한 선언으로서의 역할을 하는데, 조직의 존재이유가 바뀌지 않는 한 근본적으로 바뀌지 않는다. 만약 사회복지조직의 설립이념 혹은 미션 선언문(mission statement)이 명쾌하지 못하고 미션과 현재 활동과의 차이가 있다면 문제의 신호가 될 수 있다(Netting, Kettner, & McMurtry, 2008 : 283). 미션을 명확하게 제시하기 위해서는 세 가지 차원에서 조직의 활동범위를 구체화하면 된다(정익준, 2005). 첫째, 봉사해야 할 고객집단, 둘째, 만족시켜야 할 고객의 필요, 셋째, 고객의 필요를 만족시키기 위해서 해야 할 일(조성숙·이신영, 2013 : 61) 등이다.

2) 조직의 비전

조직의 비전은 조직에 대한 장래의 상황, 즉 미래상을 서술한 것으로, 조직의 이상적인 모습 혹은 전망을 제시한다. 사회복지조직이 비전을 제시하기 위해서는 조직의 내·외적 미래 동향을 예측하고 그것에 대한 대응 및 대안 전략까지 제시하는 경우가 많다.

비전은 다음과 같은 요건을 갖추어야 한다. 첫째, 비전은 방향성을 가져야 한다. 둘째, 비전은 목표를 가져야 한다. 셋째, 비전은 기간에 대한 내용을 내포하여야 한다. 마지막으로, 비전은 달성 가능해야 한다. 이러한 비전의 조직의 미래에 대한 청사진으로서 조직의 나침반과 같은 역할을 하며, 구체적인 목표와 전략 수립을 위한 준거틀이 된다. 비전은 실현 가능해야 하며 최고 결정권자의 일방적인 지시가 아닌 조직 구성원들이 함께 참여하여 제시하는 공유된 비전이어야 한다(강종수, 2019 : 73-74).

3) 조직의 목적 및 목표

조직의 목적은 직원들이 조직의 설립이념하에서 효과적이고 책임성 있는 사회복지실천을 수행하게 하는 지침으로 작용한다. 목적은 조직 전체에서 일어나는 활동의 구심점이 되고 조직의 모든 프로그램과 프로그램 및 서비스 목표를 포괄하는 기능이 있다. 목적은 대체로 추상적이고, 관념적이고, 철학적이고, 이상적인 요소가 강하다. 일반적으로 목적은 주로 조직이 장기적으로 달성하고자 하는 요소들이 제시되며, 반드시 측정 가능할 필요는 없다. 한편 목표는 목적을 구체화시켜 명확하게 서술한 것으로 목적보다 구체적인 특성을 가지고 있다. 참고로 사회복지기관의 미션, 비전, 목적 및 목표의 예를 살펴보면 다음과 같다.

| 그림 8-1 | 사회복지기관의 설립목적, 미션 및 비전 예시 1

출처 : 중구노인복지관 홈페이지(http://www.goldensenior.or.kr).

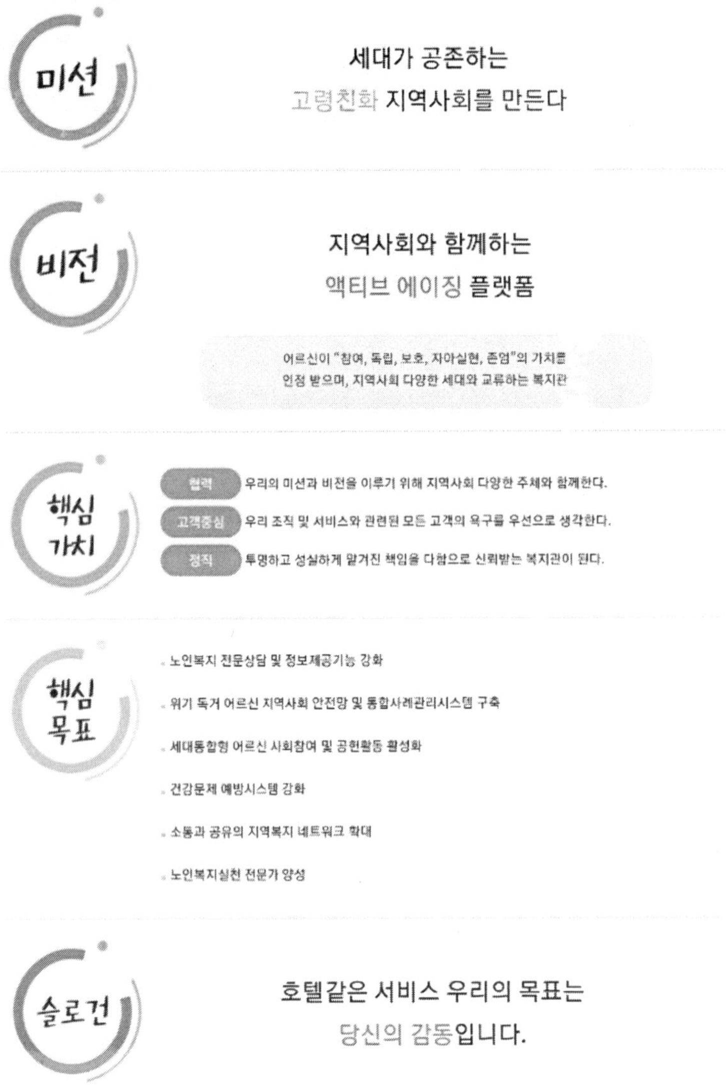

| 그림 8-2 | 사회복지기관의 미션, 비전 및 목표 예시 2

출처 : 서울특별시립강동노인종합복지관 홈페이지(http://www.gdsw.or.kr).

3. 조직구조

모든 조직은 조직 구성원의 역할기대, 권한, 책임 및 계층을 명확하게 하기 위해 조직구조를 갖추고 있다. 조직구조란 조직의 목표를 효율적으로 그리고 효과적으로 달성하기 위하여 권한, 책임 등의 차이를 보여주는 배열된 체계를 말한다. 이는 명령과 의사결정 및 업무와 역할의 범위와 책임의 한계를 명확히 보여준다. 조직구조는 다양한 차원에서 파악되나 일반적으로 복잡성, 공식화, 집권화(혹은 분권화)로 설명된다. 이들에 대한 구체적인 개념과 내용은 <표 8-1>과 같다.

〈표 8-1〉 조직구조의 구성요소

구 분	개 념	내 용
복잡성 (complexity)	조직 내 과업의 분화 정도	• 분화 : 조직이 작은 단위로 세분화되는 상태 • 수평적 분화 : 업무의 전문화된 분업화 내지 부서화 • 수직적 분화 : 업무를 조정하고 통제하기 위한 위계구조 • 공간적 분화 : 물리적 시설이나 인력의 지리적 분산
공식화 (formalization)	직무와 수행과정의 표준화 정도	• 조직구성원이 문서화된 규칙이나 절차에 의존하는 정도 • 공식화는 책임성, 안정성, 공정성을 확보하고 소외를 억제함 • 높은 공식화는 전문적 판단과 실천의 자율성을 저해함
집권화/ 분권화 (centralization)	공식적인 의사결정 권한이 집중되거나 분산된 정도	• 분권화는 신속한 의사결정과 자발적 협조, 책임감을 증진시킴 • 집권화는 통일된 정책, 통제 수월, 비상시 신속한 대응이라는 장점이 있음

출처 : 강종수(2019), p. 78.

해당 기관의 조직구조를 이해하기 위해서는 해당 기관의 홈페이지 등을 방문하여 조직도를 점검할 필요가 있다. 조직도를 점검함으로써 해당 기관의 업무체계, 의사결정과정상의 책임과 권한의 배분, 조직 구성원의 역할범위 등을 이해할 수 있다. 사회복지조직의 구조는 조직의 규모, 사업의 특성 등에 따라 그 형태가 매우 상이하다. 일반적으로 사회복지조직은 대표(관장 혹은 센터장), 중간관리자급에 해당하는 국장, 부장, 과장 혹은 팀장 그리고 실무자급에 해당하는 사회복지사 등으로 이루어져 있고, 해당 기관의 운영과 관련하여 중요한 의사결정을 하고 자문을 제공해 주는 운영위원회로 구성되어 있다(조성숙 · 이신영, 2013 : 65). 사회복지기관 및 법인 조직도의 예를 살펴보면 다음과 같다.

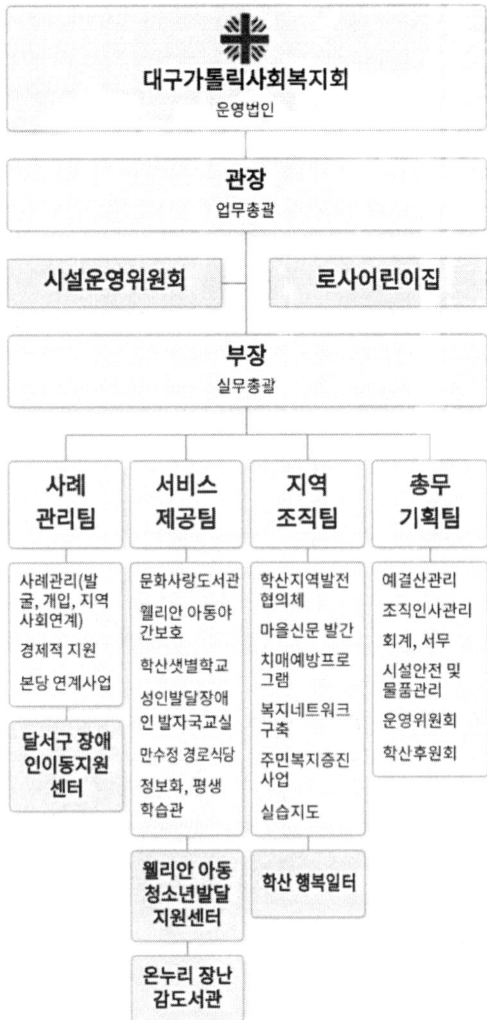

| 그림 8-3 | 사회복지기관의 조직도 예시

출처 : 학산종합사회복지관 홈페이지(https://www.welian.or.kr).

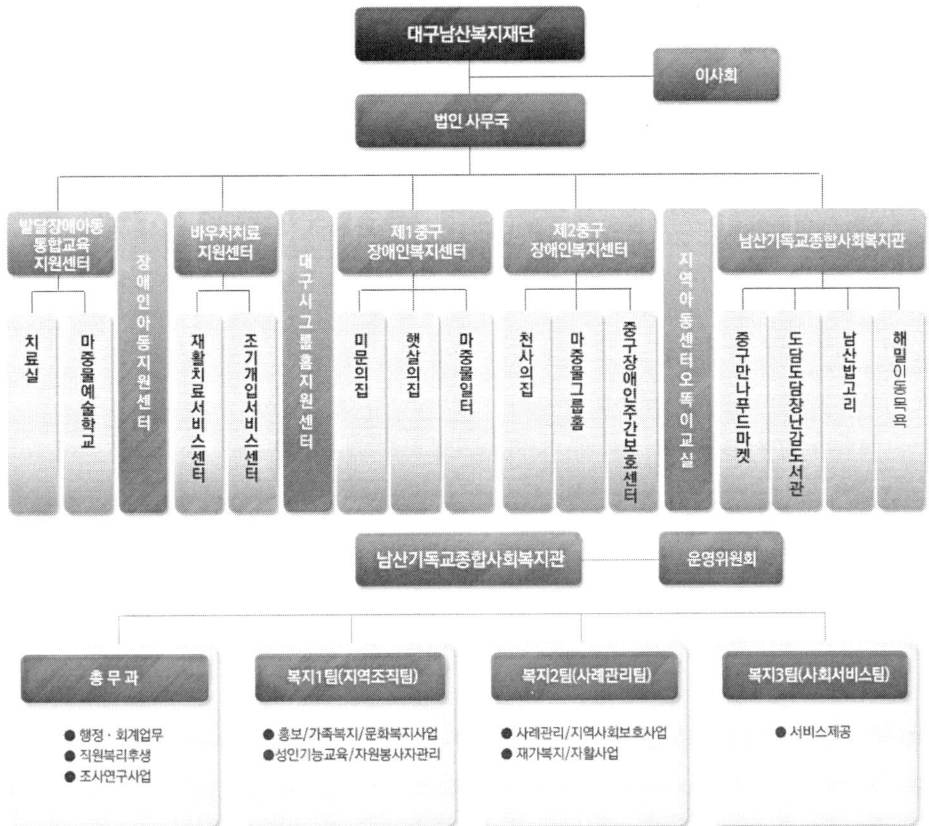

| 그림 8-4 | 사회복지법인 및 사회복지기관의 조직도 예시

출처 : 남산기독교종합사회복지관 홈페이지(http://www.dgns.org).

4. 예 산

1) 예산의 개념과 기능

예산(budget)은 일정 기간 동안의 수입과 지출에 관한 재정계획을 미리 계산하여 서술한 자금 조달 계획으로 일반적으로 1년 단위의 계획을 수립한다. 조직의 예산정보는 해당 조직의 자금이 어떻게 유입되고, 어떻게 지출되는지를 보여주는 중요한 정보로 해당 기관의 이해에 필수적인 요소이다. 이 기간 동안의 재정자원에 대한 이해를 통해 그 기관의 전반적인 재정구조를 파악할 수 있다. 사회복지조직의 예산에는 수입과 지출이 명시되며, 수입과 지출을 동시에 고려하여 균형을 이루도록 계획한다.

조직의 예산은 다음과 같은 기능을 수행한다(신복기 · 박경일 · 이명현, 2010 : 323).

- **통제기능** : 예산의 전통적인 기능으로, 기관의 재정자원이 계획된 목적에 사용되고, 계획되지 않은 곳에는 사용할 수 없도록 개입하는 기능
- **기획기능** : 미래지향적인 목표설정과정으로, 조직의 비전을 위한 향후 1년간의 사업 및 운영방향을 설정하고, 재정계획을 수립하는 기능
- **관리기능** : 효율적인 목표달성과정으로, 기관의 1년간의 목표를 효율적으로 그리고 효과적으로 달성할 수 있도록 돕는 기능

2) 예산수립의 성격

사회복지조직에서 예산을 수립한다는 것은 다음과 같은 성격을 내포한다(최성재 · 남기민, 2017 : 300-309).

- **정치적 성격** : 예산의 초점이 되는 조직의 자원배분에 대한 의사결정은 정치적으로 이루어진다.
- **프로그램 기획과정** : 사회복지조직의 예산 수립은 조직의 목표달성을 위한 프로그램 수행을 위한 것이다. 예산수립과정은 목표설정, 대안개발 및 기대효과 분석, 효과성 평가기준 설정 등의 프로그램기획 절차와 병행 · 통합되므로 프로그램 기획과정이라고 할 수 있다.
- **프로그램 관리과정** : 조직의 관리자가 조직 각 단위의 활동, 책임자 및 시행일정 등을 검토하므로 프로그램 관리과정이다.
- **회계 절차** : 예산서는 회계 담당자가 자금의 내적 및 외적 흐름을 통제하고 재정활동을 승인하는 근거가 되므로, 예산수립은 회계 절차의 성격을 가진다.
- **인간적인 과정** : 사회복지조직의 예산은 클라이언트와 예산을 집행하는 조직 구성원, 지역사회 주민들에게 지대한 영향을 미친다. 따라서 예산수립을 잘 하려면 이들과 접촉하고 대화하는 기회를 가져야 한다.
- **미래를 변화시키는 과정** : 예산수립은 장래에 대한 조직의 활동계획에 대한 재정계획이므로, 조직의 미래에 대한 목표를 새로 설정하여 새로운 활동을 시도할 수 있다.

3) 예산체계모형[1)]

사회복지조직에서 사용되는 예산체계모형으로는 품목별 예산(LIB : Line-Item Budget), 성과주의 예산(PB : Performance Budget), 기획예산(PPBS : Planning-Programming-Budgeting Systems), 영기준 예산(ZBB : Zero-Based Budget)이 있다.

(1) 품목별 예산(LIB : Line-Item Budget)

품목별 예산체계모형은 예산체계모형 중 가장 오래된 모형으로 대부분의 공공 및 민간기관에서 가장 많이 사용되어온 예산체계이다. 이 모형은 품목이 사업의 목적이나 이유에 의해서보다는 봉급, 소모품비, 사무용품비, 회의비, 우송료 등의 투입품목에 따라 분류되어 투입중심 예산이라고 할 수 있다. 수입과 지출은 전년도 예산에 근기하여 일정한 양만큼 점차 증가시켜 나가는 점증주의적인 특성을 가지고 있다.

품목별 예산의 장점은 예산수립과정이 일반적으로 단순하고 간편하며, 지출근거가 명확하여 예산통제에 효과적이고 회계가 용이하다. 그러나 이 예산모형은 투입중심적인 특성을 가지고 있어 지출대비사업 및 기관의 효율성, 효과성 및 서비스 품질을 평가할 수 없다는 단점이 있다. 또한 예산증대가 주로 프로그램에 대한 특성과 평가보다는 전반적인 인상률에 근거하기 때문에 예산증대의 정당성 근거가 희박하고 예산모형만으로는 해당 기관의 프로그램 내용을 파악하기 어렵다.

(2) 성과주의 예산(PB : Performance Budget)

성과주의 예산모형은 사회복지조직의 활동을 기능별 혹은 프로그램별로 구분하고 다시 세부 프로그램으로 나눈 다음, 세부 프로그램 단위로 원가와 업무량에 근거하여 계산하여 예산을 책정하는 방식으로 과정중심 예산의 특성을 가지고 있다. 성과주의 예산은 프로그램 목표를 명확하게 하고 실행단위에서의 비용을 계산하는 과정을 통해 서비스의 효율성을 기할 수 있기 때문에 사회복지조직에 유리한 모형으로, 기능주의 예산(functional budget) 혹은 프로그램 예산(program budget)이라고도 불린다.

---

1) 이 내용은 최성재 · 남기민(2017 : 300-309), 신복기 · 박경일 · 이명현(2010 : 326-333), 원석조(2009 : 208-212), 조성숙 · 이신영(2013 : 119-125)을 주로 참고하였으며, 그 외의 참고사항은 해당되는 곳에 참고문헌을 제시함.

성과주의 예산은 예산이 기능별 혹은 프로그램별로 구분되어 책정되기 때문에 프로그램별로 통제가 가능하고, 해당 기관의 목적, 사업내용 및 프로그램을 이해하는 데 유리하다. 그러나 이 예산모형은 프로그램 단위의 원가를 계산하는 것이 주요 특성이므로 업무측정 단위를 정하는 것이 용이하지 않고, 비용계산이 곤란하다는 점이 단점으로 꼽힌다.

(3) 계획 예산(PPBS : Planning-Programming-Budgeting Systems)

계획 예산모형은 조직의 장기적인 사업계획을 수립(Planning)하고 그 계획을 실행하기 위한 단기 프로그램으로 만들어(Programming) 선정된 프로그램 중심으로 예산을 편성(Budgeting)하는 방식을 취하는 산출중심 예산이다. 따라서 조직이 이러한 예산모형을 도입하기 위해서는 조직의 비전에 근거한 장기 계획 수립이 우선되어야 하며, 그 장기 계획을 단기 프로그램으로 구체화시키고, 나아가 그 목표를 달성하기 위해 예산을 배정하는 작업이 필요하다.

계획 예산모형은 조직의 장기적인 목표 및 계획에 근거하여 프로그램이 결정되고 예산이 수립되기 때문에 프로그램 계획과 예산수립의 괴리를 막을 수 있고 프로그램의 효과성을 높일 수 있다는 장점이 있다. 특히 목표설정의 명확성과 구체성이 강조되고 효율성과 효과성 향상 등을 통한 조직의 책임이 강조되는 사회복지조직의 경향을 고려할 때 이 예산체계의 도입이 바람직하다고 할 수 있다. 그러나 조직의 장기적인 목표 설정 과정이 용이하지 않고, 과정을 등한시하고 결과에 주로 치중하며, 의사결정이 중앙집권화될 수 있다는 단점이 있다.

(4) 영기준 예산(ZBB : Zero-Based Budget)

영기준 예산모형이란 예산안을 편성할 때 전년도 예산을 전혀 고려하지 않고, 계속 프로그램 혹은 신규 프로그램 등 조직의 모든 사업활동의 정당성을 영의 수준(zero-base)에서 재평가하여 효과성과 효율성 등을 체계적으로 분석한 다음, 그 분석결과에 근거하여 우선순위가 높은 사업을 결정하고 예산을 편성하는 모형이다. 예산안 편성 시 전 회계년도 예산을 기준으로 예산액을 점증 혹은 점감적으로 편성하는 점증주의적 방법을 극복하기 위한 방법으로, 예산안 편성 시 영에서 새로이 시작한다고 하여 영기준(zero-base) 예산 모형이라 불린다(온라인행정학전자사전, http:www.kapa21.or.kr/epadic).

영기준 예산모형은 예산의 절약과 프로그램의 쇄신에 기여할 수 있고, 예산배분에 합리성을 기하며 재정운영과 예산배정에 탄력성을 기하며, 프로그램의 효율성과 효과성을 높일 수 있다는 장점이 있다. 이 예산모형 단독으로 사회복지조직에 도입하기는 어렵지만 프로그램의 효과성과 효율성 증진 및 프로그램 쇄신에 기여할 수 있다. 그러나 이 예산모형은 합리성만을 강조하고 있어 특히 장기적 계획에 의한 프로그램 수행을 위한 예산체계모형으로는 다소 부적합하다.

사회복지기관의 예산편성 예를 살펴보면 다음과 같다.

〈표 8-2〉 **사회복지기관의 예산서 예시 1**

(단위 : 천 원)

세입부					
관	항	목	2020년 예산액	예산대비	
				금 액	비율(%)
수 입		[총 계]	980,702	–	–
보조금			590,657	–	–
	보조금	인건비	459,755	–	–
		운영비	40,451	–	–
		프로그램비	60,451	–	–
		특화사업	30,000	–	–
사업수입			137,730	–	–
	사업수입	교육문화	136,260	–	–
		실습비	840	–	–
		봉사체험학교	630	–	–
후원금			71,154	–	–
	후원금	지정후원금	49,190	–	–
		비지정후원금	21,964	–	–
전입금			51,751	–	–
	법인전입금	법인전입금	51,751	–	–
잡수입			500	–	–
	잡수입	잡수입	500	–	–
위탁사업			128,910	–	–
	위탁사업	가족복지	81,960	–	–
		지역보호	42,950	–	–
		교육문화	4,000	–	–

(단위 : 천 원)

세출부					
관	항	목	2020년 예산액	예산대비	
				금 액	비율(%)
지 출		[총 계]	980,702	–	–
사무비			554,261	–	–
	인건비		488,060	–	–
	업무추진비		2,100	–	–
	운영비		64,101	–	–
재산조성비			3,500	–	–
	시설비	시설유지관리비	3,500	–	–
차입금상환			4,000	–	–
	차입금상환	차입금상환	4,000	–	–
잡지출			500	–	–
	잡지출	잡지출	500	–	–
사업비			279,531	–	–
	사업비	총무행정	5,540	–	–
		가족복지	64,550	–	–
		지역보호	23,825	–	–
		지역조직	22,856	–	–
		사례관리	8,800	–	–
		교육문화	125,960	–	–
		특화사업	30,000	–	–
위탁사업			138,910	–	–
	위탁사업	가족복지	81,960	–	–
		지역보호	52,950	–	–
		교육문화	4,000	–	–

출처 : K복지관의 예산서를 일부 수정함.

〈표 8-3〉 사회복지기관의 예산서 예시 2

(단위 : 천 원)

세 입				
구 분	2019 예산 (A)	2020 예산 (B)	증감(B-A)	
			금 액	비 율
총 액	814,773	865,480	50,707	6
경상보조금	475,400	525,400	50,000	8
법인전입금	50,000	50,000	–	–
후원금	130,000	140,000	–	–
사업수입	129,305	99,178	-30,127	-30
잡수입	11,275	11,447	172	2
이월금	18,793	39,455	20,662	110
외부지원		–	–	–

(단위 : 천 원)

세 출					
구 분		2019 예산 (A)	2020 예산 (B)	증감(B-A)	
				금 액	비 율
총 액		814,773	865,480	50,707	6
인 건 비		283,819	306,261	22,442	7
업무추진비		9,250	14,410	5,160	56
운영비		92,810	81,540	-11,270	-14
시설비		28,000	53,269	25,269	90
사례관리기능		112,779	157,266	44,487	39
서비스 기능	가족	47,600	38,000	9,600	-25
	교육	91,040	65,013	-26,027	-40
지역조직화 기능		74,000	79,071	5,071	7
기타사업		75,475	70,650	-4,825	-6
잡지출		–	–	–	–
외부지원사업		–	–	–	–

출처 : A복지관의 예산서를 일부 수정함.

5. 기관 분석틀 예시

기관에 대한 탐색과 정확한 분석은 기관에 대한 이해도를 높여 업무를 보다 효율적이고 효과적으로 처리하게 한다. 실습생은 기관의 역사, 목적, 주요사업과 프로그램, 행정사항뿐만 아니라 기관이 속한 지역사회, 물리적 환경의 특징, 사회복지기관으로서 지역 내 타 기관들과의 연계, 기관의 특별한 면이나 전반적인 사항에 대한 인상이나 느낌 등을 중심으로 탐색하고 기관분석 보고서를 작성해 보는 것이 도움이 될 것이다(실습기관분석 보고서 예시 참조).

〈표 8-4〉 실습기관분석 보고서 예시

실습기관분석 보고서

실습생명		기관명	
기관주소	(전화 :)		
기관소개자	(부서 : 직책 :)		

1. 기관의 역사
   (1) 기관 설립동기 및 설립목적
   (2) 기관 사업의 역사적 변천
   (3) 기관 역사에 대한 실습생의 평가
2. 기관의 목적
3. 기관의 주요사업 및 프로그램
   (1) 클라이언트 및 대상 지역
   (2) 주요사업
   (3) 서비스 전달체계
   (4) 기관의 대상층 및 주요사업에 대한 실습생의 평가
4. 기관의 행정사항
   (1) 기관의 조직구조
   (2) 예산, 후원 및 지원 사항
   (3) 기관의 행정구조와 예산 사용 및 후원에 대한 실습생의 평가
5. 기관이 속한 지역사회, 물리적 환경의 특징
   (1) 지역사회
   (2) 물리적 환경(시설, 공간 등)
6. 사회복지기관으로서 지역 내 타 기관들과의 연계
   (1) 관계유형 및 내용
   (2) 기관의 타 기관과의 관계유지에 대한 실습생의 평가
7. 기관의 특별한 면이나 전반적인 사항에 대한 인상이나 느낌

출처 : 한국사회복지사협회(2017), p. 102.

• 생각해 봅시다! •

1. 실습기관의 미션, 비전, 목적 및 목표가 그 기관이 실행하고 있는 사업들과 어떤 관련성이 있는지 생각해 봅시다.
2. 실습기관의 조직도를 살펴보고 효과적이고 효율적인 업무처리에 적합한지에 대하여 생각해 봅시다.
3. 실습기관은 어떤 예산모형에 근거하여 예산을 수립하고 있는지 그 예산모형의 장·단점에 대하여 알아봅시다.

CHAPTER 09

마케팅과 자원개발

1. 사회복지조직의 마케팅

1) 마케팅의 개념 및 필요성

급변하는 사회복지환경 속에서 마케팅은 생존전략의 하나로서 사회복지조직의 핵심 활동으로 주목받고 있다. 마케팅전략을 수립하지 않는 조직은 시대의 흐름에 역행하는 조직으로 간주될 정도로 사회복지조직 또한 고도의 마케팅전략을 수립하고 실행하고 있으며, 마케팅이 조직의 핵심 활동으로 자리 잡아가고 있다. 마케팅이란 '고객, 클라이언트, 협력자, 사회 전체에게 가치를 가지는 제공물들을 창조하고, 소통하고, 전달하고, 교환하는 활동, 일련의 관례 및 절차'이다(American Marketing Association, 2007). 사회복지조직의 활동은 과업환경과 일반환경 속에 있는 다양한 주체들과 소통하고, 교환하고, 전달하는 과정이라는 차원에서 마케팅과 불가분의 관계에 있다. 사회복지조직은 개인과 집단의 욕구충족을 위해 유형 및 무형의 사회복지서비스를 교환하고 있으며, 사회복지서비스 제공에 필요한 자원을 발굴하기 위해서 조직을 둘러싼 과업환경과 일반환경으로부터 끊임없이 소통하고 교환하고 있다.

사회복지조직은 공익을 추구하고 있다는 점에서 영리조직의 마케팅전략과는 차별화된다. 비영리 사회복지조직의 교환은 소비자들과의 교환이 주를 이루는 영리조직의 교환만큼 단순하지 않다. 사회복지조직의 경우 사회복지서비스를 이용하거나 잠재적으로 이용할 가능성이 있는 서비스이용자 집단인 클라이언트, 일반 대중들과 교환관계에 있는 반면 사회복지조직에 자원을 제공하는 인적·물적 자원 제공자인 정부, 사회복지공동모금회, 복지재단, 후원자, 기부자, 자원봉사자 등 인적·물적 자원 제공자들과도 교환관계에 있다.

사회복지조직의 마케팅은 다음과 같은 차원에서 필요성을 찾아볼 수 있다(지은구, 2005 : 406-408). 첫째, 사회복지조직의 마케팅은 현재 혹은 잠재적 클라이언트들에게 조직이 제공하는 유용한 사회복지서비스의 내용 및 혜택 등에 대하여 알릴 수 있는 방법이다. 둘째, 지역주민이나 지지자들이 사회복지조직의 서비스 제공과정에 자원봉사자나 후원자로 참여할 수 있도록 홍보하기 위해 마케팅이 필요하다. 셋째, 마케팅은 일반 대중들로부터의 사회복지조직에 대한 지지를 이끌어내고 설득할 수 있는 매우 적극적인 방법이다. 넷째, 마케팅활동은 클라이언트의 변화하는 욕구와 그 욕구를 성취하기 위해 요구되는 전략을 끊임없이 진단하고 분석하기 때문에 클라이언트의 문제나 욕구를 정확하게 파악하고 해결하는 데에도 도움이 된다. 즉, 클라이언트들의 욕구 및 문제가 사회복지서비스나 프로그램과 적합한지를 마케팅을 통해 확인할 수 있다. 마지막으로, 거시적인 관점에서 마케팅은 경쟁적이고 급변하는 과업환경 속에서 효과적인 서비스를 제공하기 위해 필요하다.

2) 마케팅 플랜

마케팅전략을 수립할 때, 사회복지조직이 고려해야 할 요소는 마케팅 목표, 환경분석, 청중과 분할, 메시지 전달, 마케팅 전술, 단기조치, 장기조치, 예산 및 인력, 전략 매트릭스 등이다. 이러한 마케팅 플랜 요소별 구체 내용은 <표 9-1>과 같다.

〈표 9-1〉 사회복지조직의 마케팅 플랜 요소

영 역	구체내용
마케팅 목표	• 조직이 해야 하거나 성취하고자 하는 것 • 다른 사람들이 취하여야 하는 행동들
환경분석	• 조직이 관리되어야 하는 상황들 • 조직이 운용되는 상황들을 파악하는 활동 • SWOT분석을 통해 생산물 관련 강점(Strengths), 약점(Weaknesses), 기회(Opportunities), 위협(Threats) 검토
청중과 분할	• 조직이 도달하고 설득하여야 하는 사람들, 그들의 관심사와 가치 • 의사소통하고 있는 사람들이 누구인지 그리고 그들의 관심사와 욕구가 무엇인지에 대해 상세하게 기술
메시지 전달	• 청중이 행동하도록 움직이게 할 특정 메시지 • 표적청중에게 가장 효력을 발휘할 수 있는 구체적인 메시지 제시
마케팅 전술	• 조직의 메시지를 전달하는 방법 • 조직의 메시지를 청중에게 전달하기 위해 사용할 전술 묘사
단기조치	• 구체적이고, 단기적인 행동계획 • 초반 몇 개월 동안 취하여야 하는 행동들
장기조치	• 구체적이고 장기적인 행동계획 • 그 후에 취할 행동들

예산 및 인력	• 계획을 실행하는 데 필요한 자원들 • 계획을 실행하기 위해 필요한 재정 및 인적 자원에 대한 윤곽 기술
전략 매트릭스	• 조직의 목표에 대한 진행을 측정하는 방법 • 마케팅 목표를 얼마나 달성하였는지 알아보기 위해 커뮤니케이션 전술의 효과 측정 방법 기술

출처 : 조성숙(2012), p. 41.

3) 마케팅 믹스

마케팅 믹스(marketing mix)란 표적시장에서 마케팅 목표를 달성하기 위해 조직이 사용하는 도구를 말한다. 구체적인 마케팅전략 수립에 필요한 요소인 마케팅 믹스에 대해 4P, 5P, 7P 등이 제시되고 있는데, 여기에서는 대표적으로 활용되는 4P에 대해 소개하고자 한다. 4P는 제품(Product), 가격(Price), 촉진(Promotion), 유통(Place)으로, 사회복지조직은 표적시장으로부터 조직의 제품 및 서비스에 대한 수요를 이끌어내고 원하는 반응을 얻기 위해 이러한 마케팅 도구를 혼합하여 활용한다(최성재, 2017 : 389-391; 신복기・박경일・이명현, 2010 : 404-405).

(1) 제품(Product) : 어떤 제품을 제공할 것인가?

제품이란 사회복지조직이 표적시장에 제공하는 물품이나 서비스를 말한다. 사회복지조직은 영리조직과는 달리 기초생활보장 급여, 경로연금, 장애수당 등의 현금이나 물품뿐만 아니라 비물질적인 서비스나 프로그램 등을 제공한다. 따라서 사회복지조직의 가장 성공적인 마케팅전략은 이용자 만족도가 높은 양질의 서비스를 제공하는 것이라고 할 수 있다. 사회복지조직이 프로그램이나 서비스를 개발할 때 서비스 이용자의 욕구를 충족시킬 수 있는 제품은 무엇인지, 그 제품의 질을 높이기 위해서는 어떻게 해야 할 것인지 등에 대한 많은 고민이 필요하다.

(2) 가격(Price) : 제공하는 제품의 가격은 어떠한가?

가격은 서비스를 획득하기 위해 이용자나 소비자가 지불하여야 하는 금액을 말한다. 사회복지조직이 제공하는 사회복지서비스에 대해 이용자가가 금전적인 비용을 지불하지 않는 경우가 많지만 서비스에 참여함으로써 인해 발생할 수 있는 고통의 감수, 사회적 낙인, 자존심 약화 등은 이용자가 감내해야 하는 비금전적인 비용에 해당된다. 사회복지조직의 서비스 가격은 경합관계에 있는 다른 사회복지조직의 가격정책, 정부 규정, 조직 내규나 정책, 고객의 소득 정도 등에 의해 주로 결정된다. 제품의 생산자는 가격을 결정하기 전에 제품의 구매자 혹은 이용자가 그 제품을 얻기 위해 기꺼이 지불하고자 하는 대가가 어느 정도인지, 그리고 그들이 그 제품에 어떤 가치를 부여하고 있는지 반드시 파악하여야 한다.

(3) 촉진(Promotion) : 어떻게 판매를 촉진할 것인가?

촉진이란 표적시장에 제품이나 서비스의 유익함을 알리고 그것을 구매하도록 설득하는 판매촉진활동으로 판촉 혹은 홍보라고도 한다. 사회복지조직의 경우 서비스 자체의 홍보뿐만 아니라 조직의 운영철학, 법인조직, 후원자, 이미지 등에 대한 촉진활동도 조직의 생존과 발전을 위해 필수적이다. 예를 들어, 언론사에 보도자료 배포, 정기적인 뉴스레터 발송, 감사 메시지 전달, 애로사항 및 불평문제 처리, 정기간행물 발간, 행사 기획, 조직의 홈페이지 활용 등 다양한 촉진방법을 강구할 수 있다. 또한 이러한 촉진활동 후에는 그 방법의 효과성도 분석할 필요가 있다.

(4) 유통(Place) : 어디에서 유통할 것인가?

유통이란 이용자나 소비자가 서비스를 쉽게 이용할 수 있도록 하는 조직적 활동으로, 사회복지조직이 생산한 서비스가 이용자나 소비자에게 도달하기까지 유통경로가 어떠한지를 통해 확인할 수 있다. 유통의 측면에서는 서비스 이용자의 서비스 제공 장소에 대한 물리적 접근 용이성이 무엇보다 중요하다. 따라서 사회복지조직들은 이를 위해 교통편의 서비스를 제공하거나, 분소나 이동사무소를 설치하기도 하고, 아웃리치 프로그램(outreach program)을 제공하거나 심리적 장애를 제거하는 노력을 하고 있다.

4) 전략적 마케팅기획 절차

사회복지조직의 핵심목적은 현물이나 서비스 등의 급여를 효과적이고 효율적으로 제공 혹은 전달하는 것이다. 사회복지조직은 비영리조직이지만, 영리조직의 마케팅전략과 유사한 원리가 적용된다. 마케팅기획은 조직 전체 차원에서 이루어지는 전략적 마케팅기획(strategic marketing planning)과 개별제품 차원에서 이루어지는 개별제품 마케팅기획(product level marketing planning)이 있다. 여기에서는 전략적 마케팅기획의 절차를 소개하고자 한다(최성재 · 남기민, 2017 : 385-393).

(1) 1단계 : 조직분석 및 외부환경 분석

전략적 마케팅기획의 1단계에서는 사회복지조직 분석 및 조직의 외부환경을 분석하는 것이다. 조직 분석을 위해서는 사회복지 조직의 설립목적, 일반목표(goals), 구체적 목표(objectives), 조직 문화, 조직의 강점과 약점 등을 분석한다. 또한 조직의 외부환경 분석을 위해 사회복지조직의 금품이나 서비스 등 급여전달의 대상이 되는 대중, 사회복지조직이 경쟁하고 있는 다른 조직(과업환경), 사회적, 정치적, 기술적 및 경제적 환경(일반환경)을 분석하여 어떤 여건에서 사회복지 마케팅이 수행될 것이지를 파악하는 것이 중요하다.

(2) 2단계 : 목표설정

2단계에서는 사회복지 조직의 설립목적과 일반 목표하에 측정 가능하고 일정한 시한을 명시한 구체적인 목표를 설정한다. 예를 들어, '2년 이내에 지역사회(○○구)에서 명성과 신뢰도가 가장 높은 사회복지관이 된다' 혹은 '2년 이내에 조직운영 예산의 40%를 지역사회로부터 모금하는 기관이 된다' 등이 있다.

(3) 3단계 : 사업 포트폴리오(portfolio) 결정

3단계는 조직이 수행하고 있거나 향후 수행 가능한 사업종류 목록 또는 그 사업수행단위의 목록을 결정하는 것이다. 조직의 사업포트폴리오란 조직을 구성하는 사업단위와 제품의 집합체를 말한다. 사회복지조직의 경우 구체적인 사업(예 아동학대 상담)이나 폭넓은 범위의 사업(예 아동복지 서비스 등)이 될 수도 있다. 조직의 사업 포트폴리오는 조직의 목적 및 일반목표에 따라 중요도와 공헌도에 차이가 발생할 수 있는데, 그 중요도와 공헌도는 사업 포트폴리오 분석을 통해 이루어진다. 이는 주로 사업의 경쟁적 강점과 시장에서의 매력도로 평가될 수 있다. 조직은 사업 포트폴리오 분석을 통해 어떤 사업을 수행할 것인지 결정하는 것이 바람직하다.

(4) 4단계 : 핵심전략 결정

4단계에서는 그 사업을 위한 핵심적 마케팅 전략을 결정해야 한다. 즉, 핵심적 마케팅 전략이란 사업 포트폴리오 결정후 마케팅 목표 달성을 위해 상당 기간 동안 조직이 취하기 원하는 기본적인 공격무기라 할 수 있다. 핵심적 마케팅 전략의 3요소는 다음과 같다. 첫째, 하나 또는 그 이상의 특정 표적시장을 선택하여야 한다. 마케터는 소비자 혹은 이용자의 연령, 성별, 지리, 라이프 스타일 등의 특성에 따라 시장을 세분화한 후 세분화된 모든 시장을 대상으로 할 것인지 혹은 그중 유망한 일부에 집중할 것인지를 결정한다. 둘째, 명확하게 정의된 경쟁적 포지셔닝(competitive positioning, 즉 차별화)이다. 경쟁적 포지셔닝이란 동일한 표적시장에 제공되는 제품이나 서비스가 다른 경쟁조직의 제품이나 서비스와 차이 있게 구별되는 경쟁적 요소로서의 상대적 위치를 말한다. 즉, 제품이나 서비스, 관련직원, 이미지 등의 차별화를 통해 다른 조직과의 차별화를 꾀할 수 있다. 셋째, 표적시장의 욕구 충족을 위해 면밀하게 설계되고 조정된 마케팅 믹스(marketing mix)이다. 마케팅 믹스란 표적시장에서 마케팅 목표 달성을 위해 조직이 사용하는 도구로서, 앞에서 설명한 4P인 제품(Product), 가격(Price), 촉진(Promotion), 유통(Place) 전략을 결정해야 한다.

(5) 5단계 : 조직의 설계

5단계는 조직의 마케팅 전략을 성공적으로 수행하기 위해 마케팅 전담부서를 편성하거나 마케팅업무를 담당하는 전문가를 채용하거나 임명하거나 기존 조직을 재편성 혹은 구조조정하는 등 마케팅에 적합한 조직을 설계하는 작업이다.

(6) 6단계 : 전략의 수행

4단계에서 결정된 마케팅의 핵심전략을 수행하는 단계이다. 전략의 수행은 교환 또는 구매행동이 실제의 행동으로 일어나게 하는 수단이 된다.

(7) 수행평가

마지막 단계에서는 마케팅 목표를 적절한 시기에 효과적이고 효율적으로 달성했는지를 평가한다. 평가를 위해서는 구체적인 자료 수집에 의해 과학적인 평가가 이루어질 수 있도록 정보체계를 구성하고 활용하여야 할 것이다. 마케팅 목표의 달성 여부는 사업평가 차원이 아닌 마케팅의 차원에서 평가할 필요가 있다. 또한 평가 결과는 정부, 서비스 이용자, 후원자 및 대중에게 적절하게 보고하는 것이 바람직하다.

2. 사회복지조직의 자원개발[1)]

사회복지조직의 핵심목표는 취약계층 혹은 다양한 욕구가 있는 대상자들에게 서비스를 제공하는 것이다. 자원 확보 정도가 그 조직의 활동 내용, 규모 및 범위를 결정짓기 때문에 자원개발은 사회복지조직의 생존을 위한 활동이기도 하다. 여기에서는 사회복지조직의 자원개발 시장을 크게 개인과 기관으로 구분하여 자원개발 방법을 소개하고자 한다.

1) 개 인

(1) 자원개발의 특징

개인단위의 자원개발은 정부지원금 등 다른 재정원천과 비교할 때 대체로 규모가 작고 사회복지조직의 수입예산 중 많은 부분을 차지하는 것은 아니지만, 지역사회에 근거를 둔 사회복지조직의 입장에서는 다양한 차원에서 의미가 있다. 개인을 대상으로 한 효과적인 자원개발을 위해서는 우선 개인의 기부동기를 이해할 필요가 있다. 인간의 기부동기는 자존심을 만족시키려는 욕구, 타인으로부터 인정받고 싶은 욕구, 질병에 대한 공포, 습관적인 기부, 성가심 탈피, 기부를 요구받음, 지인에 대한 연민의 정, 인간의 공통성에 대한 감정, 인간애에의 관심 등 매우 다양하다. 인간의 기부행위 동기를 구체적으로 나열하면 <표 9-2>와 같다.

1) 이 부분의 내용은 정익준(2005), 지은구·조성숙(2010), Homan(2004), Kirst-Ashman & Hull(2006), Klein(2007), 조성숙·이신영(2013 : 131-141)을 주로 참고함. 그 외의 참고사항은 해당되는 곳에 참고문헌을 제시함.

〈표 9-2〉 인간의 기부동기

구 분	구체설명
자존심을 만족시키려는 욕구	인간은 선행을 통해 자기 이미지와 자존심을 만족시키려고 함
타인으로부터 인정받고 싶은 욕구	사회적인 지위를 구축하고 타인의 눈에 반영되는 자신의 격을 높이려고 함
질병에 대한 공포	자신과 가족이 질병에 걸리지 않을까 하는 불안감에 근거하여 기부함
습관적인 기부	원래 기부행위에 관심이 없지만 타인의 기부행위를 보고 습관적으로 기부함
성가심 탈피	방문자를 빨리 돌려보내기 위해 기부함. 기부행위에 대한 가치를 전혀 두지 않음
기부를 요구받음	업무상 기부를 요구받아 기부에 참여함
지인에 대한 연민의 정	질병이나 비슷한 처지의 지인에 대한 깊은 연민의 정으로 기부함
인간의 공통성에 대한 감정	인간의 공통성에 대한 감정으로 타인을 도우는 일이 체질화되어 있어 기부함
인간애에의 관심	종교적인 이유로 타인에게 관심을 갖는 것은 자연스러운 행위라 생각하고 기부함. 자선활동에 참여해야 한다는 도덕적인 의무감이 있음

출처 : 정익준(2005), pp. 226-227을 요약·정리한 지은구·조성숙(2010), pp. 275.

개인을 대상으로 하여 효과적으로 자원을 개발하기 위해서는 개인 기부자 시장을 세분화할 필요가 있다. 개인 기부자 시장을 세분화할 때에는 기부 잠재력, 지리적 요인, 조직과의 접촉 정도, 과거 기부경력 등을 고려해야 한다. 이 요소들은 사회복지조직이 각 집단에 대한 노력의 정도와 접촉수단의 사용방법(대중매체, 전화, 우편, 개인접촉 등), 강조사항 등을 결정할 때 활용된다.

- **기부 잠재력** : 사회복지조직은 기부자의 기부가능 규모를 구별하여 다수의 소액기부자들에게 초점을 맞출 것인지 혹은 소수의 고액기부자들에게 초점을 맞출 것인지 결정한 후 구체적인 자원개발전략을 개발해야 한다.
- **지리적 요인** : 잠재적 기부자의 도시 혹은 지방 거주여부에 따라 다른 자원개발전략이 필요하다.
- **조직과의 접촉 정도** : 잠재적 기부자들의 조직 접촉 정도에 따라 기부자 시장을 세분화할 수 있다.
- **기부자의 과거 기부경력** : 장기간 기부자인지 혹은 최초 기부자인지 기부자의 과거 기부경력을 고려하여 개인 기부자 시장을 세분화한다.

(2) 자원개발과정

개인대상의 자원개발과정은 표적집단 선정, 잠재적 기부자들과 관계형성, 메시지 구성, 메시지 전달, 메시지 추적, 사의 표명 등 6단계로 설명된다. 개인대상 자원개발과정은 <표 9-3>과 같다.

〈표 9-3〉 개인 대상 자원개발과정

단 계	구체적인 활동
1. 표적집단 선정	표적으로 삼는 잠재적 기부자 결정
2. 잠재적 기부자들과 관계형성	유력한 잠재적 기부자 발견 및 관계형성
3. 메시지 구성	잠재적 기부자들로부터 호의적인 반응도출을 위해 잠재적 기부자가 알 필요가 있는 정보와 기부감정을 일으킬 수 있는 내용으로 메시지 구성
4. 메시지 전달	잠재적 기부자들에게 가장 효과적으로 의사전달할 수 있는 방법과 상황을 고려하여 메시지 전달
5. 메시지 추적	메시지 전달 후 메시지의 수신 여부 추적
6. 사의 표명	감사의 뜻을 전함. 특히 개별적으로 실질적인 기부요정의 경우 해당 금번에 기부를 받지 못하였더라도 감사편지 발송 필요함

출처 : 지은구 · 조성숙(2010), p. 280 재구성.

(3) 자원개발방법

① 직접대면 요청

직접대면 요청은 잠재적 기부자를 직접 대면하여 기부나 후원을 요청하는 방법으로 개인을 대상으로 한 자원개발방법 중 가장 효과적이다. 그러나 이 방법은 잠재적 기부자를 직접 만나야 하기 때문에 다른 방법들보다 더 많은 시간과 비용이 소요될 수 있다. 직접대면 요청방법을 사용할 때에는 잠재적 기부자에 대한 세 가지 요소, 즉 A(Ability), B(Belief), C(Contact)를 고려해야 한다.

- 경제적 능력(Ability) : 자원개발자 자신이 원하는 기부금액을 잠재적 기부자가 기부할 경제적 능력이 있는지를 고려한다.
- 공감(Belief) : 잠재적 기부자가 기관에 대한 대의나 유사한 것에 대하여 공감하는지를 고려한다.
- 인맥(Contact) : 조직 내의 누군가가 해당 잠재적 기부자와 직 · 간접적인 친분이 있는지를 고려한다.

② 집단(혹은 조직)에 대한 요청

자원개발을 위해 개인 단위가 아닌 집단 혹은 조직 단위로 접근하여 기부를 요청할 수 있다. 집단은 어떤 상황에 대하여 공유된 혹은 집단적 관점을 가질 수 있고 구성원들이 함께 기부하도록 동료압력(peer pressure)을 행사할 수 있어 개인단위로 접근하는 것보다 유리할 수 있다. 집단단위로 기부요청을 할 때에도 개인 기부자에게 요청할 때 필요한 정보와 동일한 정보가 요구된다. 예를 들어, 집단 구성원의 기부능력 평가, 기부역사, 그 집단 자체에 대한 정보를 수집한다.

③ 회비

조직의 회원들에 대한 회비 요청 또한 사회복지조직이 활용하는 자원개발방법 중의 하나이다. 이 방법은 모금액수 면에서는 상대적으로 적을 수 있지만 조직에 대한 회원들의 충성심과 책임감을 높이는 데 효과적인 방법이다. 사람들은 자신들이 회원으로 소속된 기관과 기관의 활동에 대하여 보다 많은 관심을 가지게 되며 다른 지역주민들에게도 기관에 직・간접적으로 동참할 수 있도록 유도하는 이중효과가 있기 때문이다. 회원모집을 위해서는 그 사회복지조직 자체 혹은 그 조직의 목표에 언어적으로나 행동적으로 관심을 표명한 개인들을 중심으로 접촉하여 회원이 되도록 개인적으로 요청을 한다. 그들이 회원이 된 후에는 사회복지조직의 일부분이 되어 기부자인 동시에 기부의 수혜자가 될 수 있다. 회원들이 기부를 하면 회원증을 만들어 주는 것이 좋으며, 회원들에게 그들이 회원이라는 사실과 그 이유를 상기시켜 주기 위해 기관의 소식을 담은 뉴스레터 등을 정기적으로 보내주는 것도 좋은 방법이다.

④ 전화요청

전화요청은 개인에게 직접 전화하여 사회복지조직의 사업을 지원해 줄 것을 요청하는 방법이다. 전화요청은 직접우편방법보다 응답률이 훨씬 높고,다소 개인적인 메시지를 가지고 많은 사람들을 만날 수 있는 방법이다. 사회복지조직이나 조직이 다루려고 하는 문제가 많이 알려지면 알려질수록 모금의 성과는 훨씬 높을 것이다. 이 방법은 잠재적 기부자와 직접 이야기할 수 있다는 장점이 있는 반면, 사람들은 사회복지조직으로부터 그러한 전화를 받을 것이라는 기대를 하기 않기 때문에 사람들을 성가시게 할 수 있다는 단점이 있다. 특히 전화로 기부를 요청받는 사람들은 그 조직에 대한 부정적인 감정을 가지게 될 가능성이 있어 주의가 필요하다.

소규모 사회복지조직의 경우 다소 수정된 전화요청방법을 활용할 수 있다. 예를 들어, 현 기부자, 잠시 쉬고 있는 기부자뿐만 아니라 위원회 이사, 직원 및 현 기부자의 친구들, 유사기관의 기부자 등 기부 가능성이 보다 높은 대상자 목록을 중심으로 자원봉사자들로 하여금 전화를 하여 모금활동을 펼칠 수 있다. 또한 텔레마케팅기법과 직접우편(다이렉트 메일)방법을 통합하여 잠재적 기부자 집단에게 편지를 발송하여 기부를 요청한 다음 전화요청을 통해 편지의 효과를 배가시킬 수 있다.

⑤ 직접우편(DM : Direct Mail)

직접우편은 가장 전통적인 자원개발방법 중의 하나이다. 잠재적 기부자들에게 기부요청을 의뢰하는 우편을 발송하여 기부를 이끌어내는 방법으로 기부 가능성을 검토하고 재요청하는 데 효과적인 방법이다. 이 방법은 미국, 캐나다, 호주, 영국 등의 나라에서 폭넓게 사용되는 방법이다. 직접우편을 통한 기부요청방법은 매우 간단하다. 기관에 대한 소개, 기관이 필요로 하는 것을 설명하는 편지 그리고 지로용지를 함께 넣어서 보낸다. 직접우편의 장점은 직접대면 요청보다 비용을 현저히 줄일 수 있다는 점이다. 직접우편의 성공을 결정짓는 가장 중요한 요소는 발송대상자 목록이다. 발송대상자 목록은 기부 가능성 정도, 즉 기부 가능성이 높은 목록, 어느 정도 기부 가능성이 있는 목록, 냉담목록으로 나누어 각기 다른 방식으로 접근해야 한다.

⑥ 특별행사

특별행사를 통한 자원개발방법은 지역주민들에게 기관의 이름과 활동에 대하여 홍보할 뿐만 아니라 그들이 즐겁고 감동적인 시간을 가지게 하면서 모금을 할 수 있는 방법이다. 특별행사는 조직 홍보, 조직의 인지도 제고 및 모금이라는 세 가지 목적을 가진다. 첫째, 특별행사는 특정 청중들이 제한된 시간 동안 기관이나 기관의 사업 및 행사에 대하여 관심을 가지게 하는 데 목적이 있다. 둘째, 특별행사는 다양한 행사, 모금활동 및 조직화 노력 등을 통해 지역사회 주민들에게 그 조직을 홍보하여 지역사회 내에서 조직의 인지도를 높이는 데 목적이 있다. 셋째, 특별행사는 부차적이기는 하지만 모금을 목적으로 한다. 단순히 재정적 자원모집이 주 목적이라면 특별행사는 그다지 유용한 방법은 아니지만 기관의 인지도를 높이고, 새로운 사람들을 데려오고, 모금을 하고자 하는 기관이라면 특별행사는 이상적인 전략이 될 것이다.

⑦ 캔버싱(방문 기부요청 혹은 거리모금)

캔버싱(Canvassing)은 기관의 사람들이 가가호호 방문을 하거나 거리에서 기관의 사업을 홍보하고 이에 대해 기부를 요청하는 방법이다. 이는 모금전략으로서도 활용되지만 효과적인 조직화 방법이기도 하다. 캔버싱의 장점은 매일 수많은 사람들과의 대면접촉을 통해 새로운 기부자들을 확보할 수 있고, 기관의 사업에 대한 대중의 의견과 인식에 대한 정보를 수집할 수 있다. 또한 이 방법이 잘 운영되고 정착된다면 확실하면서도 상당한 수입원이 될 수 있다. 반면 캔버싱은 집집마다 방문하거나 거리에서 홍보하기 위한 전담직원이 필요하고, 캔버싱사업이 잘 조직화되어 있지 않거나 직원에 대한 관리가 소홀한 경우 오히려 기관에 대한 부정적인 평판을 만들 수도 있다. 또한 한 지역에 너무 많은 캔버싱이 진행되고 있는 경우 수입이 불안정할 수 있다는 부분도 단점이다.

⑧ 인터넷 혹은 소셜 미디어(social media)를 통한 자원개발

인터넷 혹은 소셜 미디어를 통한 모금방법은 가장 빠르게 성장하고 있는 영역 중 하나이다. 특히 IT기술 발달, 인터넷 사용 보편화, 스마트폰 보급, 소셜 네트워크 서비스(SNS : Social Network Service) 확대로 인하여 사회복지조직의 마케팅 경향에도 많은 변화가 관찰되고 있다.

먼저, 웹사이트를 기획할 때에는 웹사이트가 누구를 대상으로 할 것인지 그리고 어떻게 이들을 방문하게 할 것인가를 고려하여야 한다. 다음과 같은 방법을 활용하여 웹사이트 방문자를 늘릴 수 있다.

- 명함, 이메일 서명, 편지지 상단, 소식지 등 기관에서 발행하는 모든 매체에 웹사이트 주소를 포함시킨다.
- 야후(Yahoo)나 구글(Google)과 같은 주요 검색엔진에 모두 등록한다.
- 비영리조직, 서비스제공기관, 상공회의소 등의 디렉토리에 기관의 우편주소와 함께 웹사이트 주소를 제시한다. 다른 기관들과 링크를 공유하여 사람들이 상호방문할 수 있도록 한다.
- 웹사이트 방문을 유도하기 위해서 이메일을 활용할 수 있다. 가능한 한 많은 기부자의 이메일 주소를 수집하여 월별로 혹은 분기별로 기관의 새로운 소식과 사업진행 상황을 이메일 소식지나 공지로 발송한다.

특히 블로그, SNS, 위키, UCC, MicroBlog 등의 소셜 미디어를 활용한 방식은 다음과 같은 점에서 기존의 마케팅과 차이가 있다. 소셜 미디어를 통한 마케팅은 쌍방향적인 의사소통방식을 취하고 있고, 의사소통은 공통의 관심사가 있는 내용으로 이루어지며, 마케팅 주체와 객체의 경계가 모호하기 때문에 따라서 청중의 파워가 강화된다(조성숙, 2011). <표 9-4>는 기존의 마케팅 방식과 소셜 미디어를 활용한 마케팅 방식 간의 차이를 보여주고 있다.

〈표 9-4〉 기존 마케팅과 소셜 미디어 활용 마케팅 비교

구 분	기존 마케팅	소셜 미디어 활용 마케팅
주요 매체	신문, TV, 라디오, 잡지, 전통적 웹	블로그, SNS, 위키, UCC, MicroBlog 등
의사소통방식	일방향	쌍방향
의사소통내용	조직의 관심사	공통의 관심사
청중 참여도	매우 제한적이며 특정 집단만이 참여	주체와 객체의 경계 모호하며, 관심있는 모든 사람들의 기여와 피드백 수용
청중파워	제한적	광범위

출처 : 조성숙(2011), p. 229.

2) 공공 및 민간기관

(1) 자원개발과정

사회복지조직은 정부기관, 유사한 가치를 공유하는 집단, 전문 집단 및 협회, 지역사회봉사 클럽·기관, 기업, 노동조합, 연합 자금제공 프로그램, 재단 등 다양한 공공 및 민간기관으로부터 자원을 확보할 수 있다. 공공 혹은 민간의 자금제공기관에게 접근하는 과정은 개인에게 접근하는 것과 매우 유사한데, 그 방법을 살펴보면 다음과 같다.

① 유망한 자금원을 확인하고 가장 가능성이 있는 기관을 목표로 설정한다.
② 유망한 자금원을 접촉하고 그 기관들과 관계를 맺는다.
③ 자금원에게 서면 프로포절 혹은 보조금 신청서를 제출한다.
④ 자금원에게 구두로 설명하고 그것에 대한 후속조치를 한다. 이 단계는 항상 필요한 것은 아니지만, 준비하는 것이 도움이 될 것이다.
⑤ 감사표시를 하고 미래를 위해 관계를 수립한다.

유망한 자금제공원을 발견한 다음, 서면신청서를 작성하여 공식적인 절차를 통해 보조금을 신청한다. 보조금 신청서에는 최소한 다음의 요소가 포함되어야 하며, 구체적인 프로포절 작성방법은 제10장을 참고하기 바란다.

- **커버레터(cover letter)** : 신청경위와 과거 해당 기관에 접촉한 직원성명을 명기한다.
- **구체적인 사업계획** : 활동 프로젝트의 독특성, 창의성 및 중요성을 구체적으로 기술한다.
- **소요예산** : 프로젝트 수행에 필요한 경비를 기록한다.
- **프로젝트 활동인원** : 프로젝트에 참여하여 활동할 인원을 명기한다. 신청서는 간단명료하고, 개성적이고, 체계적이며 읽기 쉽도록 작성한다.

(2) 기관 유형별 자원개발방법

① 재단

재단은 사회복지조직의 중요한 자금원으로, 자원개발을 위해 지속적으로 관심을 가져야 할 대상이다. 재단은 일반목적 재단, 특별목적 재단, 기업재단, 가족재단, 운영재단, 지역사회 재단 등 여섯 가지 종류로 구분할 수 있다.

- **일반목적 재단** : 주로 규모가 크고 잘 알려진 재단으로 광범위한 프로젝트가 진행 중이고 비교적 제약 없이 운영된다는 특징이 있다. 일반적으로 매우 큰 프로젝트에 관심이 있다.
- **특별목적 재단** : 자금지원을 특정 지역 혹은 구체적인 관심영역으로 제한하는 경향이 있다.
- **기업재단** : 기업에 의해 기부된 자금을 관리하기 위해 설립된 재단이다.
- **가족재단** : 설립한 가족의 통제하에 있는 재단으로 대체로 규모가 작으며, 지원금은 개인적 관심에 근거하여 이루어진다.
- **운영재단** : 재단의 자원을 연구수행이나 직접적 서비스를 제공하는 데 사용하는 재단을 말한다.
- **지역사회 재단** : 중앙집권화된 지역사회 감독체제하에서 소규모 자금으로 운영된다. 이런 종류의 재단 보조금은 주로 특정 지역에 한정되지만 대규모 자산과 광범위한 이해관계가 있어 지역사회 변화 노력에 잠재적 원천이 된다.

재단은 주로 사회복지조직의 사업실적에 근거하여 지원하게 되는데, 지속적인 사업에 대한 일반적인 재정지원보다는 구체적인 프로젝트 등에 대한 지원이 많고, 사회서비스, 지역사회

향상 등 보조금 지원분야를 지정하고 있거나 특정 광역시 혹은 도시 등의 구체적인 지리적 장소를 제한하는 경우가 대부분이다. 따라서 자원개발 담당자는 이런 다양한 형태의 재단 중에서 자신이 소속된 기관에 지원가능한 재단을 정확히 파악하는 것이 무엇보다 중요하다. 이를 위해 재단보조금 인덱스(index), 재단명감, 재단 뉴스와 같은 자료를 활용할 수 있다. 재단보조금 인덱스는 현재까지 재단이 어떤 분야에 지원하였는지에 대한 정보를 제공하는데, 어떤 재단이 자신이 속한 기관의 사업과 동일한 분야에 주로 지원해왔는지 등에 대한 정보를 제공해 준다. 재단명감에는 재단의 종류, 보조금 종류, 연간보조금 액수, 소재지, 관심분야 등이 기술되어 있다. 또한 재단에서 정기적으로 발간하는 소식지 또한 재단의 활동사항과 향후 계획 등을 소개하므로 자원개발에 매우 유용한 자료이다.

② 기업

기업은 사회복지조직의 자원개발을 위해 관심을 가져야 할 중요한 재정원천이다. 최근 들어 기업의 사회적 책임(CSR : Corporate Social Responsibility)에 대한 중요성이 부각되면서 많은 기업들이 다양한 방식으로 각종 사회복지조직들에 지원하고 있고, 자금배분의 효과성과 효율성을 위해 사회공헌 담당자나 사회공헌부서를 두고 있는 경우가 많다. 대부분의 경우 고객들은 사회에의 기여도가 높은 기업의 상품을 구매할 가능성이 높기 때문에 기업은 기업의 사회적 기여도를 대중에게 알리기 위해 전략적인 차원에서 사회공헌활동에 관여하는 경향이 있다. 또한 기업의 기부는 보다 건강한 지역사회와 사업환경을 활성화시킴으로써 장기적으로 기업에 이익을 준다는 믿음에서 행하는 것으로 규정하고 있다. 사회복지조직은 다음과 같은 기업을 표적으로 삼고 자원을 개발하는 것이 용이하다.

- 해당 사회복지조직과 동일한 지역에 위치하고 있는 지역기업
- 사회복지조직과 유사한 활동을 하고 있는 기업
- 특정 분야에 대한 지원을 선언한 기업
- 대규모기업으로 많은 금액을 기부한 기업
- 사회복지조직과 개인적인 친분이 있는 기업
- 사회복지조직이 필요로 하는 물적 자원을 가진 기업

③ 정부

중앙정부와 지방정부를 포함한 정부는 사회복지조직의 가장 중요한 자금원이다. 정부는 사

회복지조직의 서비스대상인 장애인, 노인, 아동, 저소득층 등 다양한 취약계층을 위한 사업에 다양한 방식으로 보조금을 지원해 주고 있기 때문에 사회복지조직의 입장에서는 가장 용이하게 접근할 수 있는 재정원이다. 정부에 대한 사회복지조직의 지나친 의존도가 종종 지적되고 있긴 하나 이는 한국의 사회복지조직의 현실을 고려할 때 거부할 수 없는 현실이기도 하다. 사회복지조직은 다음과 같은 사항을 고려하여 정부의 지원을 효과적으로 이끌어낼 수 있다.

- 중앙정부나 지방정부가 자신의 조직과 동일한 사회적 관심사를 다루기 위해 어떤 지원을 하고 있는지, 어떤 절차를 통해서 자금을 지원하고 있는지에 대한 정보를 미리 수집한다.
- 사회복지조직의 자원개발담당자는 기관의 요구가 지원될 수 있도록 정치인들 및 정부기관의 행정직원들과 돈독한 관계를 유지하고, 정부의 보조금 지원과 관련된 정보와 방침에 대한 최신화된 정보를 확보한다.
- 지역사회 대중들이 해당 사회복지조직의 특정 이슈에 관심을 가지게 함으로써 정부가 그런 특정 이슈를 다루는 그 기관을 지원할 수 있도록 하는 간접적인 방식을 택할 수 있다.
- 지방정부 부서들의 예산기획과정에의 참여상태를 파악하고 신규예산 내에 사회복지조직의 관심영역을 다룰 수 있는 자금을 포함시킬 수 있도록 지방정부와 함께 협력한다.

• 생각해 봅시다! •

1. 실습기관의 자원개발 시장은 어떻게 구성되어 있는지 살펴보고, 자원개발과 마케팅의 문제점과 개선방안에 대하여 생각해 봅시다.
2. 실습기관의 사업과 특성을 고려하여 물적 자원 및 인적 자원을 개발할 수 있는 구체적인 방안과 전략에 대하여 생각해 봅시다.

CHAPTER 10

프로그램 개발과 프로포절 작성

1. 프로그램의 정의

프로그램이란 일반적으로 '일의 진행 계획이나 순서'를 말한다(다음사전, https://dic.daum.net). 프로그램에 대한 개념은 학자들마다 매우 다양하게 정의하고 있다. 랩과 포트너(Rapp & Poertner, 1992 : 29)는 프로그램을 '하나의 단일목표를 달성하기 위한 활동들의 집합체'라고 간단명료하게 정의하였고, 맥데이빗과 호손(McDavid & Hawthorn, 2006 : 15)은 '하나 혹은 여러 개의 관련목표를 달성할 목적으로 계획된 일련의 관련활동'이라고 정의하였다. 한편 패티(Patti, 1983 : 50)는 프로그램에 대한 개념정의를 보다 구체적으로 정의하였는데, '조직의 설립이념이나 사명을 충족시키기 위해서 서비스 기술이 클라이언트 집단에 적용되는 활동이 이루어지는 체계'라고 하였다. 황성철(2005 : 18)은 '특정한 목적달성을 위하여 자원과 기술이 투입되어 일정한 절차에 따라 이루어지는 조직의 계획적 활동체계'라고 구체적으로 정의하고 있다. 프로그램에 대한 개념정의를 사회복지와 접목하면 사회복지프로그램이란 사회복지조직의 목적달성을 위해 사회문제를 해결하고 취약계층과 일반시민의 사회복지적 욕구를 충족시켜주기 위해 자원과 기술이 동원되어 클라이언트 체계의 변화를 촉진시키는 계획된 활동이라고 정의할 수 있다.

2. 프로그램의 구성요소

프로그램이 제 기능을 수행하기 위해서는 목적, 자원, 기술, 계획된 활동 등의 요소가 갖추어져야 한다. 이를 보다 구체적으로 살펴보면 다음과 같다(황성철, 2005 : 18-22).

1) 목 적

모든 사회복지프로그램은 목적을 가진다. 사회복지프로그램은 사회복지조직의 설립이념과 사명 및 목적을 달성하기 위해 수행되는 활동의 집합체로, 조직의 이념이나 목적이 자연스럽게 프로그램 목적 및 목표로 연결되어야 한다.

2) 자원과 기술

사회복지프로그램이 현실에서 실행되기 위해서는 인적 · 물적 자원, 기술 등의 다양한 자원이 투입되어야 한다. 인적 자원은 프로그램을 기획, 실행 및 평가하는 데 필요한 전문성을 가진 사회복지사뿐만 아니라 프로그램 실행에 참여하는 음악치료사, 간호사, 물리치료사 등 타 분야 전문가, 그리고 자원봉사자 등의 비전문 인력이 포함된다. 또한 물적 자원은 자금이나 현물 등의 다양한 자원들이 포함된다. 한편 기술에는 사회복지프로그램의 계획, 수행 및 평가에 요구되는 다양한 사회복지 실천이론이나 실천모델, 기법을 포함한다.

3) 계획된 활동

사회복지프로그램은 일정한 기간을 설정하여 어떤 활동을 순차적으로 진행할 것인지 의도적으로 계획하는 것이다. 프로그램 매뉴얼이나 지침서가 준비되는데, 계획된 활동이 체계적으로 진행되도록 마련된다.

3. 우수한 프로그램의 특징

사회복지실천현장에는 다양한 사회복지프로그램들이 실행되고 있다. 그러나 현장에서 실행되는 모든 프로그램들이 우수하고 훌륭한 것은 아니다. 로이스 등(Royse, Thyer, Padgett, & Logan, 2001 : 5-11)은 우수한 프로그램이 갖추어야 할 조건 8가지를 제시하고 있다(조성숙, 2015 : 17-21).

1) 인력(Staffing)

사회복지프로그램은 특정 사회복지 목표를 달성하기 위한 전문적인 개입활동으로, 이러한 활동의 계획, 수행 평가에 적합한 자격요건을 갖춘 전문 인력을 필요로 한다. 따라서 프로그램 특성에 부합하는 자격요건의 전문 인력이 필수적으로 배치되어야 하며, 프로그램의 원활한 진행을 위해 자원봉사자와 같은 비전문 인력도 요구된다.

2) 예산(Budget)

성공적인 프로그램 실행을 위해 적정 예산이 확보되어야 한다. 상황에 따라 자원봉사자나 기존의 자원들을 활용함으로써 최소한의 예산으로 프로그램을 운영할 수 있지만, 양질의 프로그램이 되기 위한 적절한 수준의 예산 확보는 필수적이다.

3) 안정적인 재원(Stable Funding)

프로그램이 성공적으로 실행되기 위해서는 재원의 안정성이 담보되어야 한다. 프로그램이 실행되는 과정에서 중도에 지원이 중단되거나 예산이 삭감되는 경우 당초에 문제 해결을 위해 프로그램의 목적과 목표에 맞게 기획된 활동들을 지속적이고 일관성 있게 수행하는 것이 불가능하다.

4) 고유의 정체성(Identity)

우수한 프로그램은 다른 프로그램들과 차별화되는 특성, 즉 그 프로그램만이 가지는 고유한 정체성을 가지고 있다. 예를 들어, 프로그램의 목적이나 개입방법 면에서 다른 유사 프로그램과 구별될 수 있도록 프로그램의 특성이나 개성을 살려 캐치프레이즈를 붙이거나 부제를 만들어 활용하기도 한다.

5) 서비스 철학(Service Philosophy)

우수한 프로그램이 되기 위해서는 프로그램의 수행과정이나 서비스 제공활동 등에 대한 서비스 철학을 담고 있어야 한다. 서비스 철학은 주로 사회복지실천의 가치와 윤리적인 측면과 조화를 이루고, 인간의 존엄성과 자기결정권을 보장하는 원칙에 위배되지 않아야 한다. 서비스 철학은 종종 프로그램 대상자의 자격요건에 대한 가이드라인을 제시하기도 하고, 클라이언트가 다루어지는 방식 등을 보여주기도 한다.

6) 증거기반 조사 토대(Evidence-based Research Foundation)

우수한 프로그램은 증거에 기반한 조사에 토대를 둔다. 즉, 과학적으로 신뢰할 만한 증거에 기초를 두고 견고하게 확립된 사회복지프로그램은 우수한 사회복지프로그램의 조건을 갖추었다고 할 수 있다. 즉, 사회문제 해결을 위한 프로그램 기획 시에는 다양한 원조방법들의 유용성을 검증한 연구들을 철저하게 평가·검토하여 과학적이고 체계적인 연구결과에 근거한 효과성이 검증된 개입방법을 사용하여야 할 것이다.

7) 개념적 혹은 이론적 기반(Conceptual or Theoretical Foundation)

우수한 프로그램의 조건으로 프로그램의 개념적 혹은 이론적 기반을 들 수 있다. 사회문제의 발생원인 및 개입방법 등에 대한 논리적인 이론적 근거가 명백한 프로그램이 우수한 프로그램이다. 가능한 한 건전한 이론적 모델에 근거한 프로그램이 될 수 있도록 사회복지실천가들은 프로그램 기획 전에 사회문제가 발생원인, 과정 및 상황을 개선하기 위한 최선의 방법이 무엇인지에 대하여 진지하게 고민하여야 한다.

8) 실증적 평가를 위한 체계적 노력

우수한 프로그램이 되기 위해서는 프로그램에 대한 실증적인 평가를 위한 체계적인 노력이 수반되어야 한다. 즉, 프로그램의 성공여부는 사회복지프로그램 실행 후 개입의 성과에 대한 실증적인 평가에 의해 확인된다. 해당 프로그램의 실행으로 인해 클라이언트의 욕구는 어느 정도 충족되었는지, 클라이언트의 문제는 어느 정도 해결되었는지 등에 대한 성과를 과학적이고 객관적인 평가노력을 통해 검증되어야 한다. 이러한 체계적이고 과학적인 평가노력은 결국 프로그램의 재정지원자들에게도 프로그램의 효과성을 알려주어 계속적인 지원을 끌어낼 수 있다.

4. 사회복지조직의 목적과 프로그램 간의 관계

사회복지프로그램의 목적과 목표는 사회복지조직의 미션 및 목적과 직접적으로 연결되어 있다. 사회복지조직의 설립이념과 목적에 근거하여 사회복지 프로그램 및 서비스가 기획되기 때문에 사회복지 프로그램의 목적 및 목표를 도출하기 위해서는 조직의 설립이념, 목적 및 목표를 우선적으로 이해하는 것이 중요하다. 사회복지조직의 설립이념, 목적 및 목표가 프로그램의 목적과 목표로 분화되고, 이것이 다시 서비스 목표로 분화되는 계층적인 구조를 이루기 때문이다. 즉, 조직의 설립이념은 프로그램 목적과 목표를 통해 보다 구체화되고, 프로그램 목적과 목표는 서비스 목표 및 활동과 과업을 통해 구체적으로 표출되기 때문이다(황성철, 2005 : 145). ▍그림 10-1▍은 사회복지조직의 목적과 프로그램 간의 관계를 보여준다.

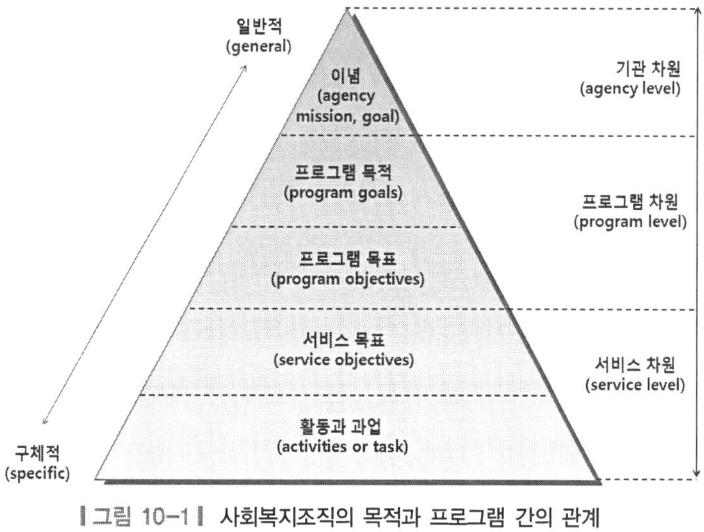

▍그림 10-1▍ 사회복지조직의 목적과 프로그램 간의 관계

출처 : 황성철(2005), p. 145.

5. 프로그램 기획과정

프로그램 기획과정에 대해 학자들마다 매우 다양하게 제시하고 있다. 학자들의 프로그램 기획과정을 구체적으로 비교해 보면 <표 10-1>과 같다.

〈표 10-1〉 **학자별 프로그램 기획과정 비교**

구 분	프로그램 기획과정
로퍼(Lauffer, 1978)	① 문제의 정의 및 개념화 ② 인간관계의 구조와 네트워크 수립 ③ 정책의 형성과 대안전략의 서술 ④ 계획안 및 프로그램 설계에 대한 감독으로서의 시행 ⑤ 환류 및 평가
요크(York, 1982)	① 행동범위 설정 ② 문제 분석 ③ 욕구 사정 ④ 목적 ⑤ 우선순위 설정 ⑥ 대안 확인 ⑦ 대안 선택 ⑧ 자원요구 확인 및 결과목표 정의 ⑨ 집행 ⑩ 평가
랩과 포트너 (Rapp & Poertner, 1992)	① 사회문제 분석 ② 일차 수혜자 식별 ③ 사회복지 개입이론 결정 ④ 서비스절차 구체화 ⑤ 클라이언트에게 도움을 주기 위해 필요한 주요인물 확인 ⑥ 원조환경의 구체화 ⑦ 실제 원조행동 서술 ⑧ 감정적 반응의 확인
캐트너 등 (Kettner, Moroney, Martin, 1999)	① 문제 분석 ② 욕구 사정 ③ 전략 선택 ④ 목표 수립 ⑤ 프로그램 설계 ⑥ 정보관리체계 구축 ⑦ 예산 수립 ⑧ 프로그램 평가
스키드모어 (Skidmore, 1995)	① 구체적 목표 수립 ② 관련 정보 수집 및 가용자원 검토 ③ 목표 달성을 위한 대안적 방법 모색 ④ 대안의 실시조건 및 기대효과 평가 ⑤ 최종대안의 선택 ⑥ 구체적 실행계획 수립

출처 : 조성숙(2015), p. 30을 재구성함.

여기에서는 스키드모어(Skidmore, 1995)의 6단계에 근거한 정무성(2005 : 145-147)의 프로그램 기획 과정을 구체적으로 소개하고자 한다.

(1) 1단계 : 문제 정의 및 욕구 확인

프로그램 기획을 위한 첫 단계는 해결하고자 하는 사회문제를 정의하고 그 문제와 관련된 욕구를 확인하는 작업이다. 즉, 해당 사회문제의 심각성, 그 문제로 인한 피해계층 그리고 문제의 원인과 결과 간의 인과관계에 대해서 진술하고, 문제를 경험하는 대상자들의 욕구를 확인하는 작업을 거친다.

(2) 2단계 : 목표달성을 위한 정보 및 가용자원에 대한 정보 수집 · 검토

2단계에서는 프로그램 기획의 대상과 구체적 목표에 대하여 조직 내부와 외부로부터 목표 달성을 위한 정보 및 가용자원에 대한 관련 정보를 수집하고 검토한다. 즉, 과거에 이루어졌던 결정에 관한 지식, 현재 상태와 목표에 대한 자료 등 대안 수립과 평가의 근거가 될 수 있는 관련 정보, 가용자원 등에 대한 자료를 조직 내부 혹은 유사한 사업을 실시하고 있는 다른 기관으로부터 수집한다.

(3) 3단계 : 해결대안 개발 및 평가

3단계는 목표달성을 위한 다양한 대안적인 방법을 모색하고 각 대안에 대한 객관적인 분석이 이루어지는 단계이다. 각 대안별 실시조건 및 기대효과 등의 장·단점을 파악하고, 각 대안의 성공 가능성을 예측해야 한다.

(4) 4단계 : 최선의 대안 선택

4단계는 대안 중 최선의 대안을 선택하는 단계이다. 이를 위해 대안적인 행동방침에 대한 자료를 수집하고, 명확한 기준에 따른 대안의 상대적 장·단점을 평가하고, 대안적 행동방침의 성공 가능성에 대한 합리적 예측을 한다.

(5) 5단계 : 최선의 대안 실행

5단계는 선택된 최선의 대안을 실행하는 단계로, 이 단계에서는 이용 가능한 자원의 배분, 자원의 조직화, 성공적 해결에 필요한 활동 등 다양한 요인들이 대안 실행에 영향을 미친다.

(6) 6단계 : 환류(feedback)

마지막 단계는 실행된 대안에 대한 평가가 이루어지는 환류단계로, 자원을 가장 효율적이고 효과적으로 사용하기 위해 지속적으로 사정(assessment)하고, 선택된 대안이 목적 달성에 어느 정도 기여했는지를 평가하는 작업 등이 포함된다.

6. 프로그램 개발과 프로포절 작성[1)]

사회복지프로그램 개발 및 평가는 ① 사회문제 분석 및 욕구 파악 → ② 프로그램 대상자 결정 → ③ 프로그램 목적 및 목표 설정 → ④ 자료수집과 대안 설정 → ⑤ 서비스 내용 및 예산 설계 → ⑥ 프로그램 실행 및 평가로 진행된다. 여기에서는 각 단계별 프로포절 작성 및 평가방법에 대하여 설명하고 구체적인 예시를 제시하고자 한다.

---

1) 이 부분의 내용은 조성숙· 이신영(2013 : 143-156)을 주로 참고하였으며, 그 외의 참고사항은 해당되는 곳에 참고문헌을 제시함.

1) 사회문제 분석 및 욕구 파악

(1) 사회문제 분석

사회복지프로그램은 사회문제를 해결하기 위한 노력의 일환으로 기획된다. 사회문제에 대한 철저한 분석에 근거하여 그 문제를 경험하는 사람들의 욕구가 파악되면 그것에 근거하여 프로그램이 기획된다. 사회문제로 규정되기 위한 여섯 가지 요건은 다음과 같다(최성재 · 최일섭 외, 2000).

① **사회의 지배적 가치 혹은 규범에서 벗어남** : 좋고 나쁘고, 옳고 그르고, 바람직하고 바람직하지 않다는 기준 등에 근거하여 사회의 지배적 가치나 규범에 위배되는 상황이 포함된다.

② **상당수의 사람들이 그 현상으로부터 부정적인 영향을 받음** : 상당수의 사람들이 그 현상이나 행동으로부터 신체 상해, 재산 손실, 권한 침해, 환경오염, 인종차별, 성차별, 사회적 가치의 손상 등으로 인해 스스로 혹은 직접 피해를 입거나 다수의 다른 사람에게 피해를 입히는 경우가 포함된다.

③ **문제의 원인이 사회적임** : 그 원인이 지진, 홍수, 태풍 등과 같이 자연적으로 만들어진(nature-made) 현상이 아니라 인간관계 및 인간이 만든 사회의 조직, 구조 및 제도 등과 같이 인간이 만든(man-made) 현상이어야 한다.

④ **다수 사람들 혹은 영향력 있는 일부 사람들이 문제로 판단함** : 사회의 다수 사람들이나 경제적, 사회적, 정치적으로 강력한 영향력을 미칠 수 있는 사람들, 시민단체, 학술단체 등 일부의 사람들이 그 현상을 사회문제라고 판단해야 한다.

⑤ **사회가 문제에 대한 개선을 원하고 있을 것** : 그 현상을 제거하거나 부정적 영향을 감소시키기 위하여 그 현상을 변화시킬 수 있다는 전제하에 사회의 다수 사람들이 그 문제를 해결할 수 있다고 생각하고 그 문제를 해결하기를 원해야 한다.

⑥ **개선을 위하여 집단적 · 사회적 행동이 요청될 것** : 개인적 또는 가족적 차원의 노력으로는 해결이 거의 불가능하고 문제 해결을 위해 집단적 · 사회적 차원의 행동 등의 조치가 요구되어야 한다.

복잡한 사회문제를 체계적으로 분석하기 위해서는 사회문제를 분석하기 위한 분석틀이 많은 도움이 된다. 타버와 피네건(Taber & Finnegan, 1980 : 7-8)은 특정 사회문제를 분석하기 위해 그 문제가 일차적으로 개인에 귀속되는지 혹은 사회에 귀속되는지를 판단하고, 그 문제의 존재나 확산에 영향을 주는 요인을 규명하는 분석틀을 제시하였다(황성철, 2005 : 91-92 재인용). 치매노인 문제를 이러한 사회문제 분석틀에 근거하여 분석한 예를 제시하면 <표 10-2>와 같다.

〈표 10-2〉 사회문제의 분석틀과 치매노인 문제

구 분	내 용	분석틀	치매노인 문제
개인에 대한 문제	건강과 생활유지를 위한 최저기준의 박탈, 학대와 착취와 같은 위협, 사회참여에 대한 장애 등의 기준이 개인에 일차적 영향을 미치는 요소	1. 건강과 발전을 위한 최소기준 결여 2. 학대나 착취와 같은 위협 3. 적극적이고 능동적인 사회참여의 장벽	1. 재가 치매노인의 생활문제와 가족갈등 2. 치매노인에 대한 가족의 방치 혹은 학대 3. 건강한 노후생활과 사회활동의 제약
사회에 대한 문제	사회적 자원비용의 문제, 사회구성원의 건강과 안전에 대한 위협, 사회통합과 같은 사회적 가치에 대한 위협 등	1. 사회가 부담해야 할 비용과 부담 2. 사회구성원의 건강과 안전에 대한 위협 3. 사회가 중요시하는 가치에 대한 위협	1. 치매노인 보호 및 치료비용 급증 2. 노인들의 건강과 생명, 삶의 질 위협 3. 경로효친사상의 퇴조
사회문제의 존재나 확산에 영향을 주는 요인	개인의 생리적 또는 물리적 요인, 행동적 요인, 심리 또는 사회적 요인, 정치경제적 요인, 개인 혹은 가족적 요인, 지역사회 요인, 역사 혹은 문화 요인, 사회요인 등	1. 생물 또는 물리적 2. 행동적인 면 3. 사회 또는 심리적 4. 정치・경제적 5. 개인 또는 가족 6. 지역사회 7. 역사 또는 문화 8. 전체 사회	1. 알츠하이머병 2. 가족의 보호부담 가중 3. 허약한 노인 경시 4. 노인의 사회적 가치평가 절하 5. 가족의 무관심과 방치 6. 적절한 보호기관 결여 7. 노인경시풍조의 만연 8. 질병노인에 대한 무관심과 정책부재

출처 : 황성철(2005), pp. 91-93을 재구성함.

(2) 욕구 파악

프로그램의 목적과 목표를 설정하기 위해서는 해결해야 할 사회문제를 경험하고 있는 인구집단에 대한 정확한 욕구 파악이 우선되어야 한다. 일반적으로 욕구란 무엇이 기준에 미달되어 무언가를 필요로 하는 상태를 말한다. 특정 개인 또는 소수의 개인들만의 욕구라면 개인적 욕구가 되고, 그 욕구가 사회의 다수에게로 확대되면 사회적 욕구가 된다. 욕구사정 시에는 다음 사항을 점검할 필요가 있다(정무성, 1998 : 75).

- 프로그램이 역점을 두고 해결하고자 하는 문제는 무엇인가?
- 얼마나 많은 사람들이 그 문제로 인하여 영향을 받고 있는가?

- 프로그램을 통한 서비스의 표적집단은 누구인가?
- 서비스를 받는 집단의 지리적인 지역경계가 분명하게 설정되어 있는가?
- 규범적 욕구를 측정하기 위한 기준은 마련되어 있는가?
- 욕구사정의 기획에서 미충족된 욕구의 상황이 존재하는 이유를 예측할 수 있는가?(서비스 부재, 정보 부재, 자원 부재 등)
- 서비스를 원하는 사람들 중 몇 %가 수혜를 받고 있는가?

욕구를 파악하기 위한 절차는 <표 10-3>과 같다.

〈표 10-3〉 욕구파악절차

단 계	활 동	구체적 활동내용
1단계	욕구의 정도와 크기를 파악하기 위한 기본 자료와 정보수집	정부, 공공기관의 각종 보고서와 자료를 참고하여 클라이언트 집단의 문제나 욕구 정도의 심각성 파악
2단계	타 기관의 활동과 유사 프로그램 탐색	특정 욕구충족을 위해 시도된 타 기관의 프로그램에 대한 조사와 탐색
3단계	유사한 클라이언트에 대한 서비스를 제공하는 전문가와 면담	선정된 클라이언트 집단에 대한 욕구를 보다 잘 이해하기 위해 유사한 클라이언트 집단의 욕구나 문제에 정통한 전문가와 면접
4단계	클라이언트와의 면담 및 대화	클라이언트 집단이나 가족을 대상으로 간담회를 개최하여 클라이언트의 인지적 욕구 파악
5단계	공식적 욕구조사의 실행과 보고서 작성	과학적이고 체계적인 방법을 통해 욕구조사 실행 및 보고서 작성

출처 : 황성철(2005), pp. 100-101을 일부 수정하고 재구성함. 조성숙 · 이신영(2013), p. 146.

2) 프로그램 대상자 결정

사회문제 분석과 욕구 파악이 이루어졌다면 프로그램의 직접 수혜자인 프로그램 대상자를 결정해야 한다. 프로그램 대상자는 클라이언트의 욕구, 프로그램이론, 법적 규정, 행정적 관례 등을 고려하여 일정한 원칙에 따라 신중하게 결정되어야 한다(정무성, 2005). 프로그램 대상자 선정을 위해서는 대상 인구집단(population group)을 일반 인구집단, 위험 인구집단, 표적 인구집단, 클라이언트 인구집단으로 체계적으로 분석하여 범위를 좁혀나가면서 결정한다(최성재 · 남기민, 2017). 프로그램 대상자 선정과정에서 고려해야 할 대상에 대한 구체적인 설명과 예를 제시하면 <표 10-4>와 같다.

〈표 10-4〉 프로그램 대상 인구집단 분석과정

대상 구분	구체 설명	예 시
일반 인구집단	문제가 있는 해당 지역의 모든 사람	청주시 65세 이상 노인인구 전체 5만 명
위험 인구집단	일반 인구집단의 하위집단으로 특별히 사회문제에 취약한 집단. 사회복지프로그램을 통해 특별히 개입을 필요로 하는 사람들을 추정하여 산출	일반 인구집단 중 치매노인으로서 전체 노인의 5% 2500명
표적 인구집단	위험 인구집단의 하위집단으로 프로그램 대상자로 자격있는 인구집단	위험 인구집단 중 법정 저소득가구인 국민기초생활수급세대 가구의 치매노인 500명
클라이언트 인구집단	표적 인구집단의 하위집단으로서 프로그램 대상자인 클라이언트가 되는 사람들	표적 인구집단 중 본인이나 가족이 주간보호를 희망하고 기관의 송영서비스가 가능한 지역에 거주하는 치매노인 15명

출처 : 최성재 · 남기민(2017), pp. 288-290을 재구성함. 조성숙 · 이신영(2013), p. 146.

3) 프로그램 목적 및 목표 설정

(1) 프로그램 목적

프로그램의 목적 및 목표 설정은 프로그램의 근간이 되기 때문에 프로그램 기획에서 가장 중요한 작업이다. 무엇보다 프로그램 목적은 사회복지조직의 목적으로부터 논리적이고 직접적으로 관련되어야 하며, 특정 사회문제의 해결에 직접적인 도움이 될 수 있도록 설정되어야 한다. 또한 프로그램 참여자들의 욕구와 기관의 목적을 조화시켜 비전을 제시할 수 있도록 목적을 설정하여야 한다. 프로그램의 목적은 다음의 세 가지 요소를 포함하여 작성한다(황성철, 2005 : 148).

- 구체적 표적집단
- 현재의 문제영역
- 바람직한 미래상태

(2) 프로그램 목표

프로그램 목표는 프로그램 목적을 보다 구체화한 것으로 종료 후 프로그램에 대한 평가의 척도가 되기도 한다. 프로그램 목표는 SMART 원칙에 입각하여 서술하면 된다. 즉, 구체적이고(Specific), 측정 가능하고(Measurable), 실현 가능하고(Attainable), 결과지향적이고(Result-oriented), 시간구조를 갖도록(Time frame) 서술하여야 한다(정무성, 2000). 프로그램 목표는 네 가지 요소, 즉 유의미성, 구체성, 측정 가능성, 지향성을 갖추는 것이 바람직하다. <표 10-5>는 프로그램 목표의 요소에 대한 설명과 예시를 보여준다.

〈표 10-5〉 **프로그램 목표의 요소**

구 분	설 명	예 시
유의미성 (meaningfulness)	목적과 목표 간의 충분한 상호관련성이 있어야 함	목적(시설퇴소아동의 자립능력 배양) → 목표(시설퇴소아동의 월간 생활비 균형상태 유지)
구체성 (specificity)	구체적이고 분명하게 진술되어야 함	6개월 이내 부부간의 결혼만족도 증가
측정 가능성 (measurability)	측정 가능한 형태로 진술되어야 함	직업능력과정 수료생 중 50% 취업, 교육 참석자 만족도 70% 이상
지향성 (directionality)	클라이언트 중심으로 변화된 양상에 관해 기술되어야 함	아동양육기술의 향상, 공격성 감소, 삶의 만족도 증가

출처 : 황성철(2005), pp. 150-151을 재구성함.

프로그램의 목표는 산출목표와 성과목표로 구분하여 제시한다. 산출목표는 사업시행을 통해 발생하는 산출물을 말한다. 예를 들어, '○○지역 비행청소년 10명에 상담서비스 월 4회, 총 20회 제공' 등과 같이 서술한다. 성과목표는 사업의 결과로 나타나는 변화를 의미한다. 예를 들어, 프로그램에 참가한 '청소년 20명의 비행행동이 상담 전보다 최소 15% 이상 감소'와 같이 서술한다. 2020년도 사회복지공동모금회 배분사업 안내에 제시된 프로그램의 산출목표와 성과목표의 작성 예를 살펴보면 다음과 같다(사회복지공동모금회, 2019 : 38).

〈표 10-6〉 **프로그램 목표 예시**

1. 산출목표

세부 사업명	산출목표	모니터링 방법
맞춤형 서비스 지원	• 20가정 일반상담 5회, 총 100회 실시	• 방문 일자별 상담기록 작성
	• 20가정 심리 치료 1회, 총 120회 실시	• 검사 결과/ 치료 일지 확인
	• 서비스 통합 사례 회의 5회 실시	• 사례회의록 작성
	• 일상생활 지원 가정별 1회, 총 20회 실시	• 자원연계 내역 기록
양육교육 프로그램	• 전문가 상담 및 교육 가정별 2회, 총 20회 진행	• 교육 일지 및 상담기록 작성

2. 성과목표 및 평가 방법

성과목표	평가 도구 및 방법	측정 시기
아동학대 행위자의 학대 위험요인 감소	• 성과지표 : 학대 위험 20% 감소 • 평가도구 : 학대위험도 평가척도 • 평가방법 : 학대행위자 20가정 대상 사전 사후 설문조사	사전(2월), 사후(12월)
아동학대 행위자의 부모양육태도 향상	• 성과지표 : 부모 양육 태도 20% 향상 • 평가도구 : 부모양육태도검사(PAT) 척도 • 평가방법 : 부모, 가족구성원 사전 사후 설문조사	사전(4월), 사후(12월)
아동학대 피해가정 가족 기능 강화	• 평가주체 : 본 기관 담당자 • 평가방법 : 참여자 20가정 대상으로 구조화된 질문지를 통해 인터뷰 실시	사업종료 후(12월)

4) 자료수집과 대안 설정

프로그램의 목적과 목표가 설정되면 관련 자료를 수집하고 기존의 유사 프로그램을 확인하고 대안을 선택한다. 이 단계에서는 프로그램 대상자로 선정한 인구집단이나 해당 문제에 대해 지역사회의 다른 기관들이 실시하고 있는 프로그램을 파악하고, 유사한 경험이나 프로그램 및 외국의 실제 사례를 조사해 본다. 이를 위해 관련기관을 방문하거나 관계자들을 초청하거나 현장답사, 전화통화 혹은 인터넷 검색을 통해 자료를 수집할 수 있다. 프로그램의 최종 대안 서비스 및 세부 프로그램은 서비스나 프로그램 간의 우선순위 비교 및 자원동원 가능성에 따라 결정되며, 우선순위는 적합성과 실행 가능성 여부에 의해 비교하여 결정된다(신복기・박경일・이명현, 2010).

5) 서비스 내용 및 예산 설계

이 단계는 프로그램 목적과 목표달성을 위해 어떤 활동으로 구성할 것인지 세부 사업내용을 구체화하고, 프로그램 수행 일정을 계획하고, 그 활동에 소요되는 예산을 수립하는 단계이다. 이를 구체적으로 살펴보면 다음과 같다.

(1) 세부 사업내용

세부 사업내용은 서술한 프로그램 목적 및 목표에 근거하여 논리적으로 직접적인 연관성이 있도록 구체적으로 계획되어야 한다. 예를 들어, 세부 사업내용에서는 프로그램의 해당 목표를 달성할 수 있도록 어떤 활동을 어떻게 수행할 것인지 구체적으로 작성하여야 한다. 즉, 사업내용에 대한 계획수립에 참여하지 않은 담당자라도 그 계획대로 사업을 실행하는 데 무리가 없을 정도로 구체적이고 상세하게 작성하는 것이 바람직하다. 2020년도 사회복지공동모금회 배분사업 안내에 제시된 세부 사업내용에 대한 작성 예를 살펴보면 다음과 같다(사회복지공동모금회, 2019 : 35).

〈표 10-7〉 프로그램의 사업내용 예시

세부 사업명	활동(수행방법)
맞춤형 서비스 지원	• 상담/ 심리치료 : 담당자의 가정 방문을 통한 문제 파악 및 해결방안 모색/ 가정별 5회 전문 심리 검사/ 가정별 1회, 심리치료/ 가정별 6회 • 일상생활 지원 : 주거환경 개선, 긴급생계지원, 학습지원 등 서비스 연계/ 가정별 1회 • 사례 회의 : 참여자 및 사업 담당자 대상 사례별 진행상황 점검 및 상호 피드백 실시/ 1회 • 정신 건강 지원 : 정신의학 전문가 진단에 따라 치료 정신과 진료 지원/ 10가정 선정, 가정별 1회
양육교육 프로그램	• 담당자 상담을 통해 양육교육이 필요한 10가정 선정 • 전문기관 연계를 통한 양육기술 상담 교육 - 행위자 초기 상담, 종합심리평가, 양육태도검사 각 1회 실시 - 양육태도 및 감정코칭 등 전문가를 통한 교육 2회 실시

(2) 프로그램 수행 일정

프로그램과 관련된 전체 활동을 어떤 일정으로 진행할 것인지에 대한 계획을 세운다. 프로그램 실행 및 시간계획을 위해 시간별 활동계획도표(Gantt Chart), 프로그램 평가검토 기법(PERT : Program Evaluation and Review Technique), 월별 활동계획 카드(Shed-U Graph) 등을 사용하는데, 현장에서는 시간별 활동계획도표가 많이 활용되고 있다. 시간별 활동계획도표는 세로에는 사업(행사)을 위한 주요 세부목표 및 관련활동을 기입하고 가로에는 월별 또는 일별 시간을 기입한 도표에 사업의 시작 또는 완료 시까지의 기간 동안 계획된 세부목표 및 활동기간과 그것의 실제 수행현황을 병행하여 막대모양으로 표시한 도표이다(최성재, 2017). 2020년도 사회복지공동모금회 배분신청서 신청사업 안내에 제시된 프로그램의 사업진행일정에 대한 작성 예를 살펴보면 다음과 같다(사회복지공동모금회, 2019 : 35).

〈표 10-8〉 사업진행일정 예시

주요 내용 \ 기간		1월	2월	3월	4월	5월	6월	7월	8월	9월	10월	11월	12월
참여자 선정		■	■	■									
맞춤형 서비스 지원	상담/ 심리치료			■	■	■	■	■	■	■	■	■	
	일상/ 정신건강 지원				■	■	■	■	■	■	■	■	■
	사례회의					■		■		■		■	
양육 교육 프로그램	초기상담/ 검사					■	■						
	교육 진행							■	■	■	■	■	

(3) 예산 수립

프로그램 예산에는 기본적으로 프로그램 목적에 대한 개괄적인 설명과 서비스에 대한 정의, 욕구인구와 서비스 활용수준에 대한 추정치, 프로그램에 드는 비용 및 그에 따른 자금 등이 포함되어야 한다. 프로그램의 예산 작성 시 고려할 수 있는 지출항목으로는 인건비, 사무비, 장비비, 사업비, 예비비 등이 있다(신복기 · 박경일 · 이명현, 2010 : 325-326).

- **인건비** : 상근직원 이외의 초청강사나 자원봉사자 등 단순 인력 활용에 따른 비용
- **사무비** : 프로그램 진행에 소요되는 비용으로, 문구구입비, 도서구입비, 전화비 등
- **장비비** : 프로그램 진행에 필요한 내구성 물품에 대한 비용
- **사업비** : 실제 프로그램 운영에 소요되는 비용
- **예비비** : 예산편성과정에서 예상할 수 없어 포함하지는 않았지만, 발생할 수 있는 지출 또는 필요예산의 부족분을 채우도록 편성하는 비용

2020년도 사회복지공동모금회 배분신청서 신청사업 안내에 제시된 프로그램의 예산 작성 예를 살펴보면 다음과 같다(사회복지공동모금회, 2019 : 36).

〈표 10-9〉 프로그램 예산 예시

(단위 : 원)

목	세목	세세목	계	산출근거	예산조달 계획				
					신청금액	비율 (%)	자부담	비율 (%)	자부담 재원
총 계			52,150,000		48,900,000	100	3,250,000	100	
인건비	전담인력	급여	16,000,000	1,600,000원 × 10월 × 1명	16,000,000				
		사회보험	1,750,000	175,000원 × 10월 × 1명			1,750,000		자체예산
	소 계		17,750,000		16,000,000	32.7	1,750,000	53.8	
사업비	맞춤형 서비스 지원	상담/ 심리	17,500,000	가정 방문 다과 10,000원 × 20가정 × 5회			1,000,000		자체예산
				심리 검사 200,000원 × 20가정 × 1회	4,000,000				
				심리 치료비 100,000원 × 20가정 × 6회	12,000,000				
				사례회의 자문 및 진행비 100,000원 × 5회			500,000		자체예산
		심화 프로그램	4,000,000	전문상담 100,000원 × 10가정 × 1회	1,000,000				
				정신과 진료 지원 300,000원 × 10가정 × 1회	3,000,000				
	양육교육 프로그램	양육기술 상담교육	12,000,000	강사비(특별강사, 2시간) 400,000원 × 20회	8,000,000				
				교재,교구 200,000원 × 10회	2,000,000				
				교육진행비 100,000원 × 20회	2,000,000				
	소 계		33,500,000		32,000,000	65.4	1,500,000	46.2	
관리 운영비	관리 운영비	교통비	600,000	50,000원 × 12월× 1명	600,000				
		사무용품비	300,000	100,000원 × 3회	300,000				
	소 계		900,000		900,000	1.9			

6) 프로그램 실행 및 평가

(1) 평가의 개념 및 역할

프로그램이 실행되는 과정 중 혹은 실행 후에 평가가 이루어진다. 평가란 프로그램의 기획, 실행, 결과에 관한 자료를 과학적 절차와 방법을 통해 수집, 분석하여 서비스와 프로그램의 질적 향상과 개발에 관한 중요한 의사결정을 돕는 조사활동을 말한다. 프로그램 평가의 역할은 다음과 같다(황성철, 2005 : 42-43). 첫째, 평가는 프로그램의 효과성과 효율성을 향상시키기 위한 서비스 계획과정과 서비스전달체계를 보강하는 역할을 한다. 둘째, 평가는 프로그램의 지속, 중단, 확대 등에 관한 정책 및 의사결정에 필요한 주요 정보를 제공한다. 셋째, 프로그램 과정상에서 환류적 정보제공을 통한 프로그램의 질적 수준을 향상시키는 데 기여한다.

(2) 평가의 기준과 요소

사회복지프로그램 평가를 위해서는 프로그램의 어떤 측면을 평가할 것인지가 결정되어야 한다. 프로그램의 평가기준은 목표달성 수준, 기대하는 변화 정도, 변화 또는 성과를 나타내는 점수, 의도한 서비스의 효과가 표현되는 맥락이나 상황의 수준, 원하는 가치가 산출되는 정도나 범위, 소비자의 만족도를 나타내는 특정 지표, 특정 행동 또는 태도의 변화 등이 될 수 있다. 사회복지프로그램 평가에서는 주로 다음의 요소가 평가대상이 된다(신복기・박경일・이명현, 2010 : 465-472).

① **노력성**(투입) : 서비스에 투입된 노력(인력, 비용 등)의 양, 서비스의 결과인 생산량으로 평가할 수 있다. 측정방법은 서비스 단위당 클라이언트 수, 시간당 클라이언트 수, 서비스 단위당 사회복지사 혹은 자원봉사자 수, 클라이언트당 사회복지사 수 등으로 측정된다.

② **효과성** : 프로그램의 성과 및 목표달성 정도를 평가한다. 측정방법으로는 개인/ 집단의 변화를 측정하는 단일사례설계(single subject design), 성취목표를 확인하기 위한 목표달성 정도(GAS : Goal Attainment Scale), 프로그램 산출물(업무량, 생산비용, 직원들의 전문성, 유지비, 수익성 등)을 선정해 확인하는 평가조사(evaluation research)가 있다.

③ **효율성** : 투입(비용, 노력, 시간 등)에 대한 산출(목표달성 정도)의 비율(투입/ 산출)을 평가하며, 자원의 효율적인 사용에 대한 정보를 제공한다. 측정방법은 비용/ 노력으로서 서비스 단위당 투입된 비용(cost per service unit)을 계산하거나 비용/ 효과분석(cost-effectiveness analysis), 비용/ 편익(이익)분석(cost-benefit analysis) 등이 사용된다.

④ **서비스 품질** : 서비스 우수성에 관한 소비자들의 전반적인 판단(Parasuraman, Zeithaml, & Berry, 1988 : 15)을 평가한다. 측정 방법은 동료리뷰(peer review)나 클라이언트의 서비스 만족도 조사, 단일사례분석(single subject design), 서비스 품질을 보증하는 대외적 전문 자격증이나 수료증, 품질인증(ISO 9000) 등이 있다. 서비스의 품질 측정을 위해 파라슈라만 등(Parasuraman et al., 1988)이 개발한 SERVQUAL이 많이 활용되고 있는데, 서비스 품질을 유형성, 신뢰성, 응답성, 확신성, 공감성이라는 하위차원으로 측정한다. 이에 대한 구체적인 설명은 <표 10-10>과 같다.

〈표 10-10〉 서비스 품질(SERVQUAL)의 측정요소

구 분	측정요소
유형성(tangibles)	물리적 시설과 장비, 직원의 외양
신뢰성(reliability)	약속된 서비스를 믿을 수 있고 정확하게 수행하는 능력
응답성(responsiveness)	고객을 돕고 신속하게 서비스를 제공하고자 하는 자발성
확신성(assurance)	직원들의 지식과 공손한 예절 및 신뢰와 확신을 주는 능력
공감성(empathy)	서비스기관이 고객에게 제공하는 배려와 개별화된 관심

출처 : 조성숙 · 허만세(2012), p. 136을 일부 수정함.

⑤ **이용자 만족도** : 프로그램 종결 시 프로그램과 서비스에 대한 전체적인 내용을 조사할 때 혹은 프로그램 진행과정 중에 프로그램에 대한 클라이언트의 의견을 물어 프로그램의 방향성을 수정하고자 할 때 사용한다. 평가내용은 주로 프로그램 참여자들이 서비스에 대해 만족하고 있는지, 제공된 서비스 또는 기술들이 실제 욕구충족이나 문제해결에 도움이 되었는지 등이다.

(3) 평가유형

프로그램의 평가유형은 평가목적, 자료수집방법, 평가 발생시점, 평가대상, 평가주체에 따라 다음과 같이 분류된다(황성철, 2005 : 293-298).

① 평가목적에 따른 분류

- **형성평가**(formative evaluation) : 프로그램이 실행되는 과정 중에 이루어지는 평가로, 프로그램 진행과정의 문제점을 발견하여 프로그램을 수정하고 보완할 목적으로 수행된다.
- **총괄평가**(formative evaluation) : 프로그램 종료 시점이나 완전히 종결된 이후 프로그램의 성과와 영향을 파악하기 위한 평가이다.

② 자료수집방법에 따른 분류

- **양적 평가** : 수집되는 자료가 주로 계량화되어 실험조사와 같은 설계를 통해 객관적 자료가 연역적 방법으로 분석되는 것을 강조한다.
- **질적 평가** : 자연스러운 상황에서 수량화되지 않는 자료를 수집하여 귀납적으로 자료를 분석한다.

③ 평가 발생시점에 따른 분류

- 적합성 평가(appropriateness evaluation) : 개별 프로그램 평가 전에 그 프로그램의 가치를 따져보는 데 의미를 두는 평가이다. 효과성 혹은 효율성 평가가 진행되기 이전에 그 평가들이 추구하는 목표가 사회적 가치나 사회정책적 입장에서 바람직한지 여부를 검토하는 평가이다.
- 메타평가(meta evaluation) : 이미 수행된 프로그램 평가를 차후에 종합적으로 검토해 보는 평가방법이다. 이미 완성된 평가를 최종 보고서 발간 전에 평가방법의 적정성, 자료수집의 오류 여부, 평가결과의 해석 타당성 등을 종합적으로 검토한다.

④ 평가대상에 따른 분류

- 프로그램 평가 : 프로그램의 효과성, 효율성, 영향, 질, 클라이언트 만족도를 주로 평가한다.
- 기관평가 : 기관의 설립이념과 실립목적에 따라 운영되고 있는지에 초점을 두어 평가한다.

⑤ 평가주체에 따른 분류

- 내부평가 : 프로그램을 수행하는 사회복지기관의 최고관리자, 프로그램 관리자, 프로그램 수행인력 등 조직 내부의 구성원에 의해 이루어지는 평가
- 외부평가 : 프로그램을 수행하는 조직의 구성원이 아닌 조직 외부의 전문가에 의해 수행되는 평가

프로그램 목표의 평가방법에 대한 작성 예시는 앞에 제시된 <프로그램 목표 예시>의 성과목표와 평가방법을 참고하면 된다.

생각해 봅시다!

1. 사회복지프로그램 개발의 필요성에 대하여 생각해 봅시다.
2. 실습기간 중에 접한 지역사회 문제를 해결하기 위한 사회복지프로그램을 개발하여 봅시다.
3. 사회복지프로그램 실행과정 중 혹은 후에 이루어지는 평가의 역할에 대하여 생각해 봅시다.

CHAPTER 11

사례관리

1. 사례관리의 개념 정의

최근 들어 사례관리는 사회복지현장에서의 가장 효과적인 실천대안 중의 하나로 지속적으로 강조되고 있다. 사례관리가 포함하는 내용의 수준과 영역이 광범위하고 활동의 편차가 상이하여 사례관리의 개념을 한 마디로 정의하는 것은 용이하지 않다. 초창기의 사례관리는 복합적이고, 장기적인 클라이언트의 문제를 효과적이고 효율적으로 관리하기 위해 도입되었으나, 최근 들어서는 구체적인 문제해결 및 단기개입까지도 포괄할 뿐만 아니라 여러 다양한 활동을 가리키는 의미로 사용되고 있다(인천광역시사회복지관협회 · 사례관리연구회, 2009; 이기연 · 유서구, 2012 재인용). 사례관리란 '복합적 욕구가 있는 클라이언트와 가족의 사회적 기능 회복을 위해 운영체계를 확립하고, 이를 기반으로 체계적 사정과 지역사회의 다양한 자원을 활용하여 지속적이고 효과적인 사회복지서비스를 제공하는 통합적 실천방법'이라고 정의할 수 있다(권진숙 외, 2012 : 15). 사례관리에서 중요하게 여기는 가치는 인간의 존엄성, 개별화 존중, 자기결정권 존중, 이용자의 비밀보장, 서비스의 사회적 책임성 등이다(이기연 · 유서구, 2012).

2. 사례관리의 구성요소

사례관리(case management)의 세 가지 구성요소는 클라이언트, 사례관리자, 사회적 자원이다(그림 11-1 참조). 각 요소를 구체적으로 살펴보면 다음과 같다(이기연 · 유서구, 2012 : 14).

- **클라이언트** : 클라이언트는 대부분 복합적인 욕구를 가지고 있어 하나 이상의 자원을 필요로 하지만 자원의 소재와 이용방법에 대해 잘 모르는 사람을 말한다.
- **사례관리자** : 사례관리자는 클라이언트와 사회자원을 효과적이고 체계적으로 연계하는

역할을 수행한다. 사례관리자의 역할은 클라이언트의 욕구 충족을 위해 다양한 사회자원을 촉진하고, 조정하고, 연결시킴으로써 클라이언트의 능력을 향상시키고 서비스 공급주체들의 능력 또한 발전시켜 나가는 것이다.

- **사회적 자원** : 사회자원은 인적 · 물적 서비스를 제공하고 지원하는 다양한 차원의 공급주체를 말한다. 클라이언트의 문제 해결을 위해 비공식 자원(가족, 친척, 동료, 이웃, 자원봉사자 등 비공식적인 부분)과 공식 자원(행정기관, 공공복지시설, 법인 등)이 조정되고 통합되어 서비스로 제공된다.

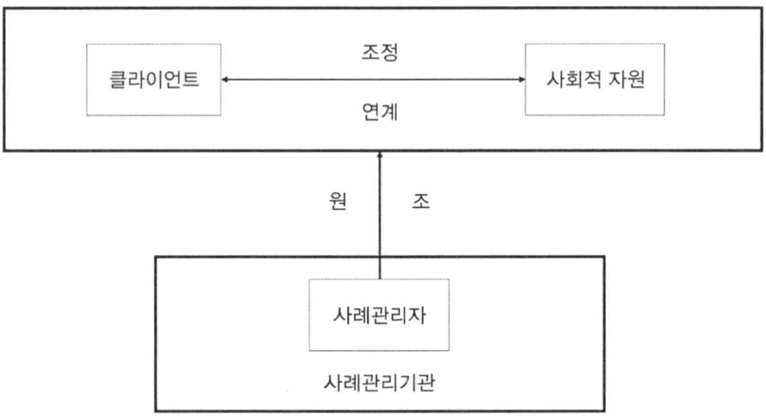

| 그림 11-1 | 사례관리의 평면적 구성요소

출처 : 박지영 · 이선영 · 서창현(2011), p. 21.

한편 최근 들어서는 위에 소개된 세 가지 요소 외에 사례관리과정과 운영체계가 포함되어 논의되고 있다(이기연 · 유서구, 2012 : 14).

- **사례관리 과정** : 사례관리 과정은 사례관리가 진행되는 구체적인 과정을 말한다. 사례관리의 실천 과정은 일반적인 실천과정을 준용하되 과정 자체가 단선적이지 않고 순환적이며 과정 간의 환류(feedback) 기능이 더욱 역동적으로 일어난다.
- **운영체계** : 사례관리는 클라이언트에게 통합적인 서비스를 제공하는 활동이기 때문에 조직화된 운영체계를 필요로 한다. 사례관리 운영체계의 구축과 유지는 기관 내부 및 외부환경에 지대한 영향을 받는다.

3. 사례관리의 기능

사례관리의 대표적인 기능은 사정, 계획, 연계, 점검 및 평가 등으로, 이들을 구체적으로 살펴보면 다음과 같다(이경아 · 서홍란, 2011 : 220-223).

1) 사정(Assessment)

사례관리자는 클라이언트가 가진 복합적인 욕구 및 그들의 현재 혹은 잠정적인 강점과 약점에 대한 충분한 정보를 가지고 있어야 한다.

2) 계획(Planning)

사례관리자는 클라이언트가 필요로 하는 서비스 제공을 위해 지속적으로 제공될 서비스와 이런 서비스들 간의 연계, 서비스와 비공식적인 지원체계 간의 연계 등 클라이언트를 위한 전반적인 개입계획을 수립해야 한다.

3) 연계(Linking)

사례관리자는 클라이언트의 욕구 충족 및 복합적인 문제 해결을 위해 클라이언트가 필요로 하는 서비스 및 복지프로그램과 클라이언트를 연계해야 한다.

4) 점검(Monitoring)

사례관리자는 클라이언트에게 제공되는 서비스를 지속적으로 모니터링해야 한다. 이를 위해 클라이언트 및 서비스 제공자와 정기적으로 연락하여 적절하고 효과적인 서비스가 제공되었는지 그리고 약속된 서비스가 제공되었는지를 확인할 필요가 있다.

5) 평가(Evaluation)

사례관리자는 클라이언트와 개입 초기에 설정한 목표가 달성되었는지 평가해야 한다. 목표달성 정도가 매우 낮거나 목표달성에 실패했다면 이에 대한 원인을 체계적으로 분석해야 한다.

4. 사례관리 과정

사례관리 과정은 학자들마다 다소 상이하게 제시하고 있으나 일반적으로 접수, 사정, 계획, 개입, 평가 및 종결이라는 5단계로 설명할 수 있다(그림 11-2). 각 단계별 필요한 실천기술을 정리하면 다음과 같다(권진숙 외, 2012; 이경아 · 서홍란, 2011 : 220-223).

1) 1단계 : 접수단계

접수단계는 사례관리자와 클라이언트가 효과적인 업무관계를 수립하는 단계이다. 접수단계에서는 사례관리자가 자신의 역할을 소개하고, 클라이언트의 문제에 대한 정보를 이끌어내고, 사례관리 과정 중에 클라이언트가 가질 수 있는 부정적인 감정을 다루는 면접기술이 요구된다. 이 단계에서는 클라이언트와 신뢰관계를 구축하고, 사례관리자와 클라이언트의 역할기대를 명료화하는 기술이 요구된다.

2) 2단계 : 사정단계

사정단계는 클라이언트의 문제 및 욕구, 클라이언트가 가진 강점, 클라이언트의 문제해결에 이용 가능한 자원, 클라이언트의 자원 활용에 장애가 되는 환경 및 개인적 요소 등을 사정하는 단계이다. 이 단계에서는 사례관리자는 클라이언트와 함께 클라이언트의 문제를 구체화시키고, 활용 가능한 자원을 목록화하는 기술이 필요하다.

3) 3단계 : 계획단계

계획단계는 개입목적과 목표를 설정하고 목표달성을 위해 필요한 구체적인 행동계획을 수립하는 단계이다. 목표설정은 사회복지사와 클라이언트가 함께 참여하여 설정하게 되는데 사례관리과정 중 가장 중요한 단계이다. 목표설정 시에는 행동목표와 서비스 목표를 설정해야 한다. 목표설정 시에는 다른 목표설정에서와 마찬가지로 SMART(Specific, Measurable, Attainable, Result-oriented, Time-frame)하게 설정해야 한다. 무엇보다 강점에 기반을 둔 긍정적인 목표를 설정하고, 행동목표를 양적으로 측정가능한 목표로 제시하며, 해결하기 어렵다고 여겨지는 큰 문제를 부분화(partialize)시키는 기술이 필요하다.

4) 4단계 : 개입(실행)단계

개입단계는 클라이언트의 목표 달성을 위해 개입이 이루어지는 단계이다. 클라이언트에게 자원을 연결하고, 자원확보를 위해 협상하고, 클라이언트의 권리를 옹호하고, 내적 자원들을 개발할 수 있는 기술들이 요구된다.

5) 5단계 : 평가 및 종결단계

평가 및 종결단계는 사례관리를 위해 설정한 목표가 달성되었는지 평가하고 마무리하는 단계이다. 클라이언트의 목표가 달성되지 못했을 경우 클라이언트와 실패원인을 파악하고, 이를 극복하기 위한 행동계획 및 개입계획을 재수립해야 한다. 평가 시에는 클라이언트의 의견을 경청하는 기술이 요구되며, 클라이언트가 지속적인 서비스를 원할 경우 이를 개입계획에 반영해야 한다.

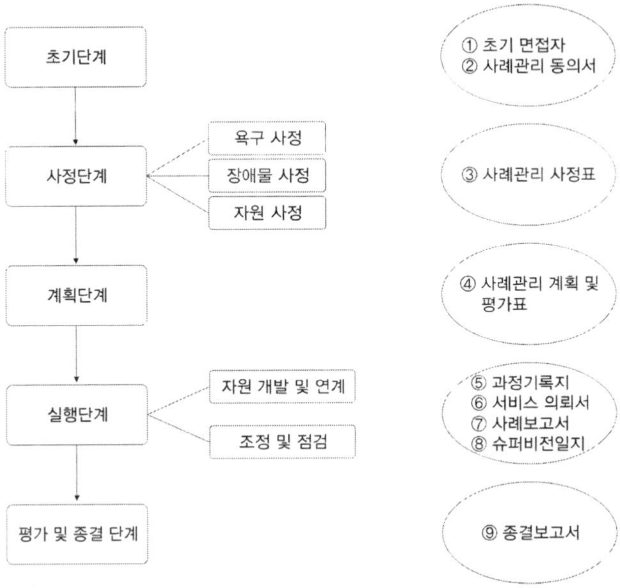

❙그림 11-2❙ 사례관리의 과정과 양식

출처 : 권진숙 외(2012), p. 125.

5. 사례관리의 모델

사회복지의 실천모델은 사회복지실천가의 실천에 대한 기준과 방향이 되는 지침을 제공한다. 사례관리서비스를 제공하는 기관과 사례관리자 또한 서비스 대상과 기관의 환경에 적합한 사례관리모델을 설정하고 이에 근거하여 실천에 임해야 한다. 사례관리 실천모델은 기준에 따라 매우 다양하나, 여기에서는 클라이언트에게 제공되는 서비스 수준에 따른 사례관리모델을 제시하고자 한다. 제공되는 서비스 수준이 단순한 정도에서 전문화된 정도에 따라 단순형, 기본형, 종합형, 전문관리형으로 구분된다. 각 모델별로 사례관리의 목적, 기능, 사례관리자의 역할, 전문성 정도, 위치, 담당 사례수, 업무에 관한 자율성 및 권위, 개별/ 팀접근 등에 관한 기준을 소개하면 <표 11-1>과 같다.

〈표 11-1〉 서비스 수준에 따른 사례관리의 분류

구 분	단순형	기본형	종합형	전문관리형
사례관리의 목적	지역사회의 자원과 서비스 연계	• 지역사회 자원 및 서비스 연계 • 기초상담 • 조언	• 지역사회의 자원과 서비스 연계 • 심층상담/ 치료	직·간접적 서비스 제공과 관리자로서의 서비스 관리
사례관리의 기능	• 욕구 인식 및 사정 • 사례계획 • 서비스 연계/점검	• 적극적 사례 발굴 • 사정 • 사례 계획 및 개입 • 상담 • 서비스 연계/점검	로스만 (Rothman)의 15개 기능 수행	• 기본적인 사례관리 기능 • 자원배분 기능 • 통솔기능 • 의사결정 기능
사례관리자의 역할	자원과 서비스 중개자	• 중개자 • 상담자 • 교육자 • 지지자 • 서비스 점검자	• 중개자 • 상담자/ 치료자 • 교육자 • 옹호자	• 연계자 • 상담자 • 치료자 • 교육자 • 관리자
사례관리자 교육 및 전문성 정도	준전문가, 비전문가	준전문가, 전문가	전문가	특수 분야별 전문가
조직 내 사례 관리자의 위치와 슈퍼비전	• 기존의 조직과 업무 수행부서에서 수행 • 전문가에 의한 엄격한 슈퍼비전	• 기존의 조직 내에서 수행 • 경험이 많은 사회복지사 필요	• 독립된 사례관리 부서 • 최소한의 슈퍼비전	• 독립된 팀 형성 • 슈퍼비전 필요없음
사례관리자의 담당사례 수	비교적 많음	적절한 사례 (30사례 내외)	비교적 적은 사례 (10~20사례)	최소한의 사례 (10사례 미만)
개별/ 팀 접근	팀 접근이 가능하나 주로 개별적 접근	개별적 접근	개별적 접근	팀 형성에 의한 접근
사례관리자의 업무에 관한 자율성 및 권위의 정도	• 자율적인 결정권이 없음 • 전문가와 협의 요망	어느 정도 자율성이 보장됨	자율적인 의사결정이 보장됨	• 전문분야별 자율성 보장 • 그러나 공동 결정 요망

출처 : 권진숙 외(2012), pp. 55-56.

6. 사례관리 예시[1)]

사례관리 계획서

클라이언트명	○○○	성 별	남	조사일	2013. 4. 5.
주 소	경기도 부천시 ○○동	전화번호		작성일	2013. 4. 6.
직 업	학생	학력	초등학교 재학	연령	11
의뢰경위	이웃으로부터 아동학대의 신고가 아동보호전문기관에 접수되면서 발굴되었음	경제상태	■ 일반 □ 저소득 □ 수급자		

1. 일반적인 사항

- 가족사항
  - 부(46세) : 청각장애 3급이지만 의사소통에 큰 어려움은 없음. 공장에서 2교대로 일하고 있으며 쉬는 날은 부지런히 폐지와 고물들을 모아 와서 집에 쌓아두었다가 팔곤 함. 일해서 모은 돈과 대출을 얻어서 몇 년 전 현재 거주 집을 구입하였고 최근까지 대출금을 상환했다고 함
  - 모(44세) : 우울증을 겪고 있음. 장애는 없으나 대화를 해보면 의사전달 내용이 불분명하여 정상적이지 않다는 인상을 줌. 첫째 아이를 때리기 시작하면 심하게 때림. 남편을 두려워함. 사람들이 자신이 모자라서 무시한다고 생각하고 있음. 아이들에게 잘 해주기는 하는데 적절한 양육기술을 몰라서 어렵고 누군가 가르쳐 주면 좋겠다고 함
  - 장남(11세) : 지적장애 3급. 지역아동센터를 다니면서 학습능력이 많이 향상되어 지적장애 3급이라고 믿기 어려울 정도. 일반학급에 재학 중이며 학교생활은 원만. 행동이 다소 산만함. 지역아동센터를 이용하면서 모의 양육스트레스가 감소하게 되었음
  - 차남(7세) : 유치원에 다니고 있으나 성장발육이 늦어서 왜소하고 또래보다 어려보임
  - 삼녀(5세) : 어린이집에 다니지 않고 엄마랑 거의 하루종일 같이 보냄. 언어발달이 또래보다 늦어 언어표현이 잘 안 됨
- 주거
  - 최근 건축된 연립주택에 거주하며 주변 환경은 좋음. 집 내부의 방 3개와 거실, 베란다에는 부가 모으는 폐지나 폐품들로 가득하여 가족들이 활동하거나 아이들이 놀 수 있는 공간이 거의 없음. 각종 물건들로 냄새가 많이 남. 집 안에 기름 드럼통도 있어 화재의 위험 높음

1) 무한돌봄센터 사례관리 매뉴얼(2010)에 제시된 사례 예시를 재구성한 조성숙 • 이신영(2013 : 98-99)을 재인용함.

- 소득과 재산사항
  - 소득 : 부가 공장에서 일을 함. 월소득 약 200여만 원, 폐지 수집 월평균 5만 원
  - 부채 : 금융권 부채 없음

2. 클라이언트에 관한 사항

11세, 지적장애 3급, 일반학급에 재학 중이며 학교생활은 원만. 행동이 다소 산만함

3. 욕구진술

- 부부관계 갈등 : 부부간에 대화가 거의 없음. 모는 부가 자신의 이야기를 잘 들어주지 않는다고 함. 가끔 부가 모를 때림. 모는 부를 두려워함
- 자녀 양육기술 부족 : 아이들에게 잘해줄 때는 잘해주지만 화가 나서 한번 때리기 시작하면 멈추지 못하고 심하게 때림. 모가 아이들을 잘 키우고 싶은데 어떻게 해야 할지 모르겠고 세 아이를 키우기가 너무 힘든데 남편은 양육을 돕지 않는다고 함
- 자녀들의 발달지연 : 둘째의 경우 언어와 신체발달이 느리지만 유치원에 등원한 후 좋아지고 있어 경과를 두고 봐야 함. 셋째의 경우 나이에 비해 언어발달이 너무 느려 언어검사 필요.
- 주거 환경 : 수집한 폐지와 폐품들이 너무 많아 가족이 활동할 공간이 거의 없어 환경정리 필요. 기름통과 폐지 등이 화재의 위험에 노출되어 있고 냄새 등으로 인해 주변이웃들의 민원제기 많음.
- 이웃과의 관계 : 안타까운 마음이 있으나 어머니가 모자라서 아이들을 잘 키우지 못하고 있다고 생각하여 모를 무시하는 경향이 있는 등 양가감정이 있음. 모는 이웃들이 자신을 무시한다고 생각하여 이웃과의 관계를 단절하려 하고, 이웃들이 자신에게 무어라고 할 경우 공격성을 보이기도 함

4. 개입계획

욕구	결과목표	세부목표	표적체계	개입전략 및 수행방법
안전	아동학대 방지	첫째에 대한 심한 구타방지	모	아동보호전문기관과의 상담/부모교육
교육	아동의 건전한 발달 및 성장	발달장애 진단 및 특수교육	셋째 자녀	셋째의 언어검사 실시/ 셋째의 어린이집 등원
가족관계	양육부담 감소	자녀양육기술 향상	모	부모교육/ 생활도우미 파견
가족관계	부부관계 향상	아내 구타 방지	부모	부부상담
정신건강	정신건강 증진	모의 우울증 호전	모	정신과 전문의 상담 및 치료
주거환경	주거환경 개선	청결 유지 및 화재위험요소 제거	부모	집안 대청소 및 물품정리
사회적 관계	이웃관계 향상	대인관계기술 향상	모	이웃과 만남의 자리 마련/ 대인관계기술증진 프로그램

생각해 봅시다!

1. 사례관리의 기능에 대하여 구체적인 사례를 들어 이야기해 봅시다.
2. 각 사례관리모델별 사례관리자의 역할에 대하여 구체적인 사례를 들어봅시다.
3. 각 사례관리모델별 사례관리자 역할의 장·단점에 대하여 이야기 나누어 봅시다.

PART 03

사회복지현장실습의 기록

CHAPTER 12

사회복지실천의 기록

1. 기록의 목적

사회복지실천의 기록은 사회복지실천과정에서 발생하는 활동을 문서화하는 작업을 의미한다. 즉, 사회복지사와 클라이언트 간에 이루어지는 사회복지실천의 모든 과정을 기록하는 것이다. 사회복지실천 초창기에는 주로 수기를 통해 기록하였으나 컴퓨터 기술과 정보통신 산업의 발달로 현재는 대부분 전자화되었다고 해도 과언이 아니다. 사회복지실천에서 기록의 목적은 다음과 같다(조성숙 · 이신영, 2013 : 162-163).

- 클라이언트에게 제공되는 서비스의 향상
- 전문가 간의 의사소통의 활성화
- 신입사회복지사의 훈련을 위한 교육 및 슈퍼비전의 활성화
- 조사연구와 평가를 위한 자료 제공
- 직무관리, 자원분배 등 행정적 업무에 참조

2. 기록의 기능

사회복지실천에서의 기록은 사회복지사가 클라이언트의 서비스를 제공하는 과정에서 취해진 전문적 의사과정의 근거, 내용, 결과를 기록하는 것으로(김혜란 외, 2006), 이는 서비스의 책임성을 높임과 동시에 실천가의 교육 및 성장의 도구가 된다. 클라이언트 개개인에 대한 기록은 사회복지 서비스의 계획, 실행, 평가의 전 과정에서 이루어진다. 사회복지실천에서 기록의 기능은 다음과 같다(한국사회복지사협회, 2016 : 58-60).

1) 이용자의 욕구 확인

이용자 상황과 서비스에 대한 욕구를 확인시켜주는 정보, 관심의 초점이 되는 문제와 서비스를 개시하는 이유에 관한 내용뿐만 아니라 이용자 상황에 관한 기술, 사정, 사회심리적 진단 등 포함

2) 효과적인 서비스를 위한 모니터링

실천과정을 기록하면서 사회복지사가 자신의 활동에 대해 점검, 사실에 대한 정보다 관찰을 체계적으로 기록하는 과정에서 보다 심층적인 사정과 계획이 나오게 되어 정보를 집합적으로 분석

3) 사례의 지속성 유지

담당사회복지사가 교체되어 업무를 인계할 때 그 사례를 인수받은 다른 사회복지사가 사례에 대한 현재까지의 진행사항을 파악할 수 있게 해주며, 다른 기관으로 클라이언트가 이동할 경우 지금까지의 서비스 기록을 통해 서비스의 지속성을 유지할 수 있음

4) 전문가 간 의사소통의 원활화

여러 전문가가 함께 일하는 사회복지실천 현장에서 기록은 전문적 공조체제를 원활히 해주는 도구로 활용됨. 같은 클라이언트를 치료하는 다른 전문직들에게 사회복지사의 관점으로 얻은 정보와 실천활동을 알림으로써 팀 활동에 기여하여 전문가들의 개별적인 노력을 조정함

5) 클라이언트와 정보 공유

클라이언트와 그 가족들의 기록 확인에 대한 욕구가 점점 높아지고 있음. 이용자가 자신에 관한 기록을 보고 싶어 할 경우 기록 내용을 읽을 수 있도록 허용해야 할 때가 있음. 전문가의 기록을 통해 클라이언트는 자신에게 제공된 서비스에 대한 이해를 높일 수 있으며 자기결정권을 적절하게 행사할 수 있음

6) 교육 및 슈퍼비전의 활성화

자문자격으로 활동하는 슈퍼바이저들, 자문가들, 동료들과 그 밖의 사람들에 의해 이용자 상황과 서비스 과정과 진행에 대해 알기 위해 사용됨. 특히 기록은 학생 및 신입 사회복지사들에게 사회복지 실무와 기관의 업무과정을 가르치기 위한 교육도구로 활용

7) 서비스 평가 도구로 활용

서비스에 대한 지속적 평가에 유용한 도구임. 서비스 전달을 모니터하고 평가하려는 슈퍼바이저, 자문가, 동료들뿐만 아니라 실무자에게 유용

8) 행정적 자료 제공

이용자와 서비스에 관한 정보는 이용자를 지속적으로 추적하고 이용자의 욕구, 서비스의 유형, 직무관리, 직원의 직무수행, 자원의 분배에 관한 행정적 결정을 위한 정보를 제공하기 위해 사용됨

9) 조사 연구를 위한 정보 제공

인간행동, 사회적 욕구, 사회적 서비스의 역할에 관한 중요한 정보원으로서의 역할. 사례자료를 사용한 대규모 연구들이 사회복지 실무이론의 확립에 영향을 미침(오미옥 · 이수경, 2012)

3. 기록 시 유의사항

사회복지실천에서 기록 시 유의사항은 다음과 같다(조성숙 · 이신영, 2013 : 162-163).

① 논리정연하고 조직적으로 기록한다. 즉, 애매모호한 단어나 문구의 사용을 피한다.

② 상황에 대해 정확하게 기록한다. 가능한 한 짧게 기록하지만 중요한 정보를 누락하지 않아야 한다.

③ 맞춤법을 정확하게 지켜 기록해야 한다. 내용이 좋더라도 맞춤법이 맞지 않는다면 읽는 사람은 틀린 곳에 신경이 쓰여 내용파악에 소홀해지기 쉽다. 따라서 띄어쓰기, 오탈자 등을 꼼꼼하게 점검한다. 시간에 촉박하게 쓰다보면 검토할 시간이 없으므로 넉넉하게 시간을 잡아 기록하는 습관을 들인다.

④ 사회복지사는 클라이언트의 비밀보장 권리를 존중하기 위해 기록에 대한 클라이언트의 동의를 얻어야 한다. 면접과정을 녹음 혹은 녹화해야 할 경우에도 녹음/ 녹화하기 전에 클라이언트의 허락을 받아야 한다. 아동의 경우에는 부모나 보호자의 허락이 필요하다.

4. 기록의 종류

1) 과정기록

과정기록은 원조과정이나 사회복지사와 클라이언트 간의 상호작용과정을 있는 그대로 기록하는 방법으로 사회복지사의 질문과 반응, 클라이언트가 말하는 사실과 감정이 고스란히 드러나는 기록이다. 이런 맥락에서, 기록을 통해 사회복지사는 자신의 행동을 분석할 수 있어 전문가로서의 자질향상을 위한 도구로 사용될 수 있다. 기록의 완벽한 재현을 위해서는 녹음이 필요하며, 녹음 시 클라이언트에게 동의를 얻어야 한다(조성숙 · 이신영, 2013 : 163).

과정기록의 장점은 사회복지사가 자신의 실천행동 및 결정을 분석하고, 활동을 개념화하고 조직하게 도와준다. 또한 기록은 면접이나 개입의 목적을 명료화하게 하고 사례에 대한 개입기술능력을 향상시키게 한다. 과정기록에는 다음과 같은 내용을 포함시킨다(한국사회복지사협회, 2016 : 60-61).

- 면담이나 회의에 참석한 사람들의 이름
- 날짜, 장소, 회합의 시간
- 회합의 목적
- 회합에서의 실습생의 실습계획
- 상호작용과 내용에 대한 서술
- 실습생의 역할과 활동

- 클라이언트의 관심사, 상황 또는 문제, 클라이언트의 현재의 반응, 실습생과 사회복지사의 원조과정에 대한 클라이언트의 반응 등 실습생의 사정
- 회합 중에 실습생이 수행한 것에 대한 스스로의 사정
- 클라이언트와의 다음 면담을 위한 실습생의 계획(김혜란 외, 2006 재인용)

□ 과정기록의 예시[1)]

- 사회복지사 : 시어머머니와 어떤 것으로 다투시게 되나요?
- 클라이언트 : 저는 일정한 시간에 아이를 재우고 싶은데 시어머니는 아이가 자고 싶을 때 자라고 내버려 두고, 같이 밤늦게까지 TV를 봅니다. 시어머니가 손자를 데리고 자거든요(한숨을 쉰다).
- 사회복지사 : 그럴 때 어머니는 어떻게 행동하시나요?
- 클라이언트 : 제가 시어머니 방으로 가서 아이에게 자야 된다고 TV를 끄고 불도 끄고 나와요.
- 사회복지사 : 왜 어머니가 아이를 데리고 자지 않나요?
- 클라이언트 : 시어머니가 손자를 너무 예뻐하시고, 저는 또 젖먹이가 있어서...
- 사회복지사 : 아, 그렇군요.

2) 이야기체 기록

이야기체 기록은 사회복지사와 클라이언트 간에 일어난 사건이나 과정을 이야기를 풀어가듯 서술체로 기록하는 것이다. 이야기체 기록의 단점은 기록하는 데 시간이 많이 걸리고 내용이 길어질 수 있으며, 초점이 모호할 수 있다는 점이다. 또한 이야기체 기록의 질은 사회복지사의 문장력이나 기록에 투입된 시간에 좌우될 수 있다. 서비스 제공 후 즉시 기록하면 내용의 정확도와 신뢰도를 어느 정도 확보할 수 있다(조성숙·이신영, 2013 : 164).

1) 조성숙·이신영(2013 : 163).

> □ 이야기체 기록의 예시[2)]
>
> 클라이언트는 시어머니와의 갈등의 내용으로 아이의 양육방법에 대한 차이를 이야기하였다. 시어머니가 아이를 데리고 자는데 늦게까지 TV를 시청하므로 아이도 함께 TV를 보며 늦게 잠자리에 든다. 클라이언트는 아이가 늦게 자고 늦게 일어나는 습관을 형성하게 되는 것이 겁이 난다고 한다. 내년에 아이가 유치원에 가게 될 터인데 아침마다 아이를 깨울 생각을 하니 벌써부터 머리가 지끈거린다고 호소한다. 사회복지사가 아이를 데리고 자지 않는 이유에 대해 질문하니 시어머니가 첫 손자라서 너무 예뻐하시고, 자기는 둘째아이를 돌보아야 하기 때문에 피곤하다고 한다. 실제로는 시어머니가 아이를 돌보아 주는 것이 클라이언트가 피곤할 때 도움이 된다고 응답하였다.

3) 문제중심 기록

문제중심 기록은 현재 제시되는 문제를 중심으로 사정 및 계획 등을 기록하는 방법이다. 이 방법은 문제에 초점을 맞춘 관심을 갖게 되고 문제해결의 진전에 대한 점검과 사후조사를 위해 사용된다. 특정 문제에 초점을 두게 되어 적절하지 않은 정보는 기록에서 삭제될 수 있다. 보건 또는 정신건강현장에서 많이 사용되는 기록이며 사회복지기관에서도 사용된다. 문제중심 기록은 일반적으로 SOAP 형식에 따라 기록한다(조성숙 · 이신영, 2013 : 164-165).

- S(Subjective information) : 클라이언트가 상황을 어떻게 인식하고 느끼는가에 관한 주관적 정보
- O(Objective information) : 클라이언트에 대한 사회복지사의 관찰 및 다양한 자료수집에 의해 얻어진 객관적 정보
- A(Assessment) : 수집된 자료를 근거로 사회복지사가 클라이언트의 문제를 사정
- P(Plan) : 변화를 위한 개입단계에서의 계획

2) 조성숙 · 이신영(2013 : 164).

□ **문제중심 기록의 예시**[3)]

문제 #1. 시어머니와 며느리의 아이양육에 대한 갈등

- S : 클라이언트는 시어머니가 첫 손자의 양육을 도와주니 부담이 덜어지지만 일정한 시간에 잠을 재우지 않는 것에 대해 불만을 가지고 있다.
- O : 시어머니에게 잘 보이기 위해 싫은 일이 있어도 바로 이야기하기보다는 참는 편이다. 남편은 시어머니 편을 들기 때문에 남편에게 본인 감정을 숨긴다.
- A : 시어머니에게 불만을 제대로 이야기하지 못해 우울하다.
- P : 시어머니와 양육 방법, 양육의 역할분담 등에 대해 솔직히 대화하는 시간을 가진다. 필요한 경우 아이를 시어머니에게서 분리하여 클라이언트가 데리고 자는 방안도 모색해 본다.

5. 기록의 전자화

보건복지부는 사회복지사업법 제6조의2에 의거하여 사회복지업무에 필요한 정보 및 자료의 효율적인 처리 및 기록・관리업무의 전자화를 위해 정보시스템을 구축・운영하고 있다. 관련 법 조항을 살펴보면 다음과 같다.

〈사회복지사업법〉

제6조의2(사회복지시설 업무의 전자화) ① 보건복지부장관은 사회복지법인 및 사회복지시설의 종사자, 거주자 및 이용자에 관한 자료 등 운영에 필요한 정보의 효율적 처리와 기록 · 관리 업무의 전자화를 위하여 정보시스템을 구축 · 운영할 수 있다.

② 보건복지부장관은 제1항에 따른 정보시스템을 구축 · 운영하는 데 필요한 자료를 수집 · 관리 · 보유할 수 있으며 관련 기관 및 단체에 필요한 자료의 제공을 요청할 수 있다. 이 경우 요청을 받은 기관 및 단체는 정당한 사유가 없으면 그 요청에 따라야 한다.

③ 지방자치단체의 장은 사회복지사업을 수행할 때 관할 복지행정시스템과 제1항에 따른 정보시스템을 전자적으로 연계하여 활용하여야 한다.

④ 사회복지법인의 대표이사와 사회복지시설의 장은 국가와 지방자치단체가 실시하는 사회복지업무의 전자화 시책에 협력하여야 한다.

⑤ 보건복지부장관은 제1항에 따른 정보시스템을 효율적으로 운영하기 위하여 사회보장기본법 제37조 제7항에 따른 전담기구에 그 운영에 관한 업무를 위탁할 수 있다.

---

3) 조성숙・이신영(2013 : 165).

사회복지영역의 대표적인 전자시스템인 사회보장정보시스템(행복e음)과 사회복지시설정보시스템을 소개하고자 한다.

1) 사회보장정보시스템(행복e음)

사회보장정보시스템은 사회복지전달체계의 효율화를 위해 각종 사회복지 급여 및 서비스 지원 대상자의 자격과 이력에 관한 정보를 통합하여 관리하고 지방자치단체의 복지업무 처리를 지원하기 위해 기존 시·군·구별 새올행정시스템의 31개 업무 지원시스템 중 복지분야를 분리하여 개인별 가구별 데이터 베이스로 중앙에 통합 구축한 정보시스템이다(한국사회보장정보원 홈페이지, http://www.ssis.or.kr). 사회보장정보시스템의 주요 기능은 다음과 같다(보건복지가족부 홈페이지, http://www.mw.go.kr). 또한 사회보장정보시스템의 구성도는 ‖그림 12-1‖과 같다.

- **일괄신청 및 맞춤형 서비스 제공** : 서비스 신청 시 민원인의 욕구를 정확하게 파악하여 필요한 서비스를 누락 없이 맞춤형으로 설계하여 일괄신청 안내
- **제출서류 간소화로 민원 편의 증대** : 사업별 유사·중복적인 서식의 통합 및 제출서류를 공적 자료로 대체하여 민원의 편의를 증대
- **복지급여, 서비스 신청에 따른 결정 처리기간 단축 및 결정 통보방식 다양화** : 결정 처리기간을 단축시키고 문서 또는 핸드폰 문자서비스, 이메일 등으로 처리결과를 신속하게 안내하여 복지 급여 및 서비스를 신속하게 제공
- **추가지원이 가능한 서비스 안내** : 복지대상자가 연령, 건강상태 등의 변화로 추가적으로 제공할 서비스가 발생할 경우 복지대상자에게 추가서비스 신청이 가능하도록 안내하여 서비스의 누락 방지
- **보건복지콜센터와 시·군·구 콜센터 연계를 통한 서비스 제공** : 보건복지콜센터 상담 후 필요시 전화 및 상담정보를 해당 시·군·구로 이관하여 후속 서비스 제공
- **복지대상자 선정의 정확성 제고 및 적정급여 지급** : 27개 기관 213종의 소득·재산자료, 인적사항 정보, 서비스 이력정보 등을 연계하여 복지대상자의 정확한 선정 및 적정급여 지급. 120여 개의 복지급여 및 서비스 이력을 개인별·가구별로 통합관리하여 중복급여 차단

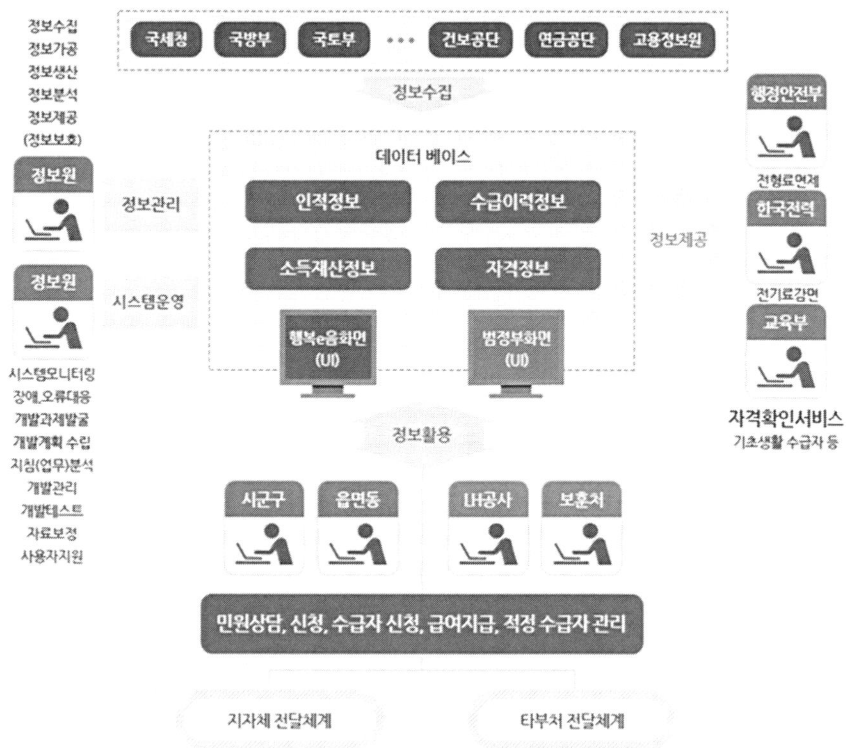

| 그림 12-1 | 사회보장정보시스템 구성도

출처 : 한국사회보장정보원 홈페이지(http://www.ssis.or.kr).

2) 사회복지시설정보시스템

사회복지시설정보시스템은 사회복지시설 업무의 표준화, 투명화 및 사회복지업무의 전자화를 위한 사회복지시설 통합업무관리시스템이다. 구축된 데이터를 기반으로 효과적인 사회복지 정책수립 지원과 대국민 시설이용 편의성 증대에 목적이 있다. 본 시스템의 도입 목적은 다음과 같다(보건복지부 사회복지시설정보시스템 홈페이지, https://www.w4c.go.kr).

- **사회복지시설 업무의 표준화** : 아동시설, 노인시설, 장애인시설, 부랑인시설, 정신요양시설, 모·부자 시설의 내부 관리업무 분석 및 단일 표준화. 시설의 종별에 관계없이 모든 생활시설 및 이용시설에서 공통으로 사용이 가능하다.
- **업무처리 간소화와 효율화** : 한 시설 내 수기문서 관리 및 복잡한 업무처리를 간소화하고, 시스템 내 모든 업무가 연결성을 가지고 처리되어 업무의 중복을 방지한다. 과거의 자료조

회가 제공되고, 필요한 통계자료 산출이 자동으로 수행된다.

- **외부 제출자료 작성의 편의성 증진** : 기본적이고 다양한 외부제출 자료를 제공한다. 또한 사용자의 목적에 맞게 다양한 별지서식(세입세출명세 · 현금 및 예금명세서 등)을 제공한다.
- **웹기반 시스템** : 처음 시스템 도입 시 별도의 시스템 설치가 필요 없으며, 지방자치단체를 통해 허가받은 시설에 한해 시설코드 발급 후 서비스를 제공받을 수 있다. 100% 인터넷 기반으로서 시설의 필요에 따라 사용자 아이디가 제한 없이 발급되며, 아이디별 권한이 제한될 수 있다. 국가IDC의 철저한 보안체계속에 2~3중의 백업시스템이 24시간 가동되고 있다.

사회복지시설정보시스템의 주요 기능은 다음과 같다(한국사회보장정보원 홈페이지, http://www.ssis.or.kr). 또한 사회복지시설정보시스템의 구성도는 ‖그림 12-2‖와 같다.

- 회계
  - 전표의 입 · 출력, 검색, 보고서 출력
  - 거래내역 관리(지출결의서, 수입결의서 등)
  - 예산 관리 및 예산실적/ 잔액 관리
- 인사 · 급여 · 자산 관리
  - 임 · 직원의 인사관리/ 근태관리
  - 임 · 직원의 급여관리/ 퇴직적립금관리
  - 비품 · 소모품 등 자산관리
- 세무
  - 원천세 관리
  - 사업소득, 기타소득 관리
  - 각종 세무자료 출력 지원
- 후원관리
  - 후원자 등록, 후원금 입력, 영수증 발행 등
  - 후원자 및 결연자 정보 관리
  - 후원금 입금/ 지급 관리 및 CMS

- 이력
  - 서비스종별 서비스 이력관리 기능
  - 생활자(이용자)등록, 검색, 입·퇴소의 정보 관리 등
  - 대상자관리, 상담관리, 일지관리, 프로그램관리, 급식관리 등의 상세정보 관리
- 시·군·구 보고
  - 사회복지시설 소관 시군구로 문서 보고
  - 사회복지시설 보조금 교부금 신청 및 정산보고, 정기/ 수시 보고
  - 예산서, 추경예산서 작성 및 세입세출 결산 보고 등

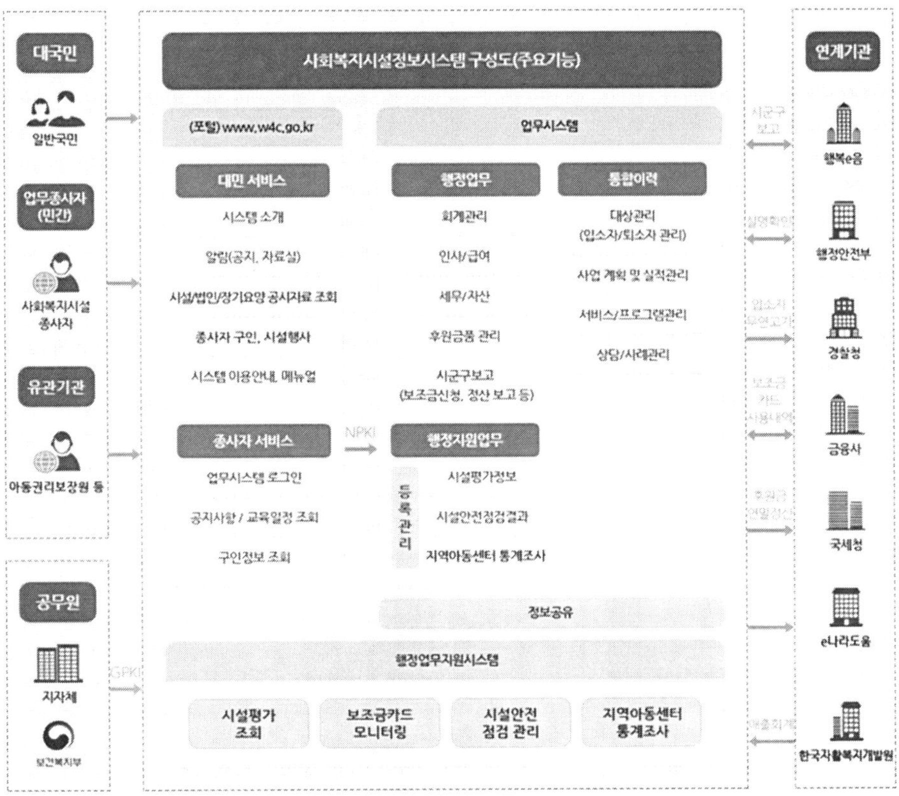

┃그림 12-2┃ 사회복지시설정보시스템 구성도

출처 : 보건복지부 사회복지시설정보시스템 홈페이지(http://www.w4c.go.kr).

● 생각해 봅시다! ●

1. 사회복지실천에서 기록의 필요성에 대하여 의견을 나누어 봅시다.
2. 과정기록, 이야기체 기록, 문제중심 기록의 장·단점에 대해 생각해 봅시다.
3. 사회보장정보시스템 구축으로 사회복지시설이 가지는 이점 및 한계점에 대해 토론해 봅시다.

CHAPTER 13

문서 작성 및 관리

1. 문서의 개념

문서란 조직의 업무 담당자의 의사나 사물의 형태, 관계 및 현상 등을 문자, 숫자, 기호 등을 통해 매체에 기록하여 표기한 것을 말한다. 문서는 종이문서뿐만 아니라 컴퓨터 디스켓, 테이프, 마이크로필름, 광디스크 등 각종 전자매체에 기록한 것도 포함된다(최성재 · 남기민, 2017). 우리나라 사무관리규정에 의하면 공문서란 '행정기관 내부 또는 상호간이나 대외적으로 공무상 작성 또는 시행되는 문서(도면 · 사진 · 디스크 · 테이프 · 필름 · 슬라이드 · 전자문서 등의 특수매체기록을 포함) 및 행정기관이 접수한 모든 문서'를 말한다(국가법령정보센터 홈페이지, http://www.law.go.kr). 문서는 일반적으로 기록 및 보존, 의사전달, 자료전파, 사무연결 기능을 수행한다.

2. 문서의 종류

문서의 종류는 작성용도에 따라 공문서와 사문서로 분류된다(최성재 · 남기민, 2017 : 424).

- **공문서** : 행정기관 내부 또는 상호간이나 대외적으로 공무상 작성 또는 시행되는 문서 및 행정기관에서 접수한 모든 문서
- **사문서** : 공무원이 아닌 개인이 사적 용도로 작성한 문서. 법적으로 권리, 의무 및 사실증명에 관한 중요성이 있는 문서

처리절차에 따라 문서는 다음 <표 13 - 1>과 같이 분류된다.

〈표 13-1〉 처리절차에 따른 문서의 종류

종 류	개 념
기안문서 (혹은 결재문서)	업무담당자가 결재권자에게 보고하거나 그의 결심을 얻기 위해 작성하는 초안을 서식에 따라 작성하는 문서. 결재권자의 결심을 받기 위해 작성하므로 결재문서라고도 함
선결문서	문서시행을 위해 모든 절차를 거치기 전에 최고결정권자의 결재를 미리 받는 경우에 해당하는 문서
미결문서	결재가 아직 완료되지 않거나 유보된 문서
완결문서	기안문서가 결재를 거쳐 시행이 완료된 문서
시행문서 (혹은 발송문서)	결재완료된 문서를 규정된 서식에 따라 수신자별로 작성한 문서
접수문서	외부 다른 기관으로부터 접수되는 문서로, 문서 주관부서가 일정한 절차에 의해 접수하는 문서
보관문서	업무상 필요한 기간 동안 해당 부서에서 보관하고 있는 문서
보존문서	보관기간이 완료되어 이를 다시 일정한 곳(조직 내부 혹은 외부)에 기간에 따라 보존하는 문서
폐기문서	보관하고 있던 문서가 업무에 필요없어 폐기하는 문서
마이크로필름 문서	보존문서 중 중요하거나 영구보존이 필요한 경우 마이크로필름에 수록하는 문서

출처 : 신복기 · 박경일 · 이명현(2010), p. 392와 최성재 · 남기민(2017), pp. 424-425를 토대로 정리함.

3. 문서의 구성

사무관리규정 시행규칙에 따르면 문서 관련 규정은 다음과 같다. 기안문 및 시행문은 다음과 같이 두문 · 본문 및 결문으로 구성한다. 다만, 전자문서인 경우에는 두문 · 본문 · 결문 및 붙임으로 구성하거나 표제부와 본문부로 구성할 수 있으며, 표제부와 본문부로 구성하는 경우에는 표제부는 두문, 본문의 제목 및 결문으로, 본문부는 제목 · 내용 및 붙임으로 구성한다. 두문은 행정기관명 및 수신자로 한다. 본문은 제목 · 내용 및 붙임으로 한다. 다만, 전자문서인 경우에는 제목 및 내용으로 할 수 있다. 결문은 발신명의, 기안자 · 검토자 · 협조자 · 결재권자의 직위 또는 직급 및 서명(전자문자서명 · 전자이미지서명 및 행정전자서명을 포함한다. 이하 같다), 생산등록번호와 시행일자, 접수등록번호와 접수일자, 행정기관의 우편번호 · 주소 · 홈페이지주소 · 전화번호 · 모사전송번호, 공무원의 공식 전자우편주소 및 공개 구분으로 한다.

수신자가 많아 본문의 내용을 기재할 란이 줄어들어 본문의 내용을 첫 장에서 파악하기 곤란한 경우에는 두문의 수신자란에 '수신자 참조'라고 쓰고 결문의 발신명의 밑의 왼쪽 기본선에 맞추어 수신자란을 설치하여 수신자명 또는 수신자기호를 표시한다. 제목은 그 문서의 내용을 쉽게 알 수 있도록 간단하고 명확하게 표시하고, 내용은 그 문서로써 표현하고자 하는 뜻을 쉬운 말로 간략하게 작성하되 회보를 제외하고는 성질을 달리하는 내용을 같은 문서로 작성해서는 아니된다.

문서의 내용을 둘 이상의 항목으로 구분할 필요가 있는 때에는 ▮그림 13-1▮의 구분에 의하여 표시하여야 한다. 다만, 필요한 경우에는 부분적으로 □, ○, -, · 등과 같은 특수한 기호로 표시할 수 있다. 문서의 본문이 끝나면 한 자 띄우고 '끝' 표시를 하며, 첨부물이 있는 때에는 붙임의 표시문 끝에 한 자 띄우고 '끝' 표시를 하여야 한다. 사무관리규정 시행규칙에 근거한 공문서 구분항목 및 순서는 ▮그림 13-1▮과 같다. 또한 공문서(기안/ 시행 문서) 양식 및 문서 작성 예시는 각각 ▮그림 13-2▮ 및 ▮그림 13-3▮과 같다.

1., 2., 3., 4.······
  가., 나., 다., 라.······
    1), 2), 3), 4)······
      가), 나), 다), 라)······
        (1), (2), (3), (4)······
          (가), (나), (다), (라)······
            ①, ②, ③, ④······
              ㉮, ㉯, ㉰, ㉱······

※ 하., 하), (하), ㉻ 이상 더 계속되는 때에는 거., 거), (거), 〈거〉, 너., 너), (너), 〈너〉······로 이어 표시한다.

▮그림 13-1▮ 공문서 구분항목 및 순서

행 정 기 관 명

수신자
(경유)

제 목

문서 내용

붙임 ○○○○. 끝.

발 신 명 의 (인)

기안자(직위/ 직급) 서명 검토자 서명 결재권자(직위/ 직급) 서명

협조자(직위/ 직급) 서명

시행 처리과-일련번호 (시행일자) 접수 처리과-일련번호 (접수일자)

우 주소 / 홈페이지 주소

전화 전송 / 공무원의 공식 전자우편주소/ 공개구분

| 그림 13-2 | 공문서(기안/ 시행 문서) 양식

로 고

○○종합사회복지관

수신자 내부결재 ( )
(경 유)
제 목 자원봉사자 교육 실시

우리 복지관에서는 지역 청소년들의 자원봉사 활동에 대한 올바른 인식을 바탕으로, 향후 봉사활동의 효과성을 높이고자 아래와 같이 청소년 자원봉사자 기초교육을 실시하고자 합니다.

1. 행 사 명 : 청소년 자원봉사 기초교육
2. 일 시 : 2019. 7. 5. (금) 14 : 00~16 : 00
3. 장 소 : ○○종합사회복지관 강당
4. 대 상 : 대전 ○○구 고등학생 100명
5. 내 용 : 청소년 자원봉사 기초교육 및 정기자원봉사활동 안내

붙임 청소년 자원봉사자 기초교육 실시건 1부. 끝.

○○종합사회복지관장(인)

담당 김갑돌 과장 이호동 관장 강나라
협조자

시행 내부복 13 - (2019. 6. 20.) 접수 (. . .)

(706-850) 대구광역시 ○○구 ○○동 100번지 /
www.abc.or.kr
전화(053)123-4567 전송(053)123-4568 / ooooooo@abc.or.kr / 공개

【그림 13-3】 사회복지기관의 문서 예시

출처 : 조성숙 · 이신영(2013), p. 77.

4. 문서의 보관, 보존 및 폐기[1)]

사회복지조직에서 생산한 문서와 외부로부터 접수한 문서를 처리하는 것과 동시에 문서를 정리하는 것 또한 매우 중요한 작업이다. 사회복지 조직의 문서 정보관리는 공공기관에서의 문서관리에 적용되는 규정이 유사하게 적용된다. 사회복지 조직은 사무관리규정과 「공공기관의 기록물관리에 관한 법률」의 적용을 받지 않지만 사회복지조직의 효율적인 문서 정보관리를 위해 이러한 법규에 의한 공공기관의 문서 정보관리의 방법을 융통성 있게 적용하고 있다.

문서 정리의 주요 목적은 향후 필요한 문서를 효율적이고 효과적으로 활용할 수 있도록 체계화하여 업무의 능률을 향상하는 데 목적이 있다. 업무의 능률성 향상을 위해 문서를 수집, 분류, 보관 및 보존하는 일련의 기술적 체계를 파일링 시스템(filing system)이라고 한다. 파일링 시스템의 대상은 서류, 카드, 메모, 편지, 전보, 계약서, 보고서, 의사록, 지원서, 전표나 장부, 설계도, 청사진, 팸플릿, 카탈로그, 가격표, 안내책자, 신문 및 잡지 등의 정기간행물, 마이크로 필름, 광디스크 등 조직 업무와 관련된 모든 정보자료이다.

문서의 보관, 보존 및 폐기를 위해서는 문서를 적절한 기준에 의해 필요한 문서와 불필요한 문서로 구분하고, 필요한 문서는 폐기할 문서와 보관 및 보존할 문서로 분류한다. 필요한 문서의 경우 자체적으로 보유할 것과 다른 곳으로 이관할 문서로 분류한다. 또한 문서 중에 보존해야 할 문서는 「공공기관의 기록물에 관한 법률 시행령」에 따라 영구, 준영구, 20년, 10년, 5년, 3년, 1년 등 7가지로 분류한다. 전자문서의 경우 컴퓨터 파일로 보존하되 보존기간이 준영구 이상인 문서는 전문관리기관의 장이 마이크로필름 또는 종이문서 등 육안으로 판독이 가능한 보존매체에 수록하여 중복 보존하는 것을 원칙으로 한다.

• 생각해 봅시다! •

1. 실습 시의 문서 작성 경험에 대해 문서 작성시의 어려움과 그 어려움을 극복하기 위한 방안에 대해 이야기해 봅시다.
2. 실습기관에서 관찰한 문서 보관, 보존 및 폐기방법의 문제점과 보완 사항에 대하여 이야기해 봅시다.

---

1) 주로 최성재・남기민(2017 : 436-438)을 참고하였음.

CHAPTER 14

보고서 작성

1. 실습일지

실습생은 매일 실습일지를 작성하며, 당일 일과 후 또는 익일 실습지도자에게 제출하여 슈퍼비전을 받는다(한국사회복지사협회, 2017). 실습일지는 사회복지현장실습이 진행되는 과정에서 실습생이 매일 수행한 자신의 업무와 관련된 활동경험을 기록하는 것이다. 실습일지 작성을 통해 실습생은 자신의 매일의 활동을 점검하고 분석함으로써 실습목표 달성을 위해 어떤 구체적인 노력을 해야 하는지 그리고 어떻게 보완하는지를 파악할 수 있다. 또한 실습생의 실습일지에 근거하여 실습지도자와 실습지도교수는 실습생의 활동상황을 점검하고 적절한 슈퍼비전을 제공하게 된다. 실습일지는 오늘의 목표, 진행내용, 실습생 의견, 실습지도자 의견으로 구성되어 있다.

- **오늘의 목표** : 당일의 실습 관련 구체 목표를 서술한다.
- **진행내용** : 당일의 실습일정과 관련된 활동내용과 세부사항을 시간대별로 기록한다. 실습일정을 시간에 따라 간단명료하게 요약하고 활동 관련 자료는 실습바인더에 첨부한다.
- **실습생 의견** : 당일 실습활동을 통해 배운 점, 발전한 점, 학습해야 할 부분, 의문사항, 실습지도자 혹은 기관에 대한 건의사항 등을 기록한다.
- **실습지도자 의견** : 실습일지를 검토한 실습지도자가 실습생이 기록한 내용에 대한 의견을 작성한다. 실습지도자는 실습생의 활동사항에 대해 잘한 점, 부족한 점, 개선할 점 등에 대한 구체적인 피드백을 제공함으로써 실습생이 자신의 실습활동을 발전시켜 나갈 수 있다.

〈표 14-1〉 실습일지의 예시

1. 실습생명 : ○○○
2. 실습일 : 201○년 ○월 ○일
3. 오늘의 목표 : 복지관의 사업과 프로그램에 대한 이해
4. 진행내용
   09 : 00 ~ 10 : 00 특강 (1) : 사회복지프로그램 형성의 원칙
   10 : 00 ~ 12 : 00 특강 (2) : 노인복지사업
   12 : 00 ~ 13 : 00 점심
   13 : 00 ~ 17 : 00 오뚝이교실 체험 및 지원

5. 실습생 의견

복지관에서 신선한 프로그램이 만들어지려면 몇 가지 필요한 사항이 있는데, 지역사회에 대한 홍보, 지역네트워크의 형성, 예산 등이다. 지역사회에 대한 홍보가 이루어지면 지역사회에 존재하고 있는 자원과 인원의 활용이 필요한데, 동장모임, 가정방문, 도시락 배달과 같은 네트워크가 그 예이다. 이러한 과정이 완성되면 예산수립을 통해 프로그램의 계획을 잡게 되는 것이다. 프로그램이 하나하나 형성되기 위해서는 이러한 복잡한 과정이 필요하다는 것을 느꼈고, 결코 쉽거나 만만한 작업이 아니라는 것을 생각할 수 있었다.

평생학습을 위한 어르신 정보대학은 연회비가 8만 원으로, 프로그램은 매주 월요일마다 진행된다. 노래교실, 수지침 특강 등 다양한 프로그램으로 어르신을 위한 교육과 문화체험활동을 하고 있다. 오전, 오후반으로 나누어 운영되고 있는데, 다른 노인대학과 경쟁을 해야 하기 때문에 더 좋은 프로그램을 형성해내야 한다. 8만 원이라는 연회비로 1년의 프로그램을 진행하기에 턱없이 부족한 금액이라는 생각을 하게 되었다. 연회비를 조금 더 늘리거나 사업비를 증액할 수 있다면 더 좋겠다는 것을 느꼈다.

오후에 댄스교실 프로그램과 한문수업 참가를 통해 오뚝이교실에서 진행되고 있는 다양한 프로그램에 대해 경험할 수 있었다. 앞으로 있을 오뚝이교실에 대한 다양한 프로그램 체험을 기대해 본다.

6. 실습지도자 의견

클라이언트의 욕구를 파악하고 그 부분들을 어떻게 프로그램화시키느냐 하는 부분에서 각각의 요소들이 유기적인 관계가 이루어져야 한다. 어느 한 부분이라도 형성되지 않았을 경우 효과적인 프로그램이 만들어지는 데 어려움을 겪을 수 있다.

운영을 하는 데 있어 예산이 큰 비중을 차지하기는 하지만 예산의 지출이 많아질수록 감당해야 하는 부분들도 있다. 다른 노인대학과의 경쟁에서 가격경쟁도 해야 하고 그만큼 프로그램을 질적으로 변화시켜야 하며, 그만큼 본인부담액이 늘어나 부담을 가지는 어르신들이 많을 경우 전체 등록인원의 감소로 이어질 수 있다. 운영비 외에 가용할 수 있는 자원은 후원금을 통해 운영할 수 있지만 후원금의 개발 역시 쉬운 일은 아니다. 단순히 투입금액을 늘린다고 해도 그 효과성이 높아지리라는 보장은 없다.

출처 : K대학교 실습세미나 강의에 제출한 학생의 실습일지를 토대로 재구성(조성숙 · 이신영, 2013 : 173).

2. 실습중간평가서

실습중간평가서는 실습이 진행되고 있는 실습 중반기에 작성하는 것으로 실습 초기에 수립한 실습목표 달성에 문제가 없는지를 실습생 스스로 확인하고 향후 실습목표 달성이 가능하도록 다시 계획을 세운다는 데 의의가 있다. 실습중간평가서 작성 후 실습지도자, 동료실습생 및 기타 관련 사회복지사들의 피드백을 통해 실습생은 그동안의 실습 성과를 점검하고 보완이 필요한 부분을 확인하여 잔여 실습기간 동안 보완하는 하는 노력을 할 수 있다. 실습중간평가서는 실습목표와 관련된 실습내용 및 역할에 대한 평가(수행한 실습내용 및 역할의 요약, 평가, 앞으로의 계획), 실습에 임한 자세 및 노력, 실습을 통해 배운 점, 앞으로 더 필요한 지식과 기술, 실습에서 어려웠던 점, 기관 및 실습지도자에게 건의할 점 등으로 구성되어 있다.

실습중간평가서 작성 시의 주의사항은 다음과 같다(서홍란 · 이경아, 2008 : 114 참조).

- 실습중간평가 시에는 실습 초기에 계획했던 목표 및 계획에 근거하여 객관적으로 평가하되 실습생 자신의 주관적인 느낌에 따라 장황하게 기술하지 않는다.
- 실습 내용 및 역할 요약 시 실습과정에 따라 자신이 수행한 실습 내용과 그에 따른 자신의 역할을 명확하게 기록한다.
- 평가 시 실습내용과 실습생 자신의 역할에 대해 가능한 한 객관적으로 평가하고 종결 시까지 자신이 앞으로 보완해야 할 부분을 구체적으로 제시한다.
- 기관 및 실습지도자에 대한 건의사항을 작성할 때에는 논리적으로 타당하게 최대한 공손한 표현을 사용하여 기록한다.

〈표 14-2〉 실습중간평가서의 예시

실습중간평가서

실습생명	김○○	기관명	○○가족상담센터
실습기간	20○○. 1. 7.~ 2. 1.	실습지도자	김○○
실습평가일	20○○. 1. 18.	실습지도교수	조○○

1. 실습목표와 관련된 실습내용 및 역할에 대한 평가

1.1. 수행한 실습내용 및 역할의 요약

- 대상관계이론에 대한 교육
- 집단상담에 대한 기초교육
- 미술치료를 통해 나를 이해하고 어머니에 대한 이미지를 탐색
- 대상관계이론을 접목하여 접근한 사례분석
- 클라이언트 문제 개입과정에 대한 이해를 돕기 위한 동영상 시청
- 집단프로그램 계획과 수행

1.2. 평가

모든 기관에는 클라이언트를 대할 때 사용하는 기법들이 있는데, 본 기관은 대상관계이론을 접목하여 클라이언트를 탐색하고 기술한다. 대상관계이론으로 내담자를 접할 수 있는 여러 가지 사례에 대해서 자유롭게 의견을 나누면서 어떻게 접근해야할지 배울 수 있는 좋은 기회를 가졌다. 집단리더로서 프로그램을 계획하고 그에 따른 진행과 집단성원들의 역동을 관찰할 수 있는 기회를 가졌다. 집단상담과 대상관계이론과 관련된 교육을 들으면서 내가 몰랐던 나의 내면에 대해서 알 수 있어서 좋았다. 나의 어렸을 때의 경험으로부터 내가 왜 이런 행동을 하게 되었는지에 대한 원인을 탐색하고, 그 행동에 대한 방어기제가 어떤 것들이 있었는지에 대해서 스스로 깨달음으로써 현재 기능에 미치는 영향에 대해서 고찰할 수 있는 좋은 기회가 되었다.

1.3. 앞으로의 계획

아직까지 직접 상담을 많이 해보지는 못했다. 남은 실습기간 동안 클라이언트의 문제에 개입하는 방법을 배울 수 있게 많은 사례를 다루었으면 한다.

2. 실습에 임한 자세 및 노력

대상관계이론을 배우긴 했지만 어떻게 접근해야 하는지에 대해서는 감을 잘 잡지 못했는데

교육을 통하여 클라이언트 상황에 맞게 접근하는 방법을 배울 수 있어서 좋았다. 교육을 받는 동안 중요한 내용을 표시해 놓고, 직접 클라이언트와 상담을 했을 때 많은 것을 적용하려고 노력하였다.

3. 실습을 통해 배운 점

흔히 접할 수 있는 아내와 남편의 문제에서 일정한 유형의 행동 패턴이 발생하는 원인에 대해 알 수 있었다. 모든 행동에는 원인이 있다는 사실을 바탕으로 나의 행동이 어렸을 때 어떤 경험을 했기 때문이라고 알 수 있었다. 개개인의 마음가짐에 따라 문제의 심각성이 달라지므로 꾸준한 자기성찰이 필요하다고 본다.

4. 앞으로 더 필요한 지식과 기술

세상에는 여러 가지 종류의 사람들이 많다. 특히 성격장애의 특성을 가지고 있는 클라이언트의 경우에는 우리가 의도치 못했던 행동을 보여줄 수 있다. 대상관계이론은 경계선 성격장애를 가진 클라이언트에게 효과적으로 작용한다고 한다. 하지만 그런 성격 유형의 사람들을 접할 기회가 흔치 않기 때문에 더 많은 경험을 통하여 클라이언트와 관계를 잘 맺고 그들의 문제를 빨리 찾아낼 수 있는 기술을 배워야 한다고 생각한다. 그리고 편견이나 고정관념을 없애기 위하여 봉사활동이나 현장체험이 필요하다.

5. 실습에서 어려웠던 점

특별히 어려운 점은 없었던 것 같다. 주로 사례에 적용한 해결방법을 다른 실습생들과 함께 의견을 교환함으로써 내가 생각하지 못한 부분에 대해서도 많이 알 수 있어서 좋았다.

6. 기관 및 실습지도자에게 건의할 점

대상관계이론을 적용하여 클라이언트의 가족관계에서의 문제점을 탐색해 보고 싶다. 나의 가족관계에서도 문제 탐색 및 심리 내적 역동에 대한 고찰을 통해 내가 놓치고 있는 부분에 대해서 피드백을 많이 해주셨으면 좋겠다.

출처 : K대학교 실습세미나 강의에 제출한 학생의 중간평가서를 토대로 재구성(조성숙 · 이신영, 2013 : 175-176).

3. 실습종결평가서

실습종결평가서는 실습을 마무리하는 시점에서 실습생이 실습수행 전반에 대해 평가하는 보고서이다. 실습평가서는 실습일정, 실습내용 및 역할, 실습목표, 서비스 실천과정/정책 및 행정 실습 및 실습생의 자원 활용, 실습에 임하는 자세, 전문적 태도, 실습지도 활용 정도, 기관 이해도 등에 대한 평가뿐만 아니라 실습 기간 중 가장 유익했던 내용, 실습기간 중 가장 아쉬웠던 내용, 실습기관, 실습지도자, 대학에 대한 건의사항, 기타 하고 싶은 말 등으로 구성되어 있다.

통상적으로 실습종결 일주일 전에 작성하여 실습지도자에게 제출하며, 이 보고서에 근거하여 실습지도자, 기관장, 동료 실습생들과 함께 실습수행 전반에 대한 실습생의 역할, 성과 등에 대해 총 평가회를 가진다. 실습종결평가는 실습생 자신에게는 실습수행에 대한 실습생 자신의 장점, 단점 및 보완점을 확인하여 사회복지 전문가로서의 기초를 다지는 중요한 계기가 된다. 한편 기관 입장에서는 기관업무 및 실습일정 및 실습내용에 대한 실습생의 피드백을 통해 기관 발전의 좋은 기회가 될 수 있다. 따라서 실습생뿐만 아니라 실습지도자 및 기관 종사자들이 실습일정 및 내용에 대한 발전적인 피드백을 교환할 수 있는 분위기를 조성하는 것이 중요하다(서홍란 · 이경아, 2008 : 126). 실습종결평가서 작성 시 항목별 유의사항은 다음과 같다(서홍란, 이경아, 2008; 조성숙 · 이신영, 2013; 177-179).

□ 실습일정에 대한 평가

실습일정 전반 그리고 실습일정의 길이 등에 대한 적절성을 평가하고 그 이유를 설명한다.

□ 실습내용 및 역할에 대한 평가

실습내용이 초기에 수립한 실습목표를 달성하는 데 적절한 내용으로 구성되었는지, 할당된 시간, 교육 강사 등에 대해 평가한다. 또한 실습내용에서 실습생의 역할(적극적, 소극적 역할, 교사역할, 옹호자 역할, 중개자 역할 등)이 어떠했는지에 대해서도 평가한다.

□ 실습목표에 대한 평가

실습목표에 대한 평가는 구체적이고 적절한 실습목표가 설정되었는지 그리고 그 목표가 달성되었는지 여부를 평가한다. 실습기관의 상황에서 제한된 시간 내에 달성하기에 적절한 목표설정이었는지를 평가하고, 실습 초기에 세운 목표와 실습이 마무리되는 시점에서의 목표 달성 정도를 비교하고 점검하며, 달성되지 못한 목표가 있다면 원인을 분석하고 보완방법을 제시한다. 또한 기관에서 세운 목표 외에 실습생 자신이 세운 목표가 있다면 그 목표의 적절성과 달성 여부를 확인하고, 달성되지 못했다면 그 이유를 탐색한다.

□ 서비스 실천과정/ 정책 및 행정실습에 대한 평가

서비스 실천과정 및 정책 및 행정실습에 대한 평가는 서비스 실천과정 혹은 정책 및 행정실습 전반에 대해 평가한다. 즉, 서비스 실천과정과 관련하여 문제 파악 및 자료수집 능력, 문제 사정 능력, 개입 기술, 면접 기술, 기록 기술, 클라이언트와의 전문적인 관계 형성 등을 평가한다. 또한 정책 및 행정실습에 대해서는 문제 인식 능력, 문제 분석 능력, 문제해결을 위한 대안 제시 능력, 기존지식과 정보의 사용 능력, 기록 기술, 유관 기관 및 관련된 사람들과 전문적인 관계 형성 등을 평가한다.

□ 실습생의 자원활용에 대한 평가

실습생의 과업 완수를 위해 활용한 인적 및 물적 자원활용 정도를 평가한다. 기관 내의 자원뿐 아니라 기관 외의 자원 활용, 그리고 실습과 관련된 참고서적의 활용 등 인적 및 물적 자원 활용에 대해 평가한다. 인적 자원은 클라이언트 가족 등 주변인물, 기관 내의 직원, 사적 관계망, 그 외 지역사회의 다양한 전문가 및 지역주민 등이 포함되고, 물적 자원은 현금, 현물 등을 말한다.

□ 실습에 임하는 자세에 대한 평가

실습에 임하는 자세에 대한 평가는 업무관리, 직원 혹은 다른 실습생과의 관계, 실습에 있어서의 적극성 및 자발성에 대해 평가한다. 이를 구체적으로 살펴보면, 업무관리 면에서 실습에 참여하는 동안 시간을 준수하고 과제를 정해진 시간 내에 제출하였는지, 그리고 업무가 과중한 경우 주어진 일에 대한 업무조절 능력이 있었는지를 평가한다. 또한 대인관계 면에서는 실습지도자, 타 직원, 타 전문직 직원 등 직원과의 관계는 어떠했는지, 다른 실습생과의 관계는 어떠했는지를 평가한다. 한편 실습에 임하는 실습생의 자세가 적극적이었는지 및 자발적이었는지를 평가한다.

□ 전문적 태도에 대한 평가

전문적 태도에 대한 평가는 사회복지 전문가로서의 전문적 태도를 평가하는 것으로, 사회복지사로서 실습생 자신의 장·단점에 대한 인식 그리고 전문가로서 윤리 및 가치관의 이행에 대해 평가한다. 실습을 통해 장래 사회복지 전문가로서의 태도에 대해 실습생 자신이 관찰한 자신의 장점 및 단점을 평가하고, 장점을 어떻게 강화하고 단점을 어떻게 극복할 것인지를 기술한다. 또한 실습에 임하면서 사회복지 전문가로서의 윤리 및 가치관 이행 측면에서는 어떠했는지를 평가한다.

□ 실습지도 활용 정도에 대한 평가

실습지도 활용 정도에 대한 평가는 기관 및 대학의 실습지도 활용정도 및 실습지도 자체를 평가한다. 실습생이 사회복지현장실습에 임하면서 기관 및 대학의 실습지도를 어느 정도 활용했는지 그리고 그것이 자신의 사회복지전문성 개발에 어떻게 도움이 되었는지를 평가한다. 또한 기관 및 대학 실습지도가 지도 시간, 지도 횟수, 지도 방법 등의 측면에서 어떠했는지를 평가한다.

□ 기관 이해도에 대한 평가

기관 이해도에 대한 평가는 실습생의 과업과 관련된 기관의 목적, 정책, 행정절차에 대한 이해 및 실습생으로서의 기관내의 권한과 한계에 대한 인식에 대해 평가한다. 즉, 실습생이 실습에 참여하면서 주어진 과업과 관련된 기관의 목적, 정책, 행정절차에 대한 이해 정도가 어느 정도인지 평가한다. 또한 기관에서 실습생으로서 활동하면서 기관 내에서 주어지는 권한과 한계를 어느 정도 인식하고 있는지에 대해 평가한다.

□ 실습기간 중 가장 유익했던 내용, 가장 아쉬웠던 내용

실습을 마무리하는 시점에서 지나간 실습활동을 회상하면서 가장 유익했던 내용이 무엇인지 그리고 그것이 어떻게 도움이 되었는지를 기술한다. 또한 가장 아쉬웠던 실습내용은 무엇인지 기술하고, 그 실습내용의 현실적인 발전방안을 기술한다.

□ 실습기관, 실습 지도자, 대학에 대한 건의사항

실습생이 실습과정 전반에 참여하면서 실습기관, 실습 지도자, 대학에 건의하고 싶은 내용에 대해 현실성을 고려한 실행가능한 방안을 논리적으로 기술한다.

〈표 14-3〉 실습종결평가서의 예시

실습생명	박○○	기관명	○○종합사회복지관
실습기간	20○○. 07. 23~20○○. 08. 17.	실습지도자	○○○사회복지사
실습평가일	20○○. 08. 17.	실습지도교수	조○○

1. 실습일정에 대한 평가

4주간의 실습일정이 전반적으로 매우 빠듯하게 진행되었다. 기본적인 이론교육 시간을 가지면서 동시에 현장 실무의 이해와 실천적인 부분까지 습득해 가려다 보니 버겁기도 하였다. 게다가, 주별 개인 과제를 수행하면서 조별 과제까지 소화해내려고 하니 실습기간이 정신없이 흘러간 것 같다. 그렇지만 이렇게 4주의 시간을 보내다 보니 참 많이 배우고, 남는 것이 많았다. 현장실습의 목적에 부합하듯, 이번 실습을 통해서 사회복지 현장에 대해 많이 배워간 시간이었다.

2. 실습내용 및 역할에 대한 평가

이론교육을 제외하고 프로그램 개발 과제, 기관방문 보고서 작성 또는 복지관 실무실천 영역에 참여하는 활동들을 수행함에 있어서 조장으로서 다른 조원보다 여러모로 좀 더 수고했던 부분이 있었다. 발표에 있어서 대부분을 도맡아 하였고, 조원들과 의사소통하며 과제수행을 해내기 위해 노력하였다.

3. 실습목표에 대한 평가

1) 구체적이고 적절한 목표설정 여부

실습을 통해 사회복지 현장에서 사회복지사로서 갖추어야 할 다양하고 실제적인 자질 함양을 목표로 하였다. 수업시간을 통해 배운 이론적인 것을 넘어서 현장에서 이루어지고 있는 기관운영, 사회복지사의 다양한 역할 및 고민 등을 체험하고 배우면서 사회복지사의 삶이 체화되어서 말하는 것, 행동하는 것, 가치관 등에서 사회복지사로서 자질을 갖추는 것이었다.

2) 목표의 달성 여부

짧은 4주간의 시간만으로는 큰 변화를 얻지는 못했던 것 같다. 다만, 긍정적인 것은 학교에서 경험할 수 없었던 현장에서의 경험을 맛보면서 사회복지의 실제적인 것들에 대해 고민해 보고 스스로 재정립하며 예비사회복지사로서 많은 영양가 있는 것들을 배워가게 되었던 시간이었다.

4. 서비스 실천과정에 대한 평가/ 정책 및 행정실습에 대한 평가

1) 문제파악 및 자료수집능력/ 문제인식능력

주어진 과제와 업무에 있어서 적절한 문제파악과 자료수집을 수행하였다. 각 과제별로 살펴볼 때, 사례관리의 경우, 대상자의 문제 및 욕구를 잘 파악하여 적절한 개입계획을 세웠다. 기관방문 보고서 및 프로그램 개발 과제의 경우, 필요한 자료를 인터넷 및 참고 자료를 활용하여 준비하였다.

2) 문제사정능력/ 문제분석능력

사례관리를 함에 있어서 주로 문제사정을 수행해 보았다. 문제사정의 경우 전반적으로 미숙함을 느꼈다. 대상자와 면담을 하며 정보를 파악하는 것부터 쉽지 않았고 정보를 알아냈다고 해도 어떤 문제와 욕구를 가지고 있는지 실제적으로 파악하고 적절히 정리하는 것이 어려웠다. 게다가, 주관적인 생각이 앞서서 객관성을 놓치기도 하였다.

3) 개입기술/ 문제해결을 위한 대안제시능력

문제와 욕구를 분석하고 그것들을 해결하기 위한 일련의 수단과 방법들을 구상해 보았다. 문제에 대해 어떤 식의 개입이 필요할 것 같다는 구상을 잘했던 반면 그 내용이 너무 추상적인 것이 많았던 것 같다. 게다가, 주관이 너무 많이 들어가서 객관성이 떨어졌다는 생각도 든다. 대상자가 경제적 어려움과 건강상의 어려움 등으로 인해 상황이 매우 안 좋다고 판단하였지만, 실제 생각했던 것만큼 치명적이지 않다는 것을 알게 되었을 때는 사례관리에 있어서는 주관도 중요하지만 객관적 판단과 개입 또한 너무나 중요함을 느꼈다.

4) 면접기술/ 기존 지식과 정보의 사용능력

초기상담을 하며 대상자와 면담을 할 때 분위기와 이야기의 흐름은 잘 이끌어 나갔다. 질의응답식의 방식이 아닌 자연스러운 대화를 이어가면서 필요한 정보들을 파악하였던 부분은 좋았다고 생각한다. 아쉬운 점은 면담을 하면서도 주관적인 생각이 너무 많이 개입되어서, 면담을 마치고 나서 면담내용을 다시 살펴보았을 때 객관적이고 꼭 필요한 정보들을 파악하지 못한 부분이 다소 있었다.

5) 기록기술

필요한 자료를 수집하고 형식을 갖추어서 기록하는 전반적인 과정은 잘 수행하였다. 논리정연하게 자료 및 정보를 기록한 점은 잘되었다. 아쉬운 점은 기록에 있어서 객관성이 다소 부족하였다.

6) 클라이언트 및 유관기관 및 관련된 사람들과 전문적인 관계형성

클라이언트와 충분한 시간을 가지지 않았기 때문에 특별히 클라이언트와 전문적 관계를 형성하지는 못했다. 다만, 프로그램을 진행하거나 사례관리를 수행하였을 때 대상자들과 소통하며, 함께 하기 위해 친밀한 관계를 형성하려고 노력하였다.

5. 실습생의 자원 활용에 대한 평가

1) 기관 외의 자원 활용

실습과 관련하여 주로 복지관 내에서 충분히 자원 활용을 할 수 있어서 특별히 외부자원을 활용할 부분은 없었다. 다만, 실습에 관해서나, 과제수행에 관해서 어려웠던 부분에 대해 먼저 현장실습을 마친 친구에게 조언을 얻기도 하며, 이러한 부분에서 인적 자원 활용을 하였다.

2) 실습과 관련된 참고서적의 활용

주로 실습을 위해 제작된 교육교재와 추가책자 등을 적극 활용하였고, 또한 과제를 수행하기 위해 다양한 논문자료를 활용하였다.

6. 실습에 임하는 자세에 대한 평가

1) 업무관리

(1) 시간준수, 과제제출

전반적으로 시간준수를 잘하였다. 2주차가 넘어가면서 다소 긴장감이 풀렸는지 간혹 5분가량 지각하기도 하였다. 과제제출의 경우 두세 개의 과제가 연달아 주어진 적이 있었는데, 과제제출을 미루다 보면 걷잡을 수 없게 될 것 같아서 충실히 제출일자를 맞추려고 노력하였다.

(2) 주어진 일에 대한 업무조절능력

4주간 이론교육과 실천교육, 그리고 다수의 과제들이 주어졌다. 첫째 주 이론 위주의 교육이 진행 될 때는 큰 어려움 없이 실습을 수행할 수 있었으나 점차 일정이 진행되면서 조별 및 개인 과제를 동시에 수행해야 할 때는 너무 버겁기도 하였다. 기관방문을 다녀오고 나서 그 다음 날 바로 보고서를 제출해야 함과 동시에 개별과제 한두 개를 완성해내야 했을 때는 '제시간에 다 제출할 수 있을까' 염려되기도 했지만 일과를 마친 후에 조별 모임을 한다든지, 또는 늦은 시간까지 과제 준비를 함으로써 주어진 업무를 잘 수행하였다.

2) 직원과의 관계(실습지도자, 타 직원, 타 전문직 직원)

교육 및 프로그램 수행을 함께 해주셨던 모든 선생님들과 원만히 잘 지냈다. 다만, 실습생과 선생님이라는 특수한 관계 때문에 사무적인 관계로서만 대하다 보니 사람 대 사람으로서 더 친밀한 관계를 맺지는 못했다는 점이 아쉽다.

3) 다른 실습생과의 관계

각자 다른 성향을 가진 13명의 실습생과 함께 실습을 하면서 어떤 실습생들과는 마음과 손발이 잘 맞아서 원활히 업무를 수행할 수 있었던 반면 여러 모로 잘 소통이 안 되었던 실습생들도 있었다. 잘 맞는 사람과 잘 맞지 않는 사람이 있는 건 자연스러운 것이라 생각한다. 실습 동안 모든 실습생들과 원만히 잘 지내고 협동하는 것을 더 배우게 되었다.

4) 실습에 있어서의 적극성 및 자발성

대부분의 실습시간에 적극적이고 긍정적인 자세로 임하였다. 가치 있고 의미 있는 것들을 배워가는 시간이라 생각하기에 다소 지칠 때도 있었지만 즐겁고 적극적으로 실습에 임하려고 하였다. 더욱이 빠듯한 교육일정 속에서 과제를 제 때 한다는 것이 어렵기도 했지만 많이 배워가고 싶은 마음에 과제를 소홀히 하지 않기 위해 애썼다. 게다가, 함께 해나가는 팀원들과의 관계에 있어서 서로 협동과 분담 및 역할수행을 잘 할 수 있게 노력하였다.

7. 전문적 태도에 대한 평가

1) 사회복지사로서 실습생 자신의 장단점에 대한 인식

사회복지사로서 나의 장점은 사람을 대하는 것에 있어서 유연하고, 편안하게 관계를 맺는 것이다. 낯선 사람을 많이 대하고, 또 어떤 일들을 수행해나가야 할 때가 많은데, 그런 상황들 속에서 클라이언트나 동료든 상관없이 활력을 불어넣어 주고 일을 잘 수행하도록 격려와 조력하는 것을 잘한다. 반면 단점은 일을 체계적으로 기획하고 집행하는 역할을 못한다는 것이다. 특히 행정적인 일에 서툴러서 공식적인 자료를 꾸민다든지, 프로포절을 한다든지 하는 능력이 부족함을 느낀다.

2) 전문가로서 윤리 및 가치관의 이행

실습을 시작하면서 학교와 기관에서 중요하게 전달했던 사항 중 하나가 윤리적인 문제와 관련해서이다. 실습 중 알게 된 대상자의 정보에 대해 유출을 해서는 안 된다는 것이다. 이와 관련하여 실습 중 가장 조심해야 했던 부분은 사례관리이다. 사례관리를 하면서 알게 된 대상자의 정보에 관해 사적으로 언급한다든지 가지고 있던 자료를 아무 곳에나 둔다든지 하는 것을 일체 하지 않으면서 이러한 가치를 지키기 위해 노력하였다.

8. 실습지도 활용 정도에 대한 평가

1) 실습생 자신의 실습지도 활용 정도에 대한 평가

(1) 기관 실습지도

4주라는 시간 동안 이론 및 실무실천 교육이 다양한 방법과 소재로 이루어졌다. 학교교육과는 다르게 사회복지현장의 실제적인 경험을 많이 쌓을 수 있었다. 실제로 대상자를 만나 초기면담과 사례관리를 해보고 또 프로그램을 기획하고 진행해 보면서 능력의 한계에 부딪히기도 했지만 그런 것을 경험해 봄으로써 단순히 이론적인 사회복지를 넘어서 실제적인 것들을 많이 배우게 되어 유익했다.

(2) 대학 실습지도

학교차원에서의 실습지도는 실습 전 오리엔테이션이 전부였기 때문에 실습에 큰 영향을 미치진 않았다.

2) 실습지도 자체에 대한 평가

(1) 기관 실습지도

일정 및 교육 수준이 우수했다. 4주라는 기간 동안 빠듯한 교육일정이 잡혀있었지만 그만큼 실습내용도 알차서 실습생 입장에서 남는 것이 많았던 유익한 시간이었다. 주별로 이론교육과 실무실천 교육이 적절히 배분되어 있었기에 지겹거나 또는 너무 지치지 않게 실습할 수 있었다.

9. 기관 이해도에 대한 평가

1) 실습생의 과업과 관련된 기관의 목적, 정책, 행정절차에 대한 이해

먼저 종합사회복지관의 운영주체인 ○○복지재단이 인상 깊었다. 재단의 운영이 전반적으로 투명하였고, 현대사회의 다양한 이슈 및 꼭 필요한 사업에 대해 다양한 사업을 하고 있다는 인상을 받았다. 이에 기초하여 지역사회의 종합 복지관으로서 건강하고 힘있는 역할을 하고 있다고 느꼈다. 사례관리팀, 서비스 지원팀 등 각 팀으로 구성된 행정조직은 업무를 원활히 수행하는 기본 토대가 되고 있는 것으로 보인다. 그리고 클라이언트를 중심으로 한 사업과 개입을 강조하는 것이 가장 인상 깊었다.

2) 실습생으로서의 기관 내의 권한과 한계에 대한 인식

실습 시작일에 느꼈던 관장님의 인상이 감명 깊었다. 열정이 있으시고 오랜 실무경험에서 나오는 안목이 대단하심을 느꼈다. 이런 전문가적인 모습을 가짐과 동시에 실습생을 대하실 때 매우 편하게 대하여 주셨고, 많은 것을 가르쳐 주시고자 하시는 모습이 훌륭하셨다. 하고 싶은 말의 요지는 관장님은 사람을 키우시는 것에 목적이 있으신 것 같다는 것이다. 관장님이 이런 분이시다 보니 복지관의 전체적인 분위기가 매우 좋다고 느꼈다. 권위와 위계질서가 있기는 하지만 각 직원들이 서로 친밀하게 소통하며 일을 하고 있다는 것이 느껴진다. 뿐만 아니라 직원 한 분 한 분이 각자 자신의 능력대로 업무를 잘 분담하고 있다고 생각한다. 부장님은 부장님으로서 뛰어난 행정적인 업무능력 부분과 상급자로서 무게를 가지고 계셨고, 각 하위직원들은 직급에 따라 위계질서가 존재하기는 했지만 자유로운 분위기 속에서 업무를 수행하고 있다는 인상을 받았다.

10. 실습기간 중 가장 유익했던 내용

프로그램을 직접 준비하고 진행하였던 것이 가장 유익했다. 학교에서는 주로 이론수업 위주이기 때문에 직접 대상자를 상대로 어떤 프로그램을 수행해 보았다는 시간이 기억에 남는다. 준비하면서 힘들고 막막할 때도 많았지만 그만큼 다른 수업들보다 배운 것도 많았다. 더욱이, 개인적으로 정신건강 분야에 관심이 있는데, 마침 우리 조가 정신장애인과 함께 하는 요리 프로그램을 진행하는 것이어서 여러 모로 참 많이 배우고 경험할 수 있었던 소중한 시간이었다.

11. 실습기간 중 가장 아쉬웠던 내용

실습기간 동안 대부분 예정된 스케줄대로 실습이 이루어져서 만족한다. 다만, 교육 중간중간에 다음 수업 또는 실무 실천 실습이 이어지는 시간들에서 발생하는 여유시간이 너무 어중간 했다. 복지관 사정상 늦어질 수도 있고 빨라질 수도 있는 것은 알지만 그 시간에 대해 미리 상황을 설명해 주셨다면 그 시간을 활용하여 과제를 한다든지 할 수 있었을 텐데 따로 말씀이 없으셔서 시간이 지체될 때는 과제를 할 수도 없고, 그렇다고 특별히 하는 것도 없이 가만히 앉아 있어야 했던 시간들이 아깝게 느껴졌다.

12. 실습기관, 실습 지도자, 대학에 대한 건의사항

실습기간 동안 4주간 복지관에 매일 출근하여 함께 일하고 수업하였던 여러 선생님들을 대하였다. 다소 아쉬운 점은 선생님들도 실습생들의 이름 정도는 숙지하시고 실습생들을 대해 주셨더라면 더 좋지 않았을까 하는 생각이 든다. 물론 예비 사회복지사로서 예우를 갖추어 주셔서 실습생들에게 '선생님'이라는 호칭을 붙여주시긴 했지만 단순히 '선생님', '학생'이라는 호칭보다는 '누구 선생님', '누구 학생'이라고 불러주셨으면 더 좋았을 것 같다. 몇몇 선생님들께서는 실습생들과 함께 할 때 이렇게 대해 주셨지만 반면에 그냥 사무적으로 대하시는 분들도 계셨다. 사회복지는 사람을 대하는 것이 가장 중요한 것이라고 생각한다. 그러므로 이렇게 사소한 것이긴 하지만 그 나름대로 중요한 것 같다.

13. 기타 하고 싶은 말

짧다면 짧고 길다면 길다고 할 수 있는 4주간의 시간 동안 참 많은 것을 배우고 간다. 정신없이 4주간을 보내면서 나름대로 고생 많았다고 생각했지만 되돌아 보면 실습 첫 시간에 관장님께서 말씀하신 것처럼 코끼리의 발만큼밖에 보지 못한 것 같다. 사회복지에 뜻을 두고 실습에 참여했지만 현장에서 경험한 사회복지는 참 녹록지 않다는 생각이 든다. 실습일정이 다소 빠듯한 것들은 있었지만 그만큼 남는 것도 많았다.

출처 : K대학교 실습세미나 강의에 제출한 학생의 실습평가서를 토대로 재구성(조성숙 · 이신영, 2013 : 180-185).

생각해 봅시다!

1. 실습일지 작성의 이점에 대해 구체적인 사례를 들어 이야기해 봅시다.
2. 실습중간평가서 작성이 그 후 자신의 실습에 어떻게 도움이 되었는지에 대해 의견을 나누어 봅시다.
3. 사회복지 분야의 진로준비를 위해 실습종결평가서를 어떻게 활용할 것인지 향후 활용방안에 대해 이야기해 봅시다.

부 록

부록 1 사회복지현장실습 관련 서식

부록 2 사회복지공동모금회 배분신청서(성과중심형) 표준 양식 및 작성 예시

부록 3 아산사회복지재단 사회복지 지원사업 사업계획서

부록 1 사회복지현장실습 관련 서식

1 사회복지현장실습 관련 서식(교육기관용)

[교육기관 1] 실습의뢰서
[교육기관 2] 실습신청서
[교육기관 3] 실습생 프로파일
[교육기관 4] 사회복지현장실습생의 자세

2 사회복지현장실습 관련 서식(실습기관용)

[실습기관 1] 실습신청의뢰서
[실습기관 2] 실습지도계획서
[실습기관 3] 실습지도자 프로파일
[실습기관 4] 실습의뢰에 대한 회신
[실습기관 5] 실습생 출근부
[실습기관 6] 실습지도 기록서
[실습기관 7] 실습평가서(교육기관 발송용)
[실습기관 8] 사회복지현장실습 교육 수료증
[실습기관 9] 실습기관 등록증

3 사회복지현장실습 관련 서식(실습생용)

[실습생 1] 실습생 서약서
[실습생 2] 실습 계약서
[실습생 3] 실습일지
[실습생 4] 실습기관 분석 보고서
[실습생 5] 사례관리 계획서
[실습생 6] 사례관리 진행일지
[실습생 7] 사례관리 종결기록서
[실습생 8] 집단지도 계획서(소집단용)
[실습생 9] 집단과정 일지(소집단용)
[실습생 10] 집단의 개별회원 분석표(소집단용)
[실습생 11] 집단 종결 기록서(소집단용)
[실습생 12] 프로그램 계획서(대집단 및 지역사회복지)
[실습생 13] 프로그램 평가서(대집단 및 지역사회복지)
[실습생 14] 사회복지정책 분석 보고서(정책개발 및 평가)
[실습생 15] 사회행동, 옹호활동 보고서(사회행동)
[실습생 16] 홍보기획서
[실습생 17] 개별면접 일지
[실습생 18] 가족상담 기록서
[실습생 19] 사회조사 계획서
[실습생 20] 사회조사 진행일지
[실습생 21] 사회조사 분석평가서
[실습생 22] 기관방문분석보고서
[실습생 23] 지역탐방보고서
[실습생 24] 실습 중간평가서
[실습생 25] 실습평가서
[실습생 26] 사회복지현장실습확인서
[실습생 27] 실습 종결보고서
[실습생 28] 실습지도자 평가척도
[실습생 29] 실습지도 평가척도

1. 사회복지현장실습 관련 서식(교육기관용)

[교육기관 1] 실습의뢰서

○○○대학교(원) ○○대학 사회복지학과장

수신자
(참 조)
제 목 **사회복지현장실습 의뢰**

---

1. 항상 사회복지현장실습 교육을 위해 애써 주시는 귀 기관에 감사드립니다.

2. 사회복지현장실습을 수강하는 본교 사회복지학과 학생의 실습교육을 의뢰하오니 아래를 참조하시어 협조하여 주시기 바랍니다.

- 아 래 -

가. 학생명 : (학생연락처 :)

나. 실습기간 :

다. 실습지도교수 :

라. 실습담당조교 :

(연락처 : 사회복지학과 ☎)

별첨 : 실습신청서 1부. 끝.

○○○대학교(원) ○○대학 사회복지학과장(직인)

시행 처리과 - 일련번호(시행일자) 접수 처리과명 - 일련번호(접수일자)
우 주소 /홈페이지 주소
전화( ) 전송( ) / 기안자의 공식 전자우편주소/ 공개구분

※ 교육기관의 상황에 따라 변경하여 사용할 수 있음

[교육기관 2] 실습신청서

실 습 신 청 서

○ 실습기관 :

1. 실습생 인적사항

이 름		생년월일			
소 속		학과/ 전공		학년/ 학기	
현주소					
전화번호	집 :		휴대폰 :		
E-Mail					

2. 실습 의뢰내용

실습 부서	
실습 분야	
실습 내용	
실습 기간	

* 상기 내용으로 귀 기관에 실습신청을 의뢰하며 실습생 프로파일을 동봉합니다.

신청인(학생명) : ________________ 인

실습지도교수 : ________________ 인

학과장/ 대학원장 : ________________ 인

[교육기관 3] 실습생 프로파일

실습생 프로파일

1. 인적사항

<table>
<tr><td rowspan="5">(사진)</td><td>실습생명</td><td></td><td>성 별</td><td></td><td>생년월일</td><td></td></tr>
<tr><td>소 속</td><td colspan="5">대학교(원) 전공 학년(학기)</td></tr>
<tr><td>주 소</td><td colspan="5"></td></tr>
<tr><td>전화번호</td><td colspan="5">집 : 핸드폰 :</td></tr>
<tr><td>E-mail</td><td colspan="5"></td></tr>
</table>

2. 이수 전공과목

교과목명	이수 완료	현재 이수	교과목명	이수 완료	현재 이수	교과목명	이수 완료	현재이수
사회복지학개론			인간행동과 사회환경			사회복지실천론		
사회복지실천기술론			지역사회복지론			사회복지정책론		
사회복지행정론			사회복지법제와 실천			사회복지조사론		
사회복지자료분석론			프로그램개발과 평가			가족복지론		
아동복지론			청소년복지론			노인복지론		
여성복지론			장애인복지론			정신건강론		
정신건강사회복지론			의료사회복지론			학교사회복지론		
산업복지론			자원봉사론			사회문제론		
사회복지발달사			사회보장론			교정복지론		
사회복지윤리와 철학			사회복지지도감독론			사회복지현장실습		

3. 경력

구 분 (취업, 실습, 봉사)	기 관	기 간	내 용

4. 사회복지를 전공하게 된 동기

5. 실습기관 선택 이유

6. 실습을 통해서 성취하고자 하는 목표

7. 실습을 마친 후 목표달성 정도를 파악할 수 있는 기준

8. 사회복지를 실천하는 데 있어 자신의 강점과 약점

1) 사회복지 지식 및 기술의 측면	2) 개인적인 특성 측면

9. 취미 및 특기

10. 실습기관, 실습지도자 및 실습지도교수에게 바라는 점

[교육기관 4] 사회복지현장실습생의 자세

사회복지현장실습생의 자세

우리는 사회복지 실습생으로서 사회복지사 윤리강령과 다음 사항을 준수한다.

1. 실습의 목적과 중요성을 충분히 이해하고 실습계약 사항을 이행하기 위하여 최선의 자세로 실습에 임한다.
2. 실습은 대학에서 학습된 이론을 구체적으로 적용하는 과정임을 인식하여 이에 최선을 다한다.
3. 실습교육기관의 구성원이라는 생각으로 타 구성원과 협력하며 친화적인 태도를 취한다.
4. 기관의 정책을 이해하고 수용하며 실습과정에서 준수하도록 한다.
5. 근무시간은 기관의 규정에 준하며 직원과 동일한 자세로 근무시간에 임하도록 한다.
6. 실습시작 최소 10분전에 출근하여, 업무에 관계된 사항을 사전에 준비하도록 한다.
7. 결근, 조퇴, 지각 등 근태와 관련된 사항은 반드시 실습지도자에게 사전에 보고하여 허락을 받도록 한다.
8. 실습지도자의 지시뿐 아니라 타직원의 지도를 잘 이행하여 실습효과를 최대화하도록 한다.
9. 직무에 강한 책임감과 열의를 갖고 적극적으로 임하며 타인에게 책임을 전가하거나 태만하게 행동하지 않는다.
10. 실습으로 인하여 알게 된 클라이언트의 사적인 정보를 교육적 목적(대학실습지도 등) 이외에는 절대 발설하지 않으며, 교육적 목적이라 하더라도 가명을 사용하여 개인의 비밀이 침해되지 않도록 한다. 실습종료 후, 실습 관련 내용을 학회지 등에 게재하고자 할 때는 반드시 실습지도자와 상의하여 허락을 받아야 한다.
11. 실습지도자의 지도 혹은 타실습생의 실습을 견학, 관찰할 경우 배우는 자세로 진지한

태도를 취한다.

12. 기관의 직원, 클라이언트 등에 대해 예의를 지킨다.

13 복장, 소지품은 실습 기관의 특성과 상황에 맞게 취하되 가능한 한 화려한 것을 피하고 검소하며 단정한 것으로 착용하도록 한다.

14. 안전사고에 만전을 기하도록 하며 안전사고와 관련된 기관의 규정을 사전에 숙지하여 그에 준해 처리하도록 한다.

15. 실습일지를 비롯한 각종 실습기록은 사실에 근거하여 정확하고 구체적으로 정리하여 실습 시 실습지도자와 실습지도교수의 강평을 받는다.

16. 과제에 관하여 연구하고 그 결과물에 대해 실습지도자의 강평을 받는다.

17. 실습과정 중 어떤 경우라도 사례금 등의 금품을 절대 주거나 받지 않는다.

18. 과제물은 정해진 기일에 제출하고 출근 전에 작성을 마친다.

19. 기관의 명칭을 사적으로 활용하지 않으며 실습생의 신분을 지킨다.

20. 기관을 대표한다는 자세로 실습교육기관의 직원들과 동일한 업무 태도와 자세를 취한다.

2. 사회복지현장실습 관련 서식(실습기관용)

[실습기관 1] 실습신청의뢰서

실 습 기 관 명

수신자

(참 조)

제 목 **사회복지현장실습 신청의뢰서**

---

1. 사회복지교육 및 연구활동을 통해 사회복지발전에 전력을 다하시는 귀하와 귀교의 무궁한 발전을 기원합니다.

2. 아래와 같이 사회복지현장실습 교육이 가능하오니 관심 있는 학생들이 참여할 수 있도록 협조를 부탁드립니다.

- 아 래 -

1. 실습부서/ 분야 :
2. 실습지도자 :
3. 대학별 배정가능 실습생 수 :
4. 실습담당직원 : (연락처 : ☎)
5. 실습비 :

별첨1 : 실습지도계획서

별첨2 : 실습지도자 프로파일

실습기관장(직인)

시행 처리과 - 일련번호(시행일자) 접수 처리과명 - 일련번호(접수일자)

우 주소 /홈페이지 주소

전화( ) 전송( ) / 기안자의 공식 전자우편주소/ 공개구분

[실습기관 2] 실습지도계획서

실습지도계획서

○ 실습지도자 :

1. 실습목적 :
2. 실습목표 :
3. 실습분야 :
4. 실습기간 :
5. 실습대상 :
6. 교육계획

단위시간	내 용	담당	비 고

7. 실습지도방법
- 개별실습지도 계획 :
- 집단실습지도 계획 :
- 기타 계획 :

8. 실습일정

주	월/ 일	시간	실습내용	담당	과제물

9. 실습생의 책임과 과제

10. 참고도서

[실습기관 3] 실습지도자 프로파일

실습지도자 프로파일

1. 인적사항

성 명		성 별	
기관명/ 부서		직 책	
담당 업무		전 화	
이메일		팩 스	
최종학력		최종학력의 전공	
사회복지사 자격번호		사회복지 총 실무경험기간	년 개월

2. 실습지도 및 실습분야 관련 주요 교육배경

교육명	주관단체	기 간	수료/ 자격여부

3. 사회복지분야 근무경력

기관명	기 간	직 책	담당업무

4. 본인의 전공분야(현재 자신의 관심분야, 실천모델, 실천기술과 기법)

5. 실습지도자로서의 자신의 특성(강·약점)

6. 실습생에게 바라는 점

[실습기관 4] 실습의뢰에 대한 회신

실습의뢰에 대한 회신

귀 대학의 실습생의 실습의뢰를 수락합니다.

<table>
<tr><td>실습생명</td><td></td><td>소속대학</td><td></td></tr>
<tr><td>기관명</td><td colspan="3"></td></tr>
<tr><td>기관주소</td><td></td><td>전화번호</td><td></td></tr>
<tr><td rowspan="2">실습지도자</td><td rowspan="2">직위 :
부서 :
성명 :</td><td>연락처</td><td>전화 :
팩스 :</td></tr>
<tr><td>E-mail</td><td></td></tr>
</table>

실습기간	년 월 일 – 년 월 일 (오리엔테이션 일정 : 년 월 일 시)
필요서류	다음 서류를 실습개시일 ( )일 전까지 우송 바랍니다. – 실습생 프로파일 1부 – 실습비 (원) (실습개시일 납부 요망) – 기타 필요한 서류 ( )
실습을 위한 기타 준비사항	– 참고문헌 – 사전 과제물
대학에 대한 의견	

실습지도자 (인)

기 관 장 (인)

[실습기관 5] 실습생 출근부

실습생 출근부

ㅁ 성명 :　　　　　　긴급연락처 :　　　　　　전자우편 :

월 일	출근시간	퇴근시간	실습생 확인	실습 지도자확인	지각, 조퇴, 결근여부	사 유

* **기입요령 :** 출근시간, 퇴근시간 표시, 퇴근 시 실습생 및 실습지도자가 확인하며, 지각, 조퇴, 결근 시 그 사유를 함께 기록함

[실습기관 6] 실습지도 기록서

실습지도 기록서

○ 실습지도자 :

○ 실 습 생 :

일 시	실습지도 내용	비 고

[실습기관 7] 실습평가서(교육기관 발송용)

실습평가서(교육기관 발송용)

기관명		실습지도자	
실습부서		실습지도교수	
실습기간			
실습생		평가일시	

* **출석상황**

☐ 무단결석 없음 ☐ 무단결석 1회 ☐ 무단결석 2회 ☐ 무단결석 3회 이상

* 다음은 실습생에 관한 평가입니다. 실습생이 실습지도 기간 동안 보여주었던 태도와 행동을 기준으로 아래 항목에 솔직하게 평가해 주시기 바랍니다.

실습내용에 포함되어 있는 사항에 관해서만 평가하여 주시고, 평균에는 평가항목 총점을 평가항목 개수로 나눈 점수를 기입하면 됩니다.

(1점 : 매우 그렇지 못하다.~5점 : 매우 그렇다.)

항목	내 용	1	2	3	4	5
실습 지도에 대한 태도	1. 실습지도 시간을 엄수한다.					
	2. 적극적이고 긍정적인 자세로 실습지도에 참여한다.					
	3. 실습지도에서 지적된 내용을 수용한다.					
	4. 배우는 입장에서 진지하게 노력하고 발전하려는 태도를 가진다.					
	5. 실습지도자와 실습생으로서 공식적 관계를 형성한다.					
기관 이해 및 관계 유지	6. 동료실습생과 긍정적이고 원만한 협력 관계를 유지한다.					
	7. 기관의 목적, 정책, 규칙, 사업내용을 이해한다.					
	8. 기관 내에서 실습생으로서의 권한과 한계를 알고 일한다.					
	9. 기관 내 타직원과 협조적인 대인관계를 형성, 유지하여 업무를 처리한다.					

항목	내 용	1	2	3	4	5
기본적 태도와 자질	10. 일의 우선순위를 결정하는 능력이 있다.					
	11. 할당된 시간 안에 일을 계획하고 수행한다.					
	12. 자신의 장점과 단점을 잘 인식하고 대응한다.					
	13. 사회복지실천 지식을 실습내용에 적용한다.					
	14. 사회복지실천의 가치와 윤리를 갖고 임한다.					
	15. 전문가로서의 편견, 선입견, 고정관념을 인식하고 객관성을 유지한다.					
	16. 실습지도 내용을 실행에 옮긴다.					
	17. 실습과정을 책임감 있게 수행한다.					
기 록	18. 기록, 보고서 등을 정해진 일시에 제출한다.					
	19. 실습내용을 사실에 근거하여 정확하게 기록한다.					
	20. 실습내용을 체계적이고 구체적으로 기록한다.					
	21. 클라이언트와의 상호작용 및 실습생의 사고와 감정을 기록한다.					
	22. 실습지도를 통해 지적된 사항 및 배운 것을 정확히 기록한다.					
전문적 태도와 관계 형성	23. 클라이언트와 전문적 관계를 형성하고 활용한다.					
	24. 전문적 관계형성에서 동정과 감정이입을 구별하여 적용한다.					
	25. 주변의 자원을 파악하고 그것을 활용하려고 노력한다.					
	26. 비심판적이며 경청과 수용의 태도를 가진다.					
	27. 클라이언트의 능력과 동기의 한계를 수용한다.					
	28. 실습지도자가 지시한 것을 잘 파악하여 실행에 옮긴다.					
개인에 대한 개입	29. 클라이언트가 표현한 의사소통과 암시적인 의사소통을 이해한다.					
	30. 실습생이 의도한 바를 클라이언트에게 명확하게 전달한다.					
	31. 클라이언트의 문제와 상황에 관련된 정확한 자료를 수집한다.					
	32. 수집된 자료를 체계적으로 종합하고 이론에 기초하여 사정한다.					
	33. 클라이언트 가족 등 주변의 지지자원을 활용한다.					
	34. 클라이언트와 환경의 상호역동성의 이해 아래 개입목표와 전략을 수립한다.					
	35. 개입목표에 따라 클라이언트의 긍정적인 변화를 유도한다.					
가족에 대한 개입	36. 가족의 역동성을 파악하고 가족상황에 관련된 정확한 자료를 수집한다.					
	37. 가족의 구조를 명확히 이해하여 필요한 가족개입의 기술을 활용한다.					
	38. 가족의 상호역동성의 이해 아래 개입목표와 전략을 수립한다.					
	39. 가족 구성원을 개별화하고 성원들이 긍정적으로 변화하도록 유도한다.					

항목	내 용	1	2	3	4	5
집단에 대한 개입	40. 집단 역동을 파악하여 의미 있는 개입으로 집단을 지도한다.					
	41. 집단에서 주 진행자와 보조진행자의 의미와 역할을 알고 실천한다.					
	42. 집단의 구조를 명확히 하고 필요한 집단지도의 기술을 활용한다.					
	43. 집단 성원을 개별화하고 성원간 의미 있는 관계를 형성하도록 한다.					
	44. 집단의 목적에 대해 정확히 사정한다.					
	45. 정확한 사정에 입각하여 적절한 프로그램을 계획하고 실행한다.					
	46. 집단의 상호작용이 목적 지향적이고 성원들이 긍정적으로 변화하도록 한다.					
지역 사회에 대한 개입	47. 지역주민들이 지역사회의 요구와 문제를 파악하도록 돕는다.					
	48. 파악된 지역사회요구를 사회행동으로 계획하고 실행한다.					
	49. 지역사회구조와 권력에 대해 이해하고 그 지역사회 상황을 정확히 파악한다.					
	50. 지역사회자원을 정확히 파악하고 접근한다.					
정책 및 행정 분야	51. 정책형성 및 개선과 관련된 이해집단들의 문제 상황 및 요구와 정책발의자들 및 집행자들의 이해관계를 정확하고 객관적으로 이해한다.					
	52. 정책형성 및 개선과 관련된 이해집단과 건설적이고 전문적인 관계를 맺는다.					
	53. 문제 상황에 적합한 정책대안을 개발하는 데 적극적으로 참여한다.					
	54. 기본정보를 정확히 사용하며 실증적인 자료 분석의 지식을 가지고 문제를 분석한다.					
	55. 사회복지행정체계 및 전달체계에 대해 정확하게 이해한다.					
기관 고유 항목*	56.					
	57.					
	58.					
	59.					
	60.					

* 기관 고유 항목에는 기관의 특성과 실습상황에 맞는 평가항목을 실습지도자가 추가적으로 직접 기입하고 평가할 수 있습니다.

<table>
<tr><td>총 평</td><td colspan="5">(※ 실습생의 실천가로서의 장단점 및 대학에 대한 건의)</td></tr>
<tr><td>평가문항
개수</td><td colspan="2"></td><td>총 점</td><td colspan="2"></td></tr>
<tr><td>평균
(총점 ÷
평가문항개수)</td><td colspan="5">(※ 기록 후 테이프 부착 후 실습지도자 서명 요망)</td></tr>
<tr><td rowspan="4">평점부여</td><td colspan="5">※ 여기에 부여하는 평점은 실습생이 받게 되는 성적표상의 최종 평점은 아닙니다. 교육기관 실습지도 점수와 함께 사회복지현장실습 평점 부여 시 주요 고려사항이 됩니다.</td></tr>
<tr><td>☐ A^{+}</td><td>☐ B^{+}</td><td>☐ C^{+}</td><td>☐ D^{+}</td><td rowspan="3">☐ F</td></tr>
<tr><td>☐ A^{0}</td><td>☐ B^{0}</td><td>☐ C^{0}</td><td>☐ D^{0}</td></tr>
<tr><td>☐ A^{-}</td><td>☐ B^{-}</td><td>☐ C^{-}</td><td>☐ D^{-}</td></tr>
</table>

실습지도자 : ____________________ 인

기 관 장 : ____________________ 인

☞ Tip – 점수 기준: 평가항목 중 해당되는 항목을 평가하여 평가한 문항으로 나누면 5점 만점 중 학생의 점수 평점이 됨. 5~4.5점 사이는 A점수대의 점수 부여, 4.4~4.0점 사이는 B점수대, 3.9~3.5점 사이는 C점수대, 3.4~3점 사이는 D점수대, 2.9점 이하는 F점수대/ 각 점수대의 +, 0, −는 점수범위의 분포에 따라 적절히 부여할 수 있음

[실습기관 8] 사회복지현장실습 교육 수료증

사회복지현장실습 교육 수료증

수료번호 : ○○○○(연도)-○○(번호)

○○대학(원) 성명 : ○○○ (학번)

상기 학생은 아래의 과정을 수료하였으므로 사회복지현장실습 교육 수료증을 발급합니다.

- 아 래 -

1. 실 습 지 도 자 :
2. 실습교육기관 :
3. 실 습 기 간 :
4. 실 습 분 야 :

년 월 일

○○기관장 (직인)

[실습기관 9] 실습기관 등록증

NO. 2013-L0000001

사회복지현장실습기관 등록증

등록번호	○○○○(연도)-○○○○○(번호)		
등록일자			
기관명		대표자	
주 소			
실습지도자		실습시간	

상기 기관은 한국사회복지사협회에서 주관하는 사회복지현장실습 등록제에 의한 실습기관으로 등록되었기에 사회복지현장실습 기관 등록증을 발급합니다.

년 월 일

한국사회복지사협회장

* 본 증명서는 인터넷으로 발급되었으며, 발급일로부터 1개월까지 유효합니다.

3. 사회복지현장실습 관련 서식(실습생용)

[실습생 1] 실습생 서약서

실 습 생 서 약 서

본인은 ○○ 기관의 실습생으로서 다음의 사항을 준수할 것을 서약합니다.

1. 사회복지사 윤리강령
2. 클라이언트와 기관에 대한 비밀 유지
3. 실습교육기관 및 실습지도자의 요구사항

년 월 일

실습생 : (인)

○○ 기관 귀중

[실습생 2] 실습 계약서

실습 계약서

실습생명		소속 대학	
기관명		주소/ 전화번호	
실습지도자		실습지도교수	

1. 일반적 사항

(1) 실습기간 : ________년 ______월 ______일부터

________년 ______월 ______일까지 총 ______일

(2) 업무시간 : 주 _____일 근무, ________시부터 ________시까지

(3) 대학 실습세미나 시간 : ______요일, ______시부터 ______시까지

(4) 결석에 대한 조치

2. 실습의 목적과 목표

(1) 목적

(2) 목표

3. 실습생의 의무와 책임

4. 실습지도자의 의무와 책임

5. 실습지도교수의 의무와 책임

상기 사항을 성실하게 이행하여 실습을 진행하도록 하겠습니다.

년 월 일

실 습 생 ________________ 인

실습지도자 ________________ 인

실습지도교수 ________________ 인

[실습생 3] 실습일지

실 습 일 지

1. 실습생명 :
2. 실 습 일 :
3. 오늘의 목표 :

4. 진행내용(시간, 내용 등을 중심으로 기록)

5. 실습생 의견(배운 점, 의문사항, 건의 등 포함)

6. 실습지도자 의견

[실습생 4] 실습기관 분석 보고서

실습기관 분석 보고서

실습생명		기관명	
기관주소	(전화 :)		
기관소개자	(부서 : 직책 :)		

1. 기관의 역사
   (1) 기관 설립동기 및 설립목적
   (2) 기관 사업의 역사적 변천
   (3) 기관 역사에 대한 실습생의 평가
2. 기관의 목적

3. 기관의 주요사업 및 프로그램
   (1) 클라이언트 및 대상 지역
   (2) 주요사업
   (3) 서비스 전달체계
   (4) 기관의 대상층 및 주요사업에 대한 실습생의 평가
4. 기관의 행정사항
   (1) 기관의 조직구조
   (2) 예산, 후원 및 지원 사항
   (3) 기관의 행정구조와 예산 사용 및 후원에 대한 실습생의 평가
5. 기관이 속한 지역사회, 물리적 환경의 특징
   (1) 지역사회
   (2) 물리적 환경(시설, 공간 등)
6. 사회복지기관으로서 지역 내 타 기관들과의 연계
   (1) 관계유형 및 내용
   (2) 기관의 타 기관과의 관계유지에 대한 실습생의 평가
7. 기관의 특별한 면이나 전반적인 사항에 대한 인상이나 느낌

[실습생 5] 사례관리 계획서

사례관리 계획서

실습생명 :

클라이언트명		성 별		조사일	
주 소		전화번호		작성일	
직 업		학 력		연 령	
의뢰경위		경제상태	□ 일반 □ 저소득 □ 수급자		

1. 일반적인 사항
   - 가족상황, 경제상황, 건강 상황, 일상생활 및 주거상황, 사회심리적 상황, 자원활용 상황

2. 클라이언트에 관한 사항
   - 신체, 인지, 정서, 행동기능 면/ 클라이언트의 강·약점

3. 욕구진술

4. 개입계획

욕구	결과 목표	세부 목표	표적 체계	개입전략 및 수행방법	비 고 (역할 분담 등)

5. 서비스 일정표

날짜	담 당	서비스 목표	서비스 내용	준비물	비 고

[실습생 6] 사례관리 진행일지

사례관리 진행일지(회)

클라이언트명		실습생명	
일 시		장 소	

1. 목표 및 내용

결과 목표	하위 목표	서비스 목표	서비스 내용

2. 과정기록

3. 평가

1) 목표 달성 및 서비스 평가

2) 클라이언트에 대한 평가

3) 사례개입에 대한 자신의 역할 평가

4. 계획

[실습생 7] 사례관리 종결기록서

사례관리 종결 기록서

클라이언트명	
실습생명	
서비스제공기간	

1. 제공된 서비스

2. 사례관리 목표 달성정도

3. 사후지도 계획

[실습생 8] 집단지도 계획서(소집단용)

집단지도 계획서(소집단용)

집 단 명		집단지도자(실습생)명	
대 상		성원 수	
기 간		장 소	

1. 실시 배경

2. 목적

3. 목표

결과 목표 1		결과 목표 2	
하위 목표 1-1		하위 목표 2-1	
하위 목표 1-2		하위 목표 2-2	

4. 목표관련 지도 내용 및 구체적 수행방법

결과 목표	하위 목표	지도 내용	수행방법	비 고

5. 평가계획

평가지표	
평가도구	
평가방법	

6. 회기별 일정표

횟수	일시	목 표	내 용	준비물

7. 예산

[실습생 9] 집단과정 일지(소집단용)

집단과정 일지(소집단용)

집단지도자(실습생)명		집단명	
집단진행 날짜		집단 활동 장소	
참석자(　명)명단			
결석자(　명)명단			

1. 목표 및 세부목표

1. 목표 : 2. 세부목표 : 2-1. 2-2.

2. 집단진행요약

시간	프로그램 내용	사회복지사의 역할

3. 과정 기록
   1) 모임 전 단계(자리 위치 표시)
   2) 모임 단계
   3) 모임 후 단계

4. 평가
   1) 목표 달성 및 프로그램 평가
   2) 집단의 역동성(성원-성원, 성원-지도자)
   3) 성원의 개별 평가(개인의 변화, 참여도, 지도자 · 타 회원과의 관계)
   4) 지도자 자신에 대한 평가(역할 및 의도적 개입)

5. 다음 집단모임 계획

[실습생 10] 집단의 개별회원 분석표(소집단용)[1)]

집단의 개별회원 분석표(소집단용)

회원명		집단명	
회원 수		집단지도자(실습생)	

집단의 목표	
개인의 목표	

회기	날짜	참석여부 /참석인원	개인의 변화 정도 및 내용	참여도	지도자와의 관계	타 회원과의 관계
1		/				
2		/				
3		/				
4		/				
5		/				
6		/				
7		/				

〈 종합평가 〉

1) 모든 집단지도 상황에서 활용되어야 하는 것은 아니며, 집단과정에서 개인의 변화를 민감하게 기록할 필요가 있을 경우에 활용할 수 있음

[실습생 11] 집단 종결 기록서(소집단용)

집단 종결 기록서(소집단용)

집단명		집단지도자(실습생)명	
집단진행 날짜		집단 활동 장소	
전체진행 회기 수		출석률	
주요 진행사항			

1. 회원의 평가
   1) 운영 면
      (1) 프로그램 진행평가
      (2) 집단 참여 태도
   2) 프로그램 내용
   3) 목표달성
   4) 다음 프로그램에 대한 의견
   5) 지도자에 대한 평가

2. 지도자(실습생)의 평가
   1) 집단의 특징
   2) 회원의 참여도
   3) 집단성원에 대한 개별화의 정도
   4) 집단역동의 활용 정도
   5) 집단에 대한 발달단계분석

구 분	초 기	중 기	말 기
참여도			
개인의 변화			
지도자와의 관계			
타 회원과의 관계			
기타(　　　　)			
기타(　　　　)			

[실습생 12] 프로그램 계획서(대집단 및 지역사회복지)

프로그램 계획서(대집단 및 지역사회복지)

프로그램명		지도자(실습생)명	
대 상		참여자 수	
기 간		장 소	

1. 프로그램 실시 배경

2. 프로그램 목적

3. 프로그램 목표

결과 목표 1		결과 목표 2	
하위 목표 1-1		하위 목표 2-1	
하위 목표 1-2		하위 목표 2-2	

4. 목표관련 지도 내용 및 구체적 수행방법

결과 목표	하위 목표	지도 내용	수행방법	비 고

5. 평가계획

평가지표	
평가도구	
평가방법	

6. 회기별 일정표

횟수	일시	목 표	내 용	준비물

7. 예산

[실습생 13] 프로그램 평가서(대집단 및 지역사회복지)

프로그램 평가서

프로그램명		지도자(실습생)명	
대 상		참여자 수	
기 간		장 소	

1. 프로그램 목적 및 목표달성 평가

결과 목표	하위 목표	달성 정도	평가 근거	의 의

2. 프로그램 과정 평가

1) 준비과정

2) 진행과정

3) 종결 및 정리과정

3. 프로그램 만족도 평가

4. 예산평가

5. 추후 프로그램을 위한 제언

[실습생 14] 사회복지정책 분석 보고서(정책개발 및 평가)

사회복지정책 분석 보고서

○ 분석자(실습생)명 :

정책명	
관련법규/ 지침	
주무부서	

1. 문제제기 및 분석목적

2. 분석한 정책의 주요 내용

3. 자료수집 및 분석방법

4. 분석결과 논의
   4.1 정책목표분석
   4.2 정책이 추구하는 가치 분석
   4.3 급여대상 분석
   4.4 급여의 적절성 분석
   4.5 급여의 전달체계 분석
   4.6 재정 분석

5. 관련정책과 관련한 주요 이해당사자의 입장 분석

6. 분석한 정책의 개선방향 및 전망

7. 총평

[실습생 15] 사회행동, 옹호활동 보고서(사회행동)

사회행동, 옹호활동 보고서

ㅇ 분석자(실습생)명 :

구분	요약 제시
사회행동명	
활동 목적	
참여자	
대상 집단	
옹호 대상	

1. 문제제기 및 활동목적

2. 참여자의 특성

3. 대상 집단의 특성

4. 옹호집단의 특성

5. 주요활동경과

6. 활동전략분석
   6.1 대상 집단을 이기기 위한 힘을 얻기 위한 전략
   6.2 합법성을 확보하기 위한 전략(법적 행동 포함)
   6.3 타 조직과 협력하는 전략
   6.4 전술을 연결시키는 전략
   6.5 협상을 전개하는 전략
   6.6 홍보 및 언론활용 전략

7. 향후 행동 전략 제안

[실습생 16] 홍보기획서

사회복지기관(사업) 홍보 기획서

○ 기획자(실습생)명 :

1. 상품(홍보하려는 기관이나 사업)의 특성 분석
(상품의 내용, 경쟁기관이나 사업의 존재 여부 등)

2. 유치하려는 소비자 집단의 특성별 구분

3. 대상별 소비자에게 호소하기 위한 전략
(담당, 장소, 방법 등을 일목요연하고 자세히 제시)

4. 홍보 일정

5. 홍보 예산

7. 첨부(보도 자료, 광고전단, 안내지 자료, 홈페이지 자료 등)

[실습생 17] 개별면접 일지

개별면접 일지

실습생명		면접날짜와 시간	
클라이언트		면접 장소	

1. 면접 준비과정

2. 면접 목표

1) 2)

3. 과정기록 및 분석

면접 내용	실습생 분석	실습지도 내용

* 주요한 면접장면에 대해서는 대화체의 기록을 직접 인용하는 것이 권장됨
* 면접자의 의도적인 개입, 언어적·비언어적 의사소통 모두에 주의하여 기록할 것
* 상기 내용이 포함된다면, 기관 상황과 면접 상황에 맞추어 별도 양식 활용 가능

4. 면접목표 달성에 대한 평가

5. 실습생 의견

6. 다음 면접 계획

[실습생 18] 가족상담 기록서

가족상담 기록서

클라이언트 (IP)		성 별		연 령	
날 짜		장 소		총 횟수/ 시간	
실습생명				실습지도자	

1. 의뢰과정

2. 문제 상황에 대한 가족의 정의

3. 가계도

4. 가족생태도 : 가족의 하위체계 간 관계 등 기록

5. 가족의 사회자원망

6. 가족생활주기

7. 가족사정 및 이론적 근거

8. 개입 목표와 개입 전략

9. 개입 내용 정리

회 기	내 용	주요 질문과 내담자의 반응

10. 평가 및 사후관리계획

[실습생 19] 사회조사 계획서

사회조사 계획서

조사주제	
조사/ 분석일	
조사자(실습생)명	

1. 문제제기 및 조사문제의 제시
   1.1. 문제의 기술
   2.2. 검토될 조사문제에 대한 진술
   2.3. 문제의 중요성과 조사 필요성 제시

2. 조사와 관련한 문헌자료 검토
   2.1. 이론적 역사적 관점
   2.2. 문헌에서 파악된 차이점들 검토

3. 조사방법 제시
   3.1. 조사 설계와 자료수집절차
   3.2. 표집설계
   3.3. 대상에 대한 기술
   3.4. 측정방법 기술
   3.5. 자료 분석 절차

4. 예산

5. 기타 필요한 사항

6. 부록(관련 참고문헌, 설문지 등 필요한 자료를 첨부할 수 있음)

[실습생 20] 사회조사 진행일지

사회조사 진행일지

조사주제	
진행일	
조사자(실습생)명	

1. 조사 진행 단계 기록

2. 조사과정에서 보완되어야 할 사항 기록

3. 추후 조사 진행 계획

[실습생 21] 사회조사 분석평가서

사회조사 분석평가서

조사주제	
진행일	
조사자(실습생)명	

1. 문제제기 및 조사문제의 제시
   1.1. 문제의 기술
   2.2. 검토될 조사문제에 대한 진술
   2.3. 문제의 중요성과 조사 필요성 제시

2. 조사와 관련한 문헌자료 검토
   2.1. 이론적 역사적 관점
   2.2. 문헌에서 파악된 차이점들 검토

3. 조사방법 제시
   3.1. 조사 설계와 자료수집절차
   3.2. 표집설계
   3.3. 대상에 대한 기술
   3.4. 측정방법 기술
   3.5. 자료 분석 절차

4. 조사결과 제시
   4.1. 기술적 분석
   4.2. 인과적 분석

5. 논의점
   5.1. 밝혀진 사항에 대한 설명
   5.2. 실천에의 함의
   5.3. 평가의 한계와 약점

6. 참고문헌

7. 부록(설문지 외 조사와 관련된 주요자료 첨부)

[실습생 22] 기관방문분석 보고서

기관방문분석 보고서

* 특정 분야나 내용에 관심을 가지고 방문을 추진한 경우에는 별도의 양식을 활용하거나, 특정 내용만 선택하여 기록할 수 있습니다.

실습생명		방문기관명	
기관소재지	(전화 :)		
기관소개자	(부서 : 직책 :)		

1. 기관방문 목적
2. 기관방문을 위한 질의사항 및 응답 정리
3. 기관방문을 통해 알게 된 지식

〈검토할 사항 예시〉
1. 기관의 역사 (1) 기관 설립동기 및 설립목적 (2) 기관 사업의 역사적 변천 (3) 기관 역사에 대한 실습생의 평가 2. 기관의 목적 3. 기관의 주요사업 및 프로그램 (1) 클라이언트 및 대상 지역 (2) 주요사업 (3) 서비스 전달체계 (4) 기관의 대상층 및 주요사업에 대한 실습생의 평가 4. 기관의 행정사항 (1) 기관의 조직구조 (2) 예산, 후원 및 지원 사항 (3) 기관의 행정구조와 예산 사용 및 후원에 대한 실습생의 평가 5. 기관이 속한 지역사회, 물리적 환경의 특징 (1) 지역사회 (2) 물리적 환경(시설, 공간 등) 6. 사회복지기관으로서 지역 내 타 기관들과의 연계 (1) 관계유형 및 내용 (2) 기관의 타 기관과의 관계유지에 대한 실습생의 평가 7. 기관의 특별한 면이나 전반적인 사항에 대한 인상이나 느낌

[실습생 23] 지역탐방보고서

지역탐방보고서

ㅇ 조사자(실습생)명 : ㅇ 지역소개자 :

1. 탐방지역

2. 지역의 주요 사회지표 제시

3. 지역의 인구사회학적 특성

4. 지역의 사회경제학적 특성

5. 지역의 사회복지기관 및 자원 탐색

6. 필요하거나 보완되어야 할 사회복지서비스 제안

7. 결론

8. 첨부 (관련 지도를 비롯한 탐방보고서 작성에 참조한 자료를 첨부할 수 있음)

[실습생 24] 실습 중간평가서

실습 중간평가서

* 본 평가서는 사회복지현장실습 지침서를 참고하여 실습생 본인이 작성하며, 서술양식으로 작성한 뒤 실습 실습지도자와 평가회를 갖는 것을 추천함

실습생명		기관명	
실습기간		실습지도자	
실습평가일		실습지도교수	

1. 실습목표와 관련된 실습내용 및 역할에 대한 평가

   1.1. 수행한 실습내용 및 역할의 요약

   1.2. 평가

   1.3. 앞으로의 계획

2. 실습에 임한 자세 및 노력

3. 실습을 통해 배운 점

4. 앞으로 더 필요한 지식과 기술

5. 실습에서 어려웠던 점

6. 기관 및 실습지도자에게 건의할 점

[실습생 25] 실습평가서

실습평가서

* 본 평가서는 사회복지현장실습 지침서를 참고하여 종결평가 내용을 실습생 본인이 작성하며, 서술양식으로 작성한 뒤 실습지도자와 평가회를 갖는 것을 추천함

실습생명		기관명	
실습기간		실습지도자	
실습평가일		실습지도교수	

1. 실습일정에 대한 평가

2. 실습내용 및 역할에 대한 평가

3. 실습목표에 대한 평가
   1) 구체적이고 적절한 목표 설정 여부
   2) 목표의 달성 여부

4. 서비스 실천과정에 대한 평가/ 정책 및 행정 실습에 대한 평가
   1) 문제 파악 및 자료수집 능력/ 문제 인식 능력
   2) 문제 사정 능력/ 문제 분석 능력
   3) 개입 기술/ 문제해결을 위한 대안제시능력
   4) 면접 기술/ 기존지식과 정보의 사용능력
   5) 기록 기술/ 기록 기술
   6) 클라이언트와의 전문적인 관계 형성/ 유관 기관 및 관련된 사람들과 전문적인 관계 형성

5. 실습생의 자원 활용에 대한 평가(인적, 물적 자원)
   1) 기관 외의 자원 활용
   2) 실습과 관련된 참고서적의 활용

6. 실습에 임하는 자세에 대한 평가
   1) 업무관리
      (1) 시간 준수, 과제제출
      (2) 주어진 일에 대한 업무조절 능력
   2) 직원과의 관계(실습지도자, 타 직원, 타 전문직 직원)
   3) 다른 실습생과의 관계
   4) 실습에 있어서의 적극성 및 자발성

7. 전문적 태도에 대한 평가
   1) 사회복지사로서 실습생 자신의 장·단점에 대한 인식
   2) 전문가로서 윤리 및 가치관의 이행

8. 실습지도 활용 정도에 대한 평가
   1) 실습생 자신의 실습지도 활용 정도에 대한 평가
      (1) 기관 실습지도
      (2) 대학 실습지도
   2) 실습지도 자체에 대한 평가
      (1) 기관 실습지도
      (2) 대학 실습지도

9. 기관 이해도에 대한 평가
   1) 실습생의 과업과 관련된 기관의 목적, 정책, 행정 절차에 대한 이해
   2) 실습생으로서의 기관 내의 권한과 한계에 대한 인식

10. 실습 기간 중 가장 유익했던 내용

11. 실습기간 중 가장 아쉬웠던 내용

12. 실습기관, 실습지도자, 대학에 대한 건의사항

13. 기타 하고 싶은 말

[실습생 26] 사회복지현장실습확인서

※ 실습생은 졸업 후 사회복지사 자격증 신청 시 성적증명서와 함께 제출해야 함.

<table>
<tr><th colspan="6">사회복지현장실습확인서 〈2015.03.01.개정〉</th></tr>
<tr><td rowspan="3">실 습 생
인적사항</td><td>성 명</td><td colspan="2"></td><td>생년월일</td><td>※'주민등록번호' 앞자리 6개</td></tr>
<tr><td>전 화 번 호</td><td colspan="2"></td><td>휴대전화</td><td></td></tr>
<tr><td>학교/ 학과명</td><td colspan="2"></td><td>실습지도교수 성명</td><td></td></tr>
<tr><td rowspan="8">실습기관
및
실습지도자
인적사항</td><td>실습기관명</td><td colspan="2"></td><td>실습기관등록번호</td><td></td></tr>
<tr><td>주 소</td><td colspan="2">※'도로명 주소'로 기입해 주세요</td><td>전화번호</td><td></td></tr>
<tr><td>실습 기간</td><td colspan="4">년 월 일 부터 년 월 일 까지</td></tr>
<tr><td>실습 시간</td><td colspan="4">총 시간 (1일 평균 시간)</td></tr>
<tr><td>실습지도자명</td><td></td><td colspan="2">사회복지사 자격번호
(취득일)</td><td>제 - 호
(. . .)</td></tr>
<tr><td colspan="2">실습지도자 경력기간</td><td colspan="2">기관명</td><td>담당 업무</td></tr>
<tr><td colspan="2">년 월 일 ~ 년 월 일</td><td colspan="2"></td><td></td></tr>
<tr><td colspan="2">년 월 일 ~ 년 월 일</td><td colspan="2"></td><td></td></tr>
<tr><td colspan="6">위와 같이 실습 내용을 확인합니다.
년 월 일
실습지도자 : (서명 또는 인)
실 습 기 관 : (직 인)

년 월 일
실습지도교수 : (서명 또는 인)

한국사회복지사협회장 귀하</td></tr>
<tr><td colspan="6">○ 실습기관 등록번호는 한국사회복지사협회 사회복지현장실습 등록시스템(http://lic.welfare.net)에 실습기관으로 등록한 기관만 기재하시기 바랍니다.
○ 실습지도자, 실습기관, 실습지도교수의 서명 또는 직인은 세 개 모두 기재하여야 합니다.
○ 사회복지현장실습 확인서 작성 예시는 홈페이지(http://lic.welfare.net)를 참고하시기 바랍니다.
○ 허위사실 기재로 판명될 경우 자격증 발급이 되지 않을 수 있으며 이미 발급되었다 하더라도 자격이 취소될 수 있습니다.</td></tr>
</table>

≪사회복지현장실습에 관한 기준≫ – 사회복지사업법 시행규칙 제3조 관련 [별표1]

① **실습기관** : 법 제2조 제1호에 따른 사회복지사업과 관련된 법인・시설, 기관 및 단체로 한다.

② **실습지도자** : 사회복지사 1급 자격증을 소지한 자로서 3년 이상 또는 사회복지사 2급 자격증을 소지한 자로서 5년 이상 사회복지사업의 실무경험이 있는 자가 실습을 지도하여야 한다.

③ **실습시간** : 현장실습시간은 120시간 이상으로 한다.

※ 법령이 정한 상기 기준은 모두 충족해야 하며, 미충족 시 자격증 취득이 불가능합니다.

[실습생 27] 실습 종결보고서

실습 종결보고서

* 다음은 실습을 종결하면서 한 학기 동안 실습한 내용을 요약정리하고 목표 달성 정도와 소감을 간략히 정리하는 보고서입니다. 이 종결보고서는 파일에 정리되어 사무실에 비치되며 다음 실습을 준비하는 학생에게 실습지 선정의 지침이 되는 자료로 활용될 것입니다.

실습기관		실습지도자	
실습부서		실습지도교수	
실습기간			
실습생		종결 일시	

1. 실습기관 소개
2. 실습기간 및 시간
3. 실습목표
   1) 실습생의 목표
   2) 실습기관의 목표
4. 실습내용 소개
   1) 실습일정
   2) 교육, 참관사항
   3) 담당업무
5. 실습목표와 달성 정도
5. 실습지도자와 실습지도 내용소개
7. 실습소감
   1) 힘들었던 것
   2) 제기되었던 질문들
   3) 배운 것
8. 향후 실습을 위한 제언
9. 기타 꼭 하고 싶은 이야기
10. 실습지도자와 기관에 대한 감사의 내용

[실습생 28] 실습지도자 평가척도[2)]

슈퍼바이저 평가척도

점수	평가기준
1점	슈퍼비전을 제대로 제공하지 못하여 슈퍼비전을 위한 학습이 절대적으로 요구됨
2점	슈퍼비전을 제공하는 영역에 대한 지식도 부족하고 슈퍼비전을 제공할 능력도 부족함
3점	슈퍼비전을 제공하는 영역에 대한 기본지식을 갖추고 있으며, 슈퍼비전을 제공하는 능력이 있음
4점	슈퍼비전을 제공하는 영역에 대한 정확한 지식을 갖추고 있으며, 슈퍼비전을 체계적으로 정확하게 제공함
5점	슈퍼비전을 제공하는 영역에 대한 정확한 지식을 갖추고 있으며, 슈퍼비전을 체계적으로 정확하게 제공하는 우수한 전문가 위상을 갖추고 있음

영 역	내 용	점 수				
		1	2	3	4	5
1. 지식	1.1 슈퍼비전의 목적을 이해한다.					
	1.2 슈퍼비전의 경계를 명확히 알고 있다.					
	1.3 다음 요소를 이해한다. 행정적/ 교육적/ 지지적					
	1.4 다양한 슈퍼비전 계약의 유형을 알고 있다.					
2. 슈퍼비전 관리기술	2.1 슈퍼비전 목적을 슈퍼바이지에게 설명할 수 있다.					
	2.2 서로가 동의하고 명확한 계약을 협상해 낼 수 있다.					
	2.3 적절한 경계를 유지할 수 있다.					
	2.4 다음과 같은 슈퍼비전 분위기를 형성할 수 있다. 공감적/ 진실한/ 적합한/ 신뢰할 수 있는/ 직접적					
	2.5 행정적·교육적·지지적 기능 간의 균형을 유지할 수 있다.					
	2.6 정각에 적절하게 회기를 끝낼 수 있다.					
3. 슈퍼비전 개입기술	3.1 다음의 개입유형을 사용할 수 있다. 규범적/ 지식을 주는/ 대립적/ 촉매적/ 카타르시스적/ 지지적					
	3.2 다음과 같은 방법으로 피드백을 줄 수 있다. 명확한/ 인정한/ 균형이 맞는/ 구체적					
	3.3 다음에 유용하게 초점을 맞출 수 있다. 보고된 내용/ 슈퍼바이지의 개입/ 슈퍼바이지-클라이언트 관계/ 슈퍼바이지의 역전이/ 슈퍼비전 관계/ 자신의 역전이/ 좀 더 넓은 맥락					
	3.4 자신의 일하는 방법을 묘사할 수 있다.					
	3.5 자신의 경험을 적절하게 제공할 수 있다.					
	3.6 슈퍼바이지에게 자신의 슈퍼비전 기술을 전개할 수 있다.					

2) Hawkins & Shohet(2006). 사회복지현장실습 지도자교육, pp. 127-129, 한국사회복지사협회(2010) 재인용.

영 역	내 용	점 수				
		1	2	3	4	5
4. 특성 또는 특질	4.1 슈퍼바이저 역할에 대해 헌신한다.					
	4.2 슈퍼바이저 역할 고유의 권위에 대해 편안하다.					
	4.3 격려하고 동기를 부여하며 적절한 낙관주의를 줄 수 있다.					
	4.4 슈퍼바이지의 욕구에 대해 민감하다.					
	4.5 다음과 같은 개인의 차이를 인식하고 적응할 수 있다. 성/ 연령/ 문화적 · 인종적 배경/ 계층/ 성적 오리엔테이션/ 성격/ 전문적 훈련					
	4.6 유머감각이 있다.					
5. 지속적 발전에 대한 헌신	5.1 자신의 적절한 슈퍼비전에 대해 책임져 왔다.					
	5.2 자신의 실천가 및 슈퍼바이저로서의 기술과 지식을 업데이트하기 위해 노력했다.					
	5.3 슈퍼바이저로서 자신의 강점과 단점을 파악하고 자신의 한계를 인정한다.					
	5.4 다음과 같은 사람들로부터 정기적 피드백을 받는다. 슈퍼바이지/ 동료/ 자신의 슈퍼바이저 또는 상사					
6. 집단 슈퍼바이저	6.1 집단역동에 대한 지식을 가지고 있다.					
	6.2 슈퍼비전 과정을 돕기 위해 집단과정을 사용할 수 있다.					
	6.3 집단 내의 경쟁력을 조정할 수 있다.					
7. 시니어 조직 슈퍼바이저	7.1 전문가 간의 이슈를 감독할 수 있다.					
	7.2 조직의 이슈를 감독할 수 있다.					
	7.3 팀 내의 활동범위와 조직발달에 대한 지식을 가지고 있다.					
	7.4 기초가 되는 팀 또는 조직문화를 표면화할 수 있다.					
	7.5 조직의 변화를 촉진할 수 있다.					
	7.6 슈퍼비전이 활발하게 이루어지는 학습적 문화를 조성할 수 있다.					

[실습생 29] 실습지도 평가척도[3)]

슈퍼비전 평가척도

1점 : 위험이 없는 상태로 현재의 실천이 적절하여 수정이 필요하지 않은 상태
2점 : 약간의 위기상태로 현재의 실천은 적절하지만 약간의 수정이 필요한 상태
3점 : 중간 정도의 위기가 있는 상태로 현재의 실천은 문제가 있고 그래서 위기를 최소화하기 위한 수정이 필요한 상태
4점 : 높은 위기상태로 현재의 실천은 심각하게 문제가 있으며 수정이 매우 필요한 상태

슈퍼비전	1	슈퍼바이저는 슈퍼바이지가 고지된 동의를 하도록 정보를 제공하는가	①	②	③	④
	2	슈퍼바이저는 철저한 치료와 개입계획을 발전시키고 실행하려는 슈퍼바이지의 노력을 관찰하는가	①	②	③	④
	3	슈퍼바이저는 정보의 부적절한 노출과 같은 클라이언트와의 모든 접촉에서 슈퍼바이지의 실수를 지적하고 반응하는가	①	②	③	④
	4	슈퍼바이저는 슈퍼바이지의 클라이언트가 언제 다른 곳으로 의뢰되어야 하는지, 치료의 종결은 언제 해야 하는지 등에 관해 알고 있는가	①	②	③	④
	5	슈퍼바이저는 슈퍼바이지가 언제 자문을 구해야 하는지를 알고 있는가	①	②	③	④
	6	슈퍼바이저는 슈퍼바이지의 역량이 부족하고, 잘못을 저지르고 비윤리적 행위를 했다는 것을 슈퍼바이지가 기꺼이 말할 수 있도록 그 능력과 자발성을 모니터링하는가	①	②	③	④
	7	슈퍼바이저는 슈퍼바이지가 자신의 클라이언트와 적절한 경계를 유지하는지 모니터링하는가	①	②	③	④
	8	슈퍼바이저는 신체적인 위험으로부터 제삼자를 보호하는가	①	②	③	④
	9	슈퍼바이저는 필요 이상으로 길게 진행되는 치료와 태만한 치료계획을 감지하거나 중지하는가	①	②	③	④
	10	슈퍼바이저는 특정 클라이언트의 치료를 위해서는 외부 전문가를 활용하는가	①	②	③	④
	11	슈퍼바이저는 슈퍼바이지와 정기적으로 만나는가	①	②	③	④
	12	슈퍼바이저는 슈퍼바이지의 기록, 결정, 행동을 검토하고 인정하는가	①	②	③	④
	13	슈퍼바이저는 슈퍼바이지의 결근에 적절한 반응을 보이는가	①	②	③	④
	14	슈퍼바이저는 슈퍼비전 제공에 대해 문서화하는가	①	②	③	④
	15	슈퍼바이저는 슈퍼바이지와의 관계에서 적절한 경계를 유지하는가	①	②	③	④
	16	슈퍼바이저는 슈퍼바이지에게 시기적절하고 도움이 되는 성과평가와 피드백을 제공하는가	①	②	③	④
	17	슈퍼바이저는 슈퍼비전 동의서를 문서화하는가	①	②	③	④
	18	슈퍼바이저는 슈퍼바이지의 윤리적 관심과 윤리적 쟁점의 민감성을 높이기 위한 슈퍼바이지의 노력에 반응하는가	①	②	③	④
	19	슈퍼바이저는 슈퍼바이지가 그들의 전문적 책임성을 충족시킬 수 있도록 하는 충분한 시간과 적절한 업무량을 제시하는가	①	②	③	④
	20	슈퍼바이저는 적절한 슈퍼비전을 제공하기 위하여 그들의 업무에 있어 충분한 시간을 제공하는가	①	②	③	④

3) Reamer(2001). 사회복지현장실습 지도자교육, 한국사회복지사협회(2010) 재인용.

부록 2 사회복지공동모금회 배분신청서(성과중심형) 표준 양식 및 작성 예시

1. 사회복지공동모금회 배분신청서(성과중심형) 표준 양식 및 작성 예시

배분신청서

기관명			고유번호 (사업자등록번호)	
사업명	〈대상+목적+방법 : 부제〉			
사업 기본 정보	연 차	①1년차 ②2년차 ③3년차 ④기타( )		
	대상 지역		사업수행 인력	명
	사업 기간	년 월 일 ~ 년 월 일 (총 개월)		
사업 참여자	참여자 구분	___①아동/청소년 ___②노인 ___③장애인 ___④여성/다문화 ___⑤위기가정 ___⑥지역사회 ___⑦북한/해외/기타		
	핵심 참여자		인원수	명

사업구분	모금회 지속가능발전목표(C-SDGs)
ㅁ 기초생계 지원	☐ 경제적 빈곤 퇴치 ☐ 영양 및 급식지원/ 기아종식
ㅁ 교육/ 자립 지원	☐ 교육 및 자립역량 강화 ☐ 양질의 일자리 만들기 ☐ 적정기술과 정보기술격차 해소 지원
ㅁ 주거/ 환경 개선	☐ 모두를 위한 깨끗한 에너지 ☐ 지속가능한 지역사회 인프라 구축 ☐ 지속가능한 생산과 소비 ☐ 기후변화와 대응 ☐ 해양생태계 보존 ☐ 육상생태계 보호
ㅁ 보건/ 의료 지원	☐ 신체・정서적 건강과 회복 ☐ 깨끗한 물과 위생
ㅁ 심리/ 정서 지원	☐ 신체・정서적 건강과 회복
ㅁ 사회적 돌봄 강화	☐ 사회적 배제 감소와 불평등 완화
ㅁ 소통과 참여 확대	☐성평등 ☐ 지속가능한 지역사회 인프라 구축 ☐ 사회적 약자의 권리증진
ㅁ 문화 격차 해소	☐ 사회적 배제 감소와 불평등 완화

성과 목표	해당사항이 없을 경우에는 공란으로 표기					
주요 사업 내용	세부 사업명	주요 내용				
사업비	총 사업비	원	신청금액	원		
신청 금액 세부 내역	사업비	원 %	인건비	원 %	관리 운영비	원 %
담당자	성명		직통전화		E-mail	@
	직위		휴대폰		FAX	

위와 같이 2020년도 사업을 신청합니다.

2019년 월 일

기관대표자 : (인)

사회복지공동모금회장 귀하

신청기관 현황

<table>
<tr><td colspan="2">기 관 명</td><td colspan="3"></td><td>대 표 자</td><td colspan="2"></td></tr>
<tr><td colspan="2">고유번호
(사업자등록번호)</td><td colspan="3"></td><td>전화번호</td><td colspan="2"></td></tr>
<tr><td colspan="2">E-mail</td><td colspan="3"></td><td>FAX</td><td colspan="2"></td></tr>
<tr><td colspan="2">홈페이지</td><td colspan="3"></td><td>설립연월일</td><td colspan="2">년 월 일</td></tr>
<tr><td colspan="2">주 소</td><td colspan="6">□□□□□</td></tr>
<tr><td colspan="2" rowspan="2">직원 현황</td><td rowspan="2">총 명
(①+②)</td><td colspan="2">상근 (①)</td><td colspan="3">비상근 (②)</td></tr>
<tr><td colspan="2">명</td><td colspan="3">명</td></tr>
<tr><td rowspan="2">기관
주요
사업</td><td>구분</td><td colspan="6">___① 노인복지 ___② 영유아/아동복지 ___③ 장애인복지 ___④ 노숙인복지
___⑤ 지역복지 ___⑥ 정신보건 ___⑦ 여성복지 ___⑧ 가족복지
___⑨ 청소년복지 ___⑩ 다문화지원 ___⑪ 북한/해외지원 ___⑫ 기타( )</td></tr>
<tr><td>내용</td><td colspan="6"></td></tr>
<tr><td rowspan="4">결산</td><td rowspan="2">세입</td><td>총 계</td><td>보조금수입</td><td>전입금</td><td>후원금수입</td><td>사업수입</td><td>기타수입</td></tr>
<tr><td>천 원</td><td>천 원</td><td>천 원</td><td>천 원</td><td>천 원</td><td>천 원</td></tr>
<tr><td rowspan="2">세출</td><td>총 계</td><td>인건비</td><td>관리운영비</td><td>사업비</td><td>재산조성비</td><td>기타지출</td></tr>
<tr><td>천 원</td><td>천 원</td><td>천 원</td><td>천 원</td><td>천 원</td><td>천 원</td></tr>
<tr><td rowspan="4">예산</td><td rowspan="2">세입</td><td>총 계</td><td>보조금수입</td><td>전입금</td><td>후원금수입</td><td>사업수입</td><td>기타수입</td></tr>
<tr><td>천 원</td><td>천 원</td><td>천 원</td><td>천 원</td><td>천 원</td><td>천 원</td></tr>
<tr><td rowspan="2">세출</td><td>총 계</td><td>인건비</td><td>관리운영비</td><td>사업비</td><td>재산조성비</td><td>기타지출</td></tr>
<tr><td>천 원</td><td>천 원</td><td>천 원</td><td>천 원</td><td>천 원</td><td>천 원</td></tr>
<tr><td rowspan="5">운영
법인
또는
단체</td><td>운영주체 성격</td><td colspan="6">___① 사회복지법인 ___② 사단법인 ___③ 종교법인 ___④ 학교법인
___⑤ 재단법인 ___⑥ 국가지방자치단체 ___⑦ 임의단체 ___⑧ 개인(신고)
___⑨ 법인(기타) ___⑩ 단체(기타)( ) ___⑪ 개인(기타) ( )</td></tr>
<tr><td>법인
(단체)명</td><td colspan="3"></td><td>대 표 명</td><td colspan="2"></td></tr>
<tr><td>고유번호
(사업자번호)</td><td colspan="3"></td><td>전화번호</td><td colspan="2"></td></tr>
<tr><td>홈페이지</td><td colspan="3"></td><td>설립날짜</td><td colspan="2">년 월 일</td></tr>
<tr><td>주소</td><td colspan="6">□□□□□</td></tr>
</table>

※ 신청기관 조직도, 운영위원회 및 운영법인 이사회 명단은 별첨자료로 첨부 요망

〈성과중심형〉 사업계획서

1. 사업명 : ___대상___ ___목적___ ___방법___

• 대상, 목적, 방법과 관련된 정보를 담은 사업명을 적어주십시오.(슬로건은 부제(副題)로 병기해주세요)

2. 사업 내용 및 추진 전략

1) 사업 참여자 모집 전략

(1) 참여 대상 및 인원

핵심 참여자	
주변 참여자	

• 누가 이 사업에 참여합니까?
- (핵심 참여자) 성과를 측정하게 되는 대상은 누구이며, 인원은 몇 명입니까?
  (이 사업에 참여하게 함으로써 누구의 변화를 이끌어내려고 하는 것입니까?)
- (주변 참여자) 성과측정 대상은 아니지만 핵심 참여자의 변화를 이끌어내는데 중요한 역할을 하는 사람은 누구이며, 인원은 몇 명입니까?

(2) 참여자 선정 기준

• 어떤 기준을 세워서 참여자를 모집하게 됩니까?

(3) 참여자 모집 방안

• 기준에 적합한 참여자를 어떻게 모집할 예정입니까?

2) 사업 내용 및 사업 집행 전략

• 아래 내용을 모두 포괄하되 자유롭게 (질문순서에 상관없이) 표현해 주시기 바랍니다.
- 전체 사업을 몇 개의 세부 사업으로 분류한다면 어떻게 구성될 수 있습니까?
- 사업을 어떻게 추진할 것인지에 대하여 세부 사업별 시행방법, 시행 시기 및 횟수, 사업 진행 일정 등 구체적인 정보를 담아서 기술해 주시기 바랍니다.

3) 기관 연계협력 전략

• 위의 사업 집행 전략과 관련하여 지역사회 내(또는 그 범위를 넘어서) 어떤 기관들과 유기적인 협조관계를 가질 것인지에 대하여 아래 내용을 포함하여 기술해 주시기 바랍니다.
- 협력 기관이 세부 사업에서 어떤 역할을 담당하게 되는지, 그때 신청기관의 역할은 무엇인지, 이러한 협력체계는 어떤 절차를 통해 진행되는지 등

3. 예산 편성

(단위 : 원)

목	세목	세세목	계	산출근거	예산조달 계획				
					신청금액	비율 (%)	자부담	비율 (%)	자부담 재원
총 계									
인건비									
	소 계								
사업비									
	소 계								
관리 운영비									
	소 계								

- 사업에 직접 투입되는 비용을 인건비, 사업비, 관리운영비로 구분하여 작성해 주시기 바랍니다.
  - (인건비) 해당사업을 직접적으로 수행하는 인력에게 투입되는 비용
  - (사업비) 프로그램 수행에 필요한 직접비용
  - (관리운영비) 프로그램의 수행에 필요한 간접비용(사업관리에 필요한 비용)
  - 예산 수립 시 예산편성기준표를 참고하여 주시기 바랍니다.
- 세목은 세부 사업별로 구분하고 단위가 큰 경우 세세목으로 구분하여 작성하시기 바랍니다.
- 산출근거는 실제 단가, 수량, 인원수, 건수, 횟수 등을 구체적으로 기록해 주시기 바랍니다.

4. 문제 의식(사업 필요성)

1) 사업 계획 배경

- 왜 이 사업을 기획하게 되었습니까?
  - 귀 기관이 관심을 가지기 전에는 어떤 상태에 있었는지, 인근 다른 지역에도 유사한 상황이 있다면 어떻게 대응하고 있는지에 대해서도 서술해 주시기 바랍니다.

2) 기존 유사사업과의 차별성

- 기존의 시각이나 접근방식과 다른 점은 무엇입니까?

3) 신청기관의 강점

- 이 사업을 신청기관에서 수행해야 하는 이유에 대해 사전조사 내용, 관련 분야 수행 경험 등을 포함하여 기재해 주시기 바랍니다.

5. 목표 및 평가

1) 산출목표

세부 사업명	산출목표	모니터링 방법

• 성과목표를 달성하기 위해 이끌어내야 하고 모니터링 해야 하는 산출목표는 무엇입니까?

2) 성과목표 및 평가 방법

성과목표	평가 도구 및 방법	측정 시기

• (성과목표) 성과목표와 관련하여 아래 내용들에 대해 작성해 주시기 바랍니다.
  - 핵심 참여자의 어떤 부분을 어느 수준까지 변화시키는 것입니까?
  - 작성하고자 하는 성과목표가 이후에 기술되는 평가 방법을 통해 달성 여부를 알 수 있게 됩니까?
  - (성과라고 강조하고 싶은데) 양적으로 드러내기(수치화하기) 어려운 성과목표가 있다면 무엇입니까?
  - 앞서 기술하신 사업내용과 성과목표를 논리적으로 연결하여 작성해 주십시오.

• (평가 도구 및 방법/ 측정 시기) 성과목표 달성 여부와 정도를 어떻게 평가하실 건가요?
  - 성과목표 달성 여부와 정도를 판단하기 위해 어떤 성과지표를 설정하실 건가요?
  - 제시된 성과목표에 대한 평가계획(자료수집방법, 측정시기 등)은 어떠한가요?
  - 수치화하기 어려운 성과목표가 있다면 어떤 평가방법을 통해 변화의 수준과 의미를 드러내실 건가요?

6. 사업종료 후 지향점

1) 사업 수행으로 인한 기대 효과

• 이 사업이 성공적으로 수행된다면 기대되는 효과는 무엇입니까?

2) 사업 결과의 활용 계획

• 사업의 효과로 나타난 결과를 어떻게 활용할 계획입니까?
• 사업 결과를 통해 유사기관이나 지역사회에 꼭 알리고 싶은 이야기가 있다면 무엇입니까?

2. 프로그램_성과중심형 사업계획서 작성 예시

<성과중심형> 사업계획서

1. **사업명 :** 아동 학대 고위험 가정의 재학대 예방을 위한 심리정서지원 프로그램

2. 사업 내용 및 추진전략

1) 사업 참여자 모집전략

(1) 참여 대상 및 인원

핵심 참여자	- ○○구, △△구, ××구 내 아동 학대 고위험 가정 피해 아동 20명 - ○○구, △△구, ××구 내 아동 학대 고위험 학대 행위자 20명
주변 참여자	- ○○구 내 핵심 참여자 가족 구성원 60명

(2) 참여자 선정 기준

– 1순위 : 본 기관에 접수된 아동학대 사례 중 아동학대 위험도 평가 척도 측정 결과 재학대 고위험 가정으로 판단된 가정의 아동 및 학대 행위자

– 2순위 : 본 기관에 접수된 아동학대 사례 중 실무진 회의를 통해 재학대 가능성이 높다고 판단된 가정의 아동 및 학대 행위자

(3) 참여자 모집 방안

– 최근 3년간 접수된 아동학대 사례 분석 및 위험도 평가 척도 측정을 통한 참여자 선정

– 선정된 참여자에게는 사업 소개 후 참여 여부에 대한 참여 동의서 작성

2) 사업내용(사업수행일정 포함) 및 사업집행전략

○ 사업 내용

세부 사업명	활동(수행방법)
맞춤형 서비스 지원	○ 상담/ 심리치료 : 담당자의 가정 방문을 통한 문제 파악 및 해결방안 모색/ 가정별 5회 전문 심리 검사/ 가정별 1회, 심리치료/ 가정별 6회 ○ 일상생활 지원 : 주거환경 개선, 긴급생계지원, 학습지원 등 서비스 연계/ 가정별 1회 ○ 사례 회의 : 참여자 및 사업 담당자 대상 사례별 진행상황 점검 및 상호 피드백 실시/ 1회 ○ 정신건강 지원 : 정신의학 전문가 진단에 따라 치료 정신과 진료 지원/ 10가정 선정, 가정별 1회
양육교육 프로그램	○ 담당자 상담을 통해 양육교육이 필요한 10가정 선정 ○ 전문기관 연계를 통한 양육기술 상담 교육 • 행위자 초기 상담, 종합심리평가, 양육태도검사 각 1회 실시 • 양육태도 및 감정코칭 등 전문가를 통한 교육 2회 실시

○ 사업 진행 일정

기간 주요 내용		1월	2월	3월	4월	5월	6월	7월	8월	9월	10월	11월	12월
참여자 선정													
맞춤형 서비스 지원	상담/ 심리치료												
	일상/ 정신건강 지원												
	사례회의												
양육교육 프로그램	초기상담/ 검사												
	교육 진행												

3) 기관 연계협력 전략

협력 기관명	세부 사업명	협력 계획	비 고
△△복지관	맞춤형 서비스 지원	• 일상생활 지원(긴급생계지원) 연계	협약 체결 예정
○○대학병원	맞춤형 서비스 지원	• 정신의학 자문 제공, 의료서비스 연계	협약 체결(20XX)

3. 예산 편성

(단위 : 원)

목	세목	세세목	계	산출근거	예산조달 계획 신청금액	비율(%)	자부담	비율(%)	자부담 재원
총 계			52,150,000		48,900,000	100	3,250,000	100	
인건비	전담인력	급여	16,000,000	1,600,000원 × 10월 × 1명	16,000,000				
		사회보험	1,750,000	175,000원 × 10월 × 1명			1,750,000		자체예산
	소 계		17,750,000		16,000,000	32.7	1,750,000	53.8	
사업비	맞춤형 서비스 지원	상담/ 심리	17,500,000	가정 방문 다과 10,000원 × 20가정 × 5회			1,000,000		자체예산
				심리 검사 200,000원 × 20가정 × 1회	4,000,000				
				심리 치료비 100,000원 × 20가정 × 6회	12,000,000				
				사례회의 자문 및 진행비 100,000원 × 5회			500,000		자체예산
		심화 프로그램	4,000,000	전문상담 100,000원 × 10가정 × 1회	1,000,000				
				정신과 진료 지원 300,000원 × 10가정 × 1회	3,000,000				
	양육교육 프로그램	양육기술 상담교육	12,000,000	강사비(특별강사, 2시간) 400,000원 × 20회	8,000,000				
				교재, 교구 200,000원 × 10회	2,000,000				
				교육진행비 100,000원 × 20회	2,000,000				
	소 계		33,500,000		32,000,000	65.4	1,500,000	46.2	
관리운영비	관리 운영비	교통비	600,000	50,000원 × 12월× 1명	600,000				
		사무용품비	300,000	100,000원 × 3회	300,000				
	소 계		900,000		900,000	1.9			

4. 문제의식(사업 필요성)

1) 사업 계획 배경

아동학대 사례가 발생하여 피해아동에 대한 상담 및 치료가 성공적으로 진행되더라도 학대행위자 및 가정환경에 대한 근본적인 개입이 이루어지지 않으면 재학대로 이어질 확률이 높다. 20○○년 전국아동학대현황보고서에 따르면 아동학대 사례 1만 7천여 건 중 가해자가 부모인 사건은 80%이며, 전체 피해 아동의 76%는 가정으로 돌아갔다. 또한 전체 피해 아동 10명 중 1명은 재학대 경험이 있으며, 재학대 장소의 93%가 가정이라는 점은 부모에 의한 재학대 발생의 심각성을 뒷받침한다. 최근 5년간 재학대 사례를 살펴보면 20△△년 563건에서 20○○년 1,240건으로 약 220% 증가한 것으로 나타나고 있으나 이에 대한 대책은 전무한 실정이므로 적극적인 사회적 지원이 필요하다.

2) 기존 유사사업과의 차별성

본 기관의 기존 사업은 아동학대 예방을 위한 의심 사례와 아동학대 피해 사례 개입 중심으로 진행된다. 아동학대 의심 사례 개입의 경우 예방적 차원에서 접근되기는 하나 아동학대 피해 사례 개입의 경우 예방적 차원보다는 문제 해결을 위한 접근을 우선으로 한다. 더욱이 피해아동과 학대행위자 중심으로 진행되어 가족구성원 등과 같은 주변 요소에 대해서는 간과되는 경우가 많고 결국 학대 발생 위험 환경에 동일하게 노출되는 경우가 발생하고 있다.

따라서 본 프로그램을 통해 기존에 간과되었던 주변 환경에 대한 개입과 예방차원의 접근을 통해 재학대 발생 위험요인을 제거하고 재학대를 예방을 도모하고자 한다.

3) 신청기관의 강점

본 기관은 아동복지법에 의해 설치된 전문기관으로 아동학대 개입 및 아동 권익 증진 관련 사업을 진행하고 있다. 또한 피해아동 및 가정 지원을 위해 법조계, 의료계 등 전문가 조직 네트워크를 구축하고 있으며 아동학대 사례 가정의 지역 사회 내 정착을 위해 자원봉사동아리를 구축하여 운영하는 노력을 펼치고 있다. 20○○년부터는 재학대율을 낮추고자 전문가 자문을 통해 가족단위 심리정서 프로그램을 진행한 바 있으며, 이를 통해 재학대 발생 위험을 감소시킨 경험을 가지고 있다. 본 프로그램을 통해 보다 체계적인 개입을 실시하여 재학대 예방을 성공적으로 진행할 수 있을 것으로 기대된다.

5. 목표 및 평가

1) 산출목표

세부 사업명	산출목표	모니터링 방법
맞춤형 서비스 지원	• 20가정 일반상담 5회, 총 100회 실시	• 방문 일자별 상담기록 작성
	• 20가정 심리 치료 1회, 총 120회 실시	• 검사 결과/ 치료 일지 확인
	• 서비스 통합 사례 회의 5회 실시	• 사례회의록 작성
	• 일상생활 지원 가정별 1회, 총 20회 실시	• 자원연계 내역 기록
양육교육 프로그램	• 전문가 상담 및 교육 가정별 2회, 총 20회 진행	• 교육 일지 및 상담기록 작성

2) 성과목표 및 평가 방법

성과목표	평가 도구 및 방법	측정 시기
아동학대 행위자의 학대 위험요인 감소	• 성과지표 : 학대 위험 20% 감소 • 평가도구 : 학대위험도 평가척도 • 평가방법 : 학대행위자 20가정 대상 사전 사후 설문조사	사전(2월), 사후(12월)
아동학대 행위자의 부모양육태도 향상	• 성과지표 : 부모 양육 태도 20% 향상 • 평가도구 : 부모양육태도검사(PAT) 척도 • 평가방법 : 부모, 가족구성원 사전 사후 설문조사	사전(4월), 사후(12월)
아동학대 피해가정 가족 기능 강화	• 평가주체 : 본 기관 담당자 • 평가방법 : 참여자 20가정 대상으로 구조화된 질문지를 통해 인터뷰 실시	사업종료 후(12월)

6. 사업종료 후 지향점

1) 사업 수행으로 인한 기대 효과

아동학대 피해 사례 발생 이후 근본적인 학대 발생 위험요인이 충분히 제거되지 않은 채 재학대의 위험에 노출되어 있던 아동과 가족에 대한 체계적인 접근을 통해 가족의 기능을 강화시키고, 아동의 안전을 도모함으로써 건강한 성장에 기여할 수 있을 것으로 기대된다.

2) 사업 결과의 활용 계획

본 사업으로 구축된 지역사회 내 자원들과의 지속적인 협력체계를 확보하여, 사업 종료 후에도 지속적인 모니터링을 통해 한시적인 사례관리가 아닌 재학대 예방을 위한 사례관리를 실시할 수 있도록 아동보호예방체계를 구축하고자 한다.

부록 3 아산사회복지재단 사회복지 지원사업 사업계획서

1 소외 아동 · 청소년 지원사업 부문

- 사업계획초안(1차 제출서류, 신규사업)
- 세부사업계획(2차 제출서류, 신규사업)
- 신청단체 현황
- 사업계획 내용
- 전담직원 직무기술서

2 공동체 네트워크 지원 부문

- 사업계획초안(1차 제출서류, 신규사업)
- 사업계획초안(2차 제출서류, 신규사업)
- 신청단체 현황
- 사업계획 내용

1. 소외 아동 · 청소년 지원사업 부문

사업계획초안(1차 제출서류, 신규사업)

(3페이지 이내 작성)

☐ 단체명 : ☐ 소재지 :

☐ 대표명 :

☐ 단체의 주요사업 :

☐ 신청부문 : 소외 아동 · 청소년 지원사업

☐ 사업명 : (사업지역 :)

☐ 사업연차 : ■ 1년차 ☐ 2년차 ☐ 3년차

☐ 사업기간 :

☐ 사업참여자 :

☐ **What?**

- 개입하고자 하는 상황 · 문제가 무엇인지, 어떤 사업을 하려고 하는지
- 계획하는 활동의 개입계획은 어떻게 되는지

☐ **Why?**

- 이 사업이 왜 필요한지

☐ **What Effect?**

- 개입의 직접적인 결과는 무엇인지
- 이 사업을 추진하면 사업참여자에게 또 우리 사회에 어떤 긍정적인 변화와 영향을 가져오는지

☐ **소요예산규모 :**

위와 같이 2021년 아산재단 지원사업에 신청합니다.

2020년 월 일

아산사회복지재단 귀중

세부사업계획(2차 제출서류, 신규사업)

☐ 단체명 : ☐ 소재지 :

☐ 대표명 :

☐ 단체의 주요사업 :

☐ 신청부문 : 소외 아동·청소년 지원사업

☐ 사업명 : (사업지역 :)

☐ 사업연차 : ■ 1년차 ☐ 2년차 ☐ 3년차

☐ 사업기간 :

☐ 사업참여자

- 핵심참여자 : (명)
- 주변참여자 :

☐ 사업요약

☐ 사업예산(총사업비 : A+B) =

- 아산재단 신청(A) :
- 단체 자부담(B) :

위와 같이 2021년 아산재단 지원사업에 신청합니다.

2020년 월 일

대표 : (인)

아산사회복지재단 귀중

□ 신청단체 현황

■ 기본정보

<table>
<tr><td>단체명</td><td colspan="3"></td><td>대표명</td><td></td></tr>
<tr><td>고유번호
(사업자등록번호)</td><td colspan="3"></td><td>설립날짜</td><td></td></tr>
<tr><td>홈페이지</td><td colspan="5"></td></tr>
<tr><td>주 소</td><td colspan="5"></td></tr>
<tr><td>기관유형</td><td colspan="5"></td></tr>
<tr><td>직원 현황</td><td>총 명</td><td>상 근</td><td>명</td><td>비상근</td><td>명</td></tr>
<tr><td>주요 연혁</td><td colspan="5"></td></tr>
<tr><td>주요 사업</td><td colspan="5"></td></tr>
<tr><td rowspan="2">담당자명</td><td rowspan="2"></td><td rowspan="2">직위</td><td rowspan="2"></td><td>사무실 전화</td><td></td></tr>
<tr><td>휴대폰</td><td></td></tr>
<tr><td>경 력</td><td colspan="3">년 개월</td><td>E-mail</td><td></td></tr>
</table>

■ 재정현황

(단위 : 천 원)

수 입					지 출				
항 목	전년도 결산		금년도 계획		항 목	전년도 결산		금년도 계획	
	금액	비율	금액	비율		금액	비율	금액	비율
정부보조금					인건비				
민간기관지원					사업비				
후원금					관리운영비				
사업수익금					재산조성비				
기 타					기 타				
계		100		100	계		100		100

■ 수행경험(최근 2년간 주요 사업수행 현황)

(단위 : 천 원)

연 도	지원단체명	사업명	지원금액

사업계획 내용

☐ **사업명 :**

☐ **사업참여자**

* 핵심참여자 : / 명
* 주변참여자 :

* 사업참여자 선정기준
* 사업참여자 모집방안

☐ **사업수행내용**

☐ **사업의 필요성**

* 본 사업을 기획하게 된 이유
* 기존 유사사업과의 차별점
* 본 신청단체가 이 사업을 수행해야 하는 이유, 지역사회 연계 계획

☐ **최종 사업성과물**

* 무엇을 사업성과물로 정할 것인지

☐ **출구전략 및 향후 계획**

* 본 사업이 성공적으로 수행된다면 기대효과는 무엇인지
* 사업결과물의 활용계획과 사업종료 후 계획

☐ **홍보 계획**

☐ **사업수행인력**

구 분	성 명	직 위	역 할	전문경력
주 담당				
부 담당				

□ **사업예산**

(단위 : 원)

항 목		사업예산			신청금액 산출근거
		총사업비	신청금액	자부담	
	소계				
	소계				
	소계				
합 계					

전담직원 직무기술서

* 사업을 위한 전담직원 신규채용 시 필요성, 주요업무 등에 대해 자세히 기술/ 2인 이상인 경우 각각 작성
* 내부직원에게 강의료, 연구비, 원고료, 회의비 등의 인건비 지급 불가
* 해당 페이지는 필요시에만 작성하시기 바랍니다.

<table>
<tr><td>기 간</td><td colspan="2">____월부터 ~ ____월까지/ ____개월</td><td>근무일정</td><td>주당 ______시간</td></tr>
<tr><td rowspan="3">예 산</td><td>총 비용(A+B)</td><td colspan="2">재단 신청(A)</td><td>기관 자부담(B)</td></tr>
<tr><td></td><td colspan="2"></td><td></td></tr>
<tr><td>산출근거</td><td colspan="3"></td></tr>
<tr><td>필요성</td><td colspan="4"></td></tr>
<tr><td>핵심책무</td><td colspan="4"></td></tr>
<tr><td>주요업무</td><td colspan="4"></td></tr>
<tr><td>종료 후
전담직원
활용계획</td><td colspan="4"></td></tr>
</table>

2. 공동체 네트워크 지원 부문

사업계획초안(1차 제출서류, 신규사업)

(3페이지 이내 작성)

☐ 단체명 : ☐ 소재지 :

☐ 대표명 :

☐ 단체의 주요사업 :

☐ 신청부문 : 공동체 네트워크 지원(복지현장 중심 미래선도 사업)

☐ 사업명 : (사업지역 :)

☐ 사업연차 : ■ 1년차(1단계) ☐ 2년차(2단계) ☐ 3년차(3단계)

☐ 사업기간 :

☐ 사업참여자 :

☐ What?

- 개입하고자 하는 상황·문제가 무엇인지, 어떤 사업을 하려고 하는지
- 계획하는 활동의 개입계획은 어떻게 되는지
- 구축하고자 하는 네트워크의 중심인물이 누구인지 명확히 제시

☐ Why?

- 이 사업이 왜 필요한지

☐ What Effect?

- 개입의 직접적인 결과는 무엇인지
- 사업을 추진하면 사업참여자에게 또 우리 사회에 어떤 긍정적인 변화와 영향을 가져오는지

☐ 소요예산규모 :

위와 같이 2020년 아산재단 지원사업에 신청합니다.

2020년 월 일

아산사회복지재단 귀중

사업계획초안(2차 제출서류, 신규사업)

☐ 단체명 : ☐ 소재지 :

☐ 대표명 :

☐ 단체의 주요사업 :

☐ 신청부문 : 공동체 네트워크 지원(복지현장 중심 미래선도 사업)

☐ 사업명 : (사업지역 :)

☐ 사업연차 : ■ 1년차(1단계) ☐ 2년차(2단계) ☐ 3년차(3단계)

☐ 사업기간 :

☐ 사업참여자

- 핵심참여자 : (명)
- 주변참여자 :

☐ 사업요약

☐ 사업예산(총사업비:A+B) =

- 아산재단 신청(A) :
- 단체 자부담(B) :

위와 같이 2020년 아산재단 지원사업에 신청합니다.

2020년 월 일

대표 : (인)

아산사회복지재단 귀중

□ 신청단체 현황

■ 기본정보

<table>
<tr><td>단체명</td><td colspan="3"></td><td>대표명</td><td colspan="2"></td></tr>
<tr><td>고유번호
(사업자등록번호)</td><td colspan="3"></td><td>설립날짜</td><td colspan="2"></td></tr>
<tr><td>홈페이지</td><td colspan="6"></td></tr>
<tr><td>주 소</td><td colspan="6"></td></tr>
<tr><td>기관유형</td><td colspan="6"></td></tr>
<tr><td>직원 현황</td><td colspan="2">총 명</td><td>상 근</td><td>명</td><td>비상근</td><td>명</td></tr>
<tr><td>주요 연혁</td><td colspan="6"></td></tr>
<tr><td>주요 사업</td><td colspan="6"></td></tr>
<tr><td rowspan="2">담당자명</td><td rowspan="2"></td><td rowspan="2">직위</td><td rowspan="2"></td><td>사무실 전화</td><td colspan="2"></td></tr>
<tr><td>휴대폰</td><td colspan="2"></td></tr>
<tr><td>경 력</td><td colspan="3">년 개월</td><td>E-mail</td><td colspan="2"></td></tr>
</table>

■ 재정현황

(단위 : 천 원)

수 입					지 출				
항 목	전년도 결산		금년도 계획		항 목	전년도 결산		금년도 계획	
	금액	비율	금액	비율		금액	비율	금액	비율
정부보조금					인건비				
민간기관지원					사업비				
후원금					관리운영비				
사업수익금					재산조성비				
기 타					기 타				
계		100		100	계		100		100

■ 수행경험(최근 2년간 주요 사업수행 현황)

(단위 : 천 원)

연 도	지원단체명	사업명	지원 금액

사업계획 내용

☐ **사 업 명 :**

☐ **사업참여자(구축하고자 하는 네트워크의 핵심인물이 누구인지 명확히 제시)**

* 핵심참여자 : / 명
* 주변참여자 :

* 사업참여자 선정기준
* 사업참여자 모집방안

☐ **사업수행내용**

☐ **사업의 필요성**

* 본 사업을 기획하게 된 이유
* 기존 유사사업과의 차별점
* 본 신청단체가 이 사업을 수행해야 하는 이유, 지역사회 연계 계획

□ 최종 사업성과물

* 무엇을 사업성과물로 정할 것인지

□ 출구전략 및 향후 계획

* 본 사업이 성공적으로 수행된다면 기대효과는 무엇인지
* 사업결과물의 활용계획과 사업종료 후 계획

□ 홍보 계획

□ 사업수행인력

구 분	성 명	직 위	역 할	전문경력
주 담당				
부 담당				

□ **사업예산**

(단위 : 원)

항 목		사업예산			신청금액 산출근거
		총사업비	신청금액	자부담	
	소계				
	소계				
	소계				
합 계					

참고문헌

감정기 · 백종만 · 김찬우(2005). 지역사회복지론. 경기 : 나남출판.

강종수(2019). 사회복지행정의 이해(제2판). 서울 : 학지사.

권진숙 · 김상곤 · 김성천 · 유명이 · 이기연(2012). 사례관리 전문가교육 : 실무자 기초과정(한국사례관리학회 엮음). 서울 : 학지사.

김기덕(2002). 사회복지윤리학. 서울 : 나눔의 집.

김종일(2006). 지역사회복지론. 서울 : 청목출판사.

김혜란 · 홍선미 · 공계순(2006). 사회복지실천기술론(개정2판). 경기 : 나남출판.

노혜련 · 김미원 · 조소연(2015). 아동복지론. 서울 : 학지사.

무한돌봄센터(2010). 사례관리메뉴얼. 경기 : 경기복지재단.

박지영 · 이선영 · 서창현(2011). 노인대상 시설유형별 사례관리 매뉴얼 개발연구(요양시설). 경기 : 경기복지재단.

보건복지부(2020). 2020 사회복지관 운영관련 업무처리 안내. 세종 : 보건복지부.

사회복지공동모금회(2019). 2020 배분사업 안내. 서울 : 사회복지공동모금회.

서홍란 · 이경아(2008). 사회복지현장실습. 경기 : 공동체.

신복기 · 박경일 · 이명현(2010). 사회복지행정론. 경기 : 공동체.

양옥경 · 최소연 · 이기연(2010). 사회복지 현장실습 슈퍼비전. 경기 : 양서원.

여성가족부(2020). 2020년 가족사업안내(I). 서울 : 여성가족부.

오정수 · 류진석(2016). 지역사회복지론(제5판). 서울 : 학지사.

오혜경 · 하지영(2010). 사회복지현장실습 매뉴얼. 경기 : 양서원.

원석조(2009). 사회복지행정론. 경기 : 양서원.

이경아 · 서홍란(2011). 사회복지현장실습. 경기 : 공동체.

이기연 · 유서구(2012). 사례관리 이해와 적용. 경기 : 공동체.

이순민(2012). 사회복지윤리와 철학. 서울 : 학지사.

이준우 · 홍유미 · 김연신 · 신빛나 · 이현아 · 임수정(2013). 사회복지용어사전. 경기 : 서현사.

이철수(2006). 사회복지학소사전. 서울 : 높이깊이.

이효선(2016). 사회복지 윤리와 철학. 서울 : 학지사.

인천광역시사회복지관협회 · 사례관리연구회(2009). 인천광역시 사회복지관 사례관리 실천을 위한 매뉴얼 연구보고서. 인천 : 인천광역시사회복지관협회 · 사례관리연구회.

정무성(1998). 사회복지 프로포절 작성법. Scheinberg, C. A., & Coley, S. M.(1990). *Proposal Writing*. 서울 : 아시아미디어리서치.

_____(2000). 사회복지프로그램 기획과 관리. Kettner, P. M., Moroney, R. M., & Martin, L.(1999). *Designing and Managing Programs : An Effectiveness-Based Approach*. 서울 : 나눔의 집.

_____(2005). 사회복지프로그램 개발론. 경기 : 학현사.

정익준(2005). 비영리마케팅. 서울 : 형설출판사.

조성숙(2011). "소셜 네트워크시대의 비영리조직 마케팅 활용전략"에 관한 토론자료(227-235). 제22회 대구사회복지사 Workshop : 변화하는 사회복지사의 역량. 대구 : 대구광역시사회복지사협회.
_____(2012). 비영리마케팅 : 비영리조직의 고효율, 저비용 마케팅 전략. Miller, K. L.(2010). *The Nonprofit Marketing Guide : High-impact, Low-cost Ways to Build Support for Your Good Cause*. 서울 : 신정.
_____(2015). 사회복지 프로그램 개발과 평가. 서울 : 신정.
조성숙 · 이신영(2013). 사회복지현장실습. 경기 : 공동체.
조성숙 · 허만세(2012). 지역사회서비스투자사업의 서비스 품질과 재이용의사에 대한 만족도의 매개효과 분석 : 대구지역 아동정서발달지원서비스를 중심으로. 서울도시연구, 13(1), 127-148.
지은구(2003). 지역복지론. 서울 : 청목출판사.
_____(2005). 사회복지행정론. 서울 : 청목출판사.
지은구 · 조성숙(2010). 지역사회복지론. 서울 : 학지사.
___________(2019). 지역사회복지실천론. 서울 : 학지사.
최성재(2005). 사회복지조사방법론. 경기 : 나남출판.
최성재 · 남기민(2017). 사회복지행정론(개정3판). 경기 : 나남.
최성재 · 최일섭 외(2000). 사회문제와 사회복지(개정2판). 경기 : 나남.
한국사회복지교육협의회(2012). 2012년도 사회복지학 교과목지침서. 서울 : 한국사회복지교육협의회.
___________________(2018). 2019-2020년도 사회복지학 교과목지침서. 서울 : 한국사회복지교육협의회.
한국사회복지사협회(2010). 사회복지현장실습 실태조사 및 지침서. 서울 : 한국사회복지사협회.
_______________(2013). 표준실습교육매뉴얼 : 종합사회복지관. 서울 : 한국사회복지사협회.
_______________(2014). 2014 표준실습교육매뉴얼 : 장애인복지관. 서울 : 한국사회복지사협회.
_______________(2016). 2016 표준실습교육매뉴얼 : 아동복지시설. 서울 : 한국사회복지사협회.
_______________(2017). 사회복지현장실습 매뉴얼. 서울 : 한국사회복지사협회.
황성철(2005). 사회복지프로그램 개발과 평가. 경기 : 공동체.

Etzioni, A.(1964). *Modern Organizations*. Englewood Cliffs, NJ : Prentice-Hall.
Friedländer, W. A., & Apte, Z. A.(1980). *Introduction to Social Welfare*(5th ed.). Englewood Cliffs, NJ : Princeton Hall.
Grinnell, Jr., R. M., Gabor, P. A., & Unrau, Y. A.(2012). *Program Evaluation for Social Workers : Foundations of Evidence-Based Programs*(6th ed.). New York : Oxford University Press.
Hardcastle, D. A, Wenocur, S., & Powers, P. R.(2011). *Community Practice : Theories and Skills for Social Workers*(3rd ed.). New York : Oxford University Press.
Hepworth, D. H., & Larsen, J. A.(1993). *Direct social work practice*. Pacific Grove, CA : Brooks/Cole.
Homan, M. S.(2004). *Promoting Community Change : Making It Happen in the Real World*. Belmont, CA : Wadsworth/ Thomson Learning.
Kirst-Ashman, K. K., & Hull, G. H.(2006). *Generalist Practice with Organizations and Communities*. Belmont, CA : Thomson Brooks/ Cole.
Klein, K.(2007). *Fundraising for Social Change*(5th ed.). San Francisco : Jossey-Bass.
Levy, C. S.(1976). *Social Work Ethics*. New York : Human Science Press.
Loewenberg, F., & Dolgoff, R.(1995). *Ethical Decisions for Social Work Practice*. Itasca, IL : F. E. Peacock.
McDavid, J. C., & Hawthorn, L. R. L.(2006). *Program Evaluation & Performance Measurement : An*

Introduction to Practice. Thousand Oaks, CA : Sage Publications.

Netting, F. E., Kettner, P. M., & McMurtry, S. L.(2008). *Social Work Macro Practice*(5th ed.). New York : Pearson Education.

Parasuraman, A., Zeithaml, V. A., & Berry, L. L.(1988). SERVQUAL : A multiple-item scale for measuring consumer perceptions of service quality. *Journal of Retailing, 64*(1), 12-40.

Patti, R. J.(1983). *Social Welfare Administration : Managing Social Programs in a Developmental Context.* Englewood Cliffs, NJ : Prentice-Hall.

Rapp, C. A., & Poertner, J.(1992). *Social Administration : A Client-Centered Approach.* New York : Longman Publishing Group.

Reamer, F. G.(1995). *Social Work Values and Ethics.* New York : Columbia University Press.

Royse, D., Thyer, B. A., Padgett, D. K., & Logan, T.(2001). *Program Evaluation : An Introduction*(3rd ed.). Belmont, CA : Brooks & Cole.

Scott, W. R.(1987). *Organizations : Rational, Natural, and Open System*(2nd ed.). Englewood Cliffs, NJ : Prentice-Hall.

Skidmore, R. A.(1990). *Social Work Administration : Dynamic Management and Human Relationships*(2nd ed.). Englewood Cliffs, NJ : Prentice-Hall.

Spradley, B. W.(1990). *Community Health Nursing : Concepts and Practice*(3rd ed.). Glenview, IL : Scott, Foresman.

Taber, M., & Finnegan, D.(1980). *A theory of accountability for social workers.* Urbana, IL : University of Illinois at Urbana-Champaign, Unpublished paper.

국가법령정보센터(http://www.law.go.kr).

남산기독교종합사회복지관(http://www.dgns.org).

네이버사전(https://dict.naver.com).

다음사전(https://dic.daum.net).

대한의료사회복지사협회(http://www.kamsw.or.kr).

보건복지부(http://www.mohw.go.kr).

보건복지부 사회복지시설정보시스템(https://www.w4c.go.kr).

서울특별시립강동노인종합복지관 홈페이지(http://www.gdsw.or.kr).

온라인행정학전자사전(http://www.kapa21.or.kr/epadic).

중구노인복지관 홈페이지(http://www.goldensenior.or.kr).

학산종합사회복지관 홈페이지(https://www.welian.or.kr).

한국사회보장정보원(http://www.ssis.or.kr).

한국사회복지사협회(http://lic.welfare.net).

American Marketing Association(http://www.marketingpower.com/AboutAMA/Pages/DefinitionofMarketing.aspx).

찾아보기

ㅈ

ㅊ

ㅋ

ㅌ

ㅍ

ㅎ

기타

저/자/약/력

■ **조성숙**
중앙대학교 교육학과, 문학사
경희대학교 평화복지대학원 사회복지학과, 행정학 석사
Washington University in St. Louis, George Warren Brown School of Social Work, PhD
현 계명대학교 사회복지학과 교수

사회복지현장실습 : 이론과 실제

|저자| 조성숙

|1판 1쇄| 발행 2020년 6월 30일
|1판 2쇄| 발행 2021년 8월 30일

|발행인| 김 동 훈
|발행처| 공 동 체

|주소| 경기도 고양시 일산동구 호수로 358－39, 동문타워 I 905호(백석동)
|전화| 031) 920－8305(대표)
|팩스| 031) 920－8308
|홈페이지| http://www.compub.co.kr
|전자우편| compub@naver.com
|출판등록| 2005년 10월 6일
|등록번호| 제396-2005-36호

|ISBN| 979-11-6105-789-7
정가 17,000원